AM ANFANG WAR DIE WUT

W0339224

ERICA FISCHER

AM ANFANG WAR DIE WUT

Monika Hauser und Medica mondiale
Ein Frauenprojekt im Krieg

Kiepenheuer & Witsch

1. Auflage 1997

© 1997 by Verlag Kiepenheuer & Witsch, Köln
Alle Rechte vorbehalten. Kein Teil des Werkes
darf in irgendeiner Form (durch Fotografie, Mikrofilm
oder ein anderes Verfahren) ohne schriftliche
Genehmigung des Verlages reproduziert oder unter
Verwendung elektronischer Systeme verarbeitet,
vervielfältigt oder verbreitet werden.
Umschlaggestaltung: Silke Niehaus, Düsseldorf
Umschlagfoto (vorn) von Cornelia Gürtler:
Monika Hauser und die Medica-Psychologin Marijana Senjak
im Gespräch mit einem bosnischen Polizeihauptmann,
(hinten) Klaus-Peter Klauner:
Nach fast einjähriger Belagerung der Altstadt von Vitez
durch die bosnisch-kroatische HVO werden die
Medica-Mitarbeiterinnen im März 1994 von den erschöpften
Menschen mit ungläubigem Staunen empfangen.
Gesetzt aus der Garamont Amsterdam (Berthold)
bei Kalle Giese Grafik, Overath
Druck und Bindearbeiten: Spiegel, Ulm
ISBN 3-462-02641-0

Inhalt

Der Zeitraum, in dem die psychische Verwundbarkeit am größten ist, ist zugleich der Zeitraum, in dem das Risiko einer traumatischen Erfahrung am höchsten ist, für junge Männer ebenso wie für junge Frauen. Vergewaltigung und Krieg kann man daher als komplementäre Initiationsriten einer Gesellschaft bezeichnen, die wesentlich auf Zwang und Gewalt beruht. Vergewaltigung und Krieg sind die paradigmatischen Formen des Traumas für Frauen beziehungsweise Männer.

Judith Lewis Herman
Die Narben der Gewalt

KROATI
BOS. DUBICA
BOS. GRADIŠKA
Prijedor
Trnopolje
Omarska
E661
BOSANSKA KRUPA
Bihać
Sanski Most
BANJA LUKA
BOSNIEN-HE
Bosanski Petrovac
E761
Drvar
JAJCE
Trav
Novi Trav
KROATIEN
Bugojno
E59
Uskoplje
(Gornji Vak
Livno
Prozo
Tomislavgrad
E65
Ploče
ÖSTERREICH
UNGARN
Ljubljana
SLOWENIEN
Zagreb
KROATIEN
RUMÄNIEN
Rijeka
Pula
Novisad
Banja Luka
BOSNIEN-
Tuzla
BELGRAD
Zadar
Zenica
HERZEGOWINA
JUGOSLAWIEN
Sarajevo
Split
Serbien
Mostar
Niš
Montenegro
Dubrovnik
Priština
Kosovo
ADRIATISCHES
MEER
Skopje
Makedonien
0 50 100km
ALBANIEN
GRIECHENL.

GOWINA
SERBIEN
MONTENEGRO
E73
Doboj
Maglaj
Žepče
Zavidovići
Vozuća
TUZLA
Bijeljina
Zvornik
ZENICA
Puhovac
Vitez
ćica
Kakanj
ovača
Visoko
ojnica
Kiseljak
E761
Vogošća
Kreševo
SARAJEVO
Pale
Bratunac
Potočari
Srebrenica
Žepa
Kula
Rogatica
Višegrad
E761
Tarčin
Goražde
Jablanica
E73
Foča
AR
Rodoč
Međugorje
Čapljina
Gabela
Metković
0
km
50
Zeichnung: E. Butschan

Die Geschichte von Medica mondiale handelt von der Wut einer jungen Ärztin über die Untätigkeit der Welt und wie es ihr gelungen ist, diese Wut in Handeln umzusetzen und damit bosnische und westeuropäische Frauen anzustecken. Ich habe dieses Buch geschrieben, um zu zeigen, daß es Sinn macht, hinzuschauen. Und daß internationale Frauensolidarität möglich ist. Seit der Eröffnung von Medica im April 1993 wurden in der zentralbosnischen Stadt Zenica etwa 28 000 Frauen ambulant betreut, und mehr als 500 fanden in den drei Häusern des psycho-medizinischen Frauentherapiezentrums mit ihren Kindern eine vorübergehende Zuflucht.

Mein Wissen beruht auf Briefen, Faxen, internen Berichten, Artikeln, Tagebuchaufzeichnungen, Hörfunk- und Fernsehreportagen, meiner eigenen Anschauung sowie auf den Erfahrungen und subjektiven Wahrheiten von Birgit Abel, Duška Andrić-Ruzićić, Kanita Arambašić, Aziza*, Nurka Babović, Dijana Bogdanović, Nusreta Čatović, Jasminka Džumhur, Amira Frljak, Zilha Hadžihajdić, Selma Hadžihalilović, Zemira Hašić, Hatidža*, Sabiha Hazkić, Monika Hauser, Rafija Kerić-Delić, Klaus-Peter Klauner, Belma Kovač, Paša Kovač, Fadila Memišević, Gabi Mischkowski, Munira*, Nura*, Edita Ostojić, Mirha Pojskić, Kadrija Šabić-Haračić, Sabine Scheffler, Elke Schell-Fischer, Michaela Schumacher, Karin Schüler, Marijana Senjak, Zilka Siljak-Spahić, Milenka Sinanović, Rada Stakić-Domuz, Ramisa*, Selena Tufek, Vesna*, Hana Vuković, Kirsten Wienberg, Nuna Zvizdić und den Bewohnerinnen von Medica 2 aus Srebrenica und Nordbosnien Elvira*, Elsina, Merlina*, Halima, Belma*, Nevlida, Raza, Saliha, Sedina und Zehra.

Ich danke allen für ihr Vertrauen und ihre Geduld in niemals streßfreien Zeiten. Für die Erlaubnis, ihre Texte zu übernehmen, danke ich Aziza*, Vesna* und Michaela Schumacher. Besonders verpflichtet bin ich Gabi Mischkowski für ihre großzügige Bereitschaft, trotz eigener »Betroffenheit« zu sich selbst Distanz herzustellen und, für mich in letzter Minute überaus wertvolle Hinzufügungen zu verfassen, die ich vor allem in das Kapitel

»Was bleibt?« eingearbeitet habe, ohne sie eigens auszuweisen. Mein Dank gilt Rada Stakić-Domuz in Zenica, die mich im Spätsommer 1996 als Übersetzerin begleitet und mir auch noch monatelang danach Fragen über E-mail beantwortet hat. Die meisten Fotos sind von Cynthia Cockburn aus London, die ihr Honorar Medica spendet. Ute Pleuger in Berlin hat mir mit kritischen Anmerkungen geholfen. Erika Stegmann, meiner Lektorin im Verlag, danke ich für ihre Gelassenheit inmitten großer Hektik und für ihre unerläßliche Entscheidungshilfe bei der Reduzierung der Textmenge.

E. F.

Berlin, Juni 1997

* Name geändert

Es eilt!

1

26. November 1992. Das Heft 49 des Magazins *stern* erscheint mit einem Jugoslawien-Aufmacher: »Vergewaltigung als Waffe – Der Krieg gegen die Frauen – Opfer berichten«. Dominierende Farbe der Titelmontage: ROT. Eine weinende junge Frau in roter Bluse mit rotunterlaufenen Augen. Dahinter schemenhafte schwarze Männer mit Gewehren, die in einen gelben nach oben hin röter werdenden Himmel stechen.

Über dem Foto der Journalistin mit einem von hinten aufgenommenen »Opfer« die Vorschau auf den Artikel:

> Vergewaltigung auf Befehl: Nach zahlreichen erschütternden Gesprächen mit gequälten und mißbrauchten Frauen und jungen Mädchen, die STERN-Mitarbeiterin Alexandra Stiglmayer in Kroatien und Bosnien führte, gibt es jetzt keinen Zweifel mehr: Die Serben setzen in ihrem Krieg gegen die Bosnier systematisch den Mißbrauch und die Demütigung von Frauen ein.

Auf der Inhaltsseite noch einmal die Ankündigung des Artikels: eine Gruppe weinender Frauen. Seite 20 und 21: drei weinende Frauen in Riesenaufnahme. Seite 22: eine weinende Frau im grauen Pulli, ihr Gesicht in den Händen vergraben. Seite 23: eine weinende Frau im grünen T-Shirt, eine Hand vor dem Gesicht. Die 26jährige Mersiha erzählt im Artikel, daß sie in Doboj jeden zweiten Tag von zwei oder drei Männern vergewaltigt wurde. »Oft gleichzeitig, von allen Seiten, verstehen Sie?« Die Frauen wurden »mißbraucht«, die Täter »vergingen sich« an ihren Opfern, »massenhaft, erbarmungslos, systematisch«. Einige der Vergewaltiger, Nachbarn ihrer Opfer, werden mit vollem Namen genannt. Eine große Gefahr für die betroffenen Frauen.

Die Zagreber Informantinnen der Journalistin Alexandra Stiglmayer sind Feministinnen, die während des serbischen Angriffskriegs gegen Kroatien im Sommer 1991 zu kroatischen Nationalistinnen mutierten. Das schlägt sich in ihrer Sprache nieder. In einem Interview mit mir im Sommer 1992 beklagen sie die »Vergewaltigung« ihres Landes und lassen wissen, daß sie alle Kontakte zu ihren einstigen Freundinnen in Belgrad abgebrochen haben. Im November 1992 diktieren sie dem *stern* zitierfähige apodiktische Sätze: »Eine vergewaltigte Frau kehrt nie an den Ort ihrer Vergewaltigung zurück.« – »Selbst wenn sie lebend herauskommen, werden sie nie mehr normale sexuelle Beziehungen haben können. Das gehört zum Genozid am moslemischen Volk.«

stern, Seite 28: ein Interview mit Helke Sander, der Regisseurin des Films »BeFreier und Befreite«. Sie hat Bosnierinnen interviewt und festgestellt, daß diese auf das, was ihnen widerfahren ist, selbstbewußter reagieren als deutsche Frauen, die beim Einmarsch der Roten Armee 1945 vergewaltigt wurden. Offen hätten einige ihre Empörung geäußert und betont, daß sie nicht bereit seien, sich für das Unrecht, das ihnen angetan wurde, schuldig zu fühlen. Doch dann weiß auch Sander: »Wie weit sie das durchhalten, kann ich allerdings nicht beurteilen. Bei Moslems ist das vermutlich besonders schwer.«

Die meisten Menschen in Deutschland hatten zwar bis Kriegsausbruch keine Ahnung, daß in Bosnien Moslems leben, jetzt aber wissen es auf einmal alle ganz genau: Die bosnischen Musliminnen haben keine Chance.

2

Die in Essen lebende 33jährige angehende Gynäkologin Dr. Monika Hauser liest den *stern*-Artikel in der Sauna. Ihr Entsetzen über das, was die Zeilen ihr vermitteln, mischt sich mit Wut über die Schamlosigkeit des Mißbrauchs der Frauen durch den Blick des Fotografen. Die drastische Sprache schockiert sie. An einen Satz kann sie sich bis heute erinnern: »Danach ist das Blut aus mir nur so herausgeflossen.«

Den Beitrag im ZDF-Frauenmagazin *Mona Lisa* am 15. November verpaßt Monika Hauser. Erstmals im deutschen Fernsehen erzählen in Zagreber Flüchtlingscamps untergekommene bosnische Frauen von ihren grauenhaften Erlebnissen:

> Ich sollte eine Aussage machen, wo sich mein Mann befindet, sonst wirst du vergewaltigt. Zwei haben mich festgehalten, der Dritte hat zugeschaut. Als sie fertig waren, haben sie gesagt, da ich nichts sagen will, wird auch meine Tochter vergewaltigt werden, ich soll sie auf die Vergewaltigung vorbereiten. Sie haben sie abgeführt, und nach einer Stunde wurde sie wieder zurückgebracht. Ich konnte es nicht aushalten, bekam einen Schock. Ich habe meine Tochter gefragt, was gemacht wurde. Sie sagte, nix, Mama, nix. Sie war total schwarz und blau geprügelt. Dann haben sie den Kleinen abgeführt. Jetzt kommst du an die Reihe, dir werden wir die Genitalien abschneiden. Ich habe gebettelt, damit sie ihm nichts tun. Sie sollen mit mir wirklich alles machen, was sie wollen, umbringen, Körperteile abschneiden, alles. Die Antwort war: Weil du deine Kinder so liebst und dich selbst nicht, werden wir dich braten. Sie haben so was ähnliches wie ein Feuerzeug, aber viel größer, genommen und angezündet, und damit haben sie mich verbrannt. Ich sollte sagen, wo mein Mann ist. Wenn du immer noch nicht sagst, wo dein Mann ist, werden wir dich zerschneiden. In diesem Moment habe ich gebettelt, mich und meine Kinder umzubringen. Einfach weil ich mich nicht mehr quälen kann. Nein, das kommt nicht in Frage, sagten die Männer, Moslems sollen nicht so leicht sterben. Ihr Moslems müßt leiden. Man muß euch zerstückeln, weil wir euer Blut trinken müssen.

Die Erschütterung, die die *Mona Lisa*-Sendung in der deutschen Öffentlichkeit auslöst, führt zu hektischer Betriebsamkeit. Unmittelbar nach Ausstrahlung des Beitrags richtet die Redaktionsleiterin von *Mona Lisa*, Maria von Welser, zusammen mit Herta Däubler-Gmelin (SPD) und Uta Würfel (FDP) bei der Arbeiterwohlfahrt einen »Hilfsfonds für vergewaltigte Frauen im ehemaligen Jugoslawien« ein. Die AWO übernimmt die Verwaltung des Spendenkontos, ein Beirat von vier Frauen überwacht die Verteilung der Gelder.

7. Dezember 1992. In der Bonner Containerbaracke veranstaltet der Ausschuß »Frauen und Jugend« des Bundesfrauenministeriums eine überstürzt anberaumte Anhörung, in die man sich eine Funktionärin der Kroatischen Kulturgesellschaft Rhein-Main geholt hat. In kruden Worten benennt diese den Feind: den »serbischen, linksorientierten, faschistischen, stalinistischen Aggressor«. Die Teilnehmerinnen machen erste Bekanntschaft mit der Sprache des Krieges, sind aber so voller Ehrfurcht vor dem mit einem weißen Seidentuch verhüllten Vergewaltigungsopfer, dessen Bericht die kroatische Funktionärin mit erstickter Stimme übersetzt, daß sie es gar nicht merken.

Die humanitäre Organisation *Komitee Notärzte/Cap Anamur* erhält innerhalb weniger Tage vom Land Niedersachsen eine Zusage für 150 000 DM und mietet in der Nähe Zagrebs zwei »renovierungsbedürftige« Hotels. Als Bundestagspräsidentin Rita Süssmuth nach Zagreb fährt, um einem Vertreter von *Cap Anamur* vor laufender Kamera einen Scheck zu überreichen, muß sie zu ihrer Bestürzung feststellen, daß in dem für die vergewaltigten Frauen vorgesehenen Gebäude kriegsversehrte kroatische Soldaten untergebracht sind, die vorerst keine Anstalten machen, es zu räumen.

Bundesaußenminister Kinkel beauftragt einen Arzt des Auswärtigen Amtes mit einer Untersuchung in Zagreb und weist das Deutsche Büro für Humanitäre Hilfe (DHH) an, den Initiativen zur medizinischen und psychischen Betreuung der bosnischen Frauen jegliche Unterstützung zukommen zu lassen.

Auch Bayern schickt einen Abgesandten in die kroatische Hauptstadt, um nach einem geeigneten Frauenhaus Ausschau zu halten. US-Amerikanerinnen sondieren das Terrain zwecks Eröffnung einer Abtreibungsklinik, kapitulieren jedoch vor den kroatischen Gesetzen. Längst zur Stelle sind natürlich katholische Kirche und Caritas. In der Schweiz, in den Niederlanden, in den USA – überall wird reichlich für ein *Rape Crisis Center* gespendet, das weit und breit nicht in Sicht ist.

Das Land Nordrhein-Westfalen stellt eineinhalb Millionen D-Mark zur Betreuung vergewaltigter Frauen in Kroatien und Bosnien in Aussicht, was in Deutschland und Kroatien zu heftigen Verteilungskämpfen zwischen den psychisch und fachlich überforderten Helferinnen führt. In der deutschen Frauenbewegung ist die Betroffenheit so groß, daß jedes kritische Nachdenken als Verrat an den Opfern geahndet wird. Das Bedürfnis, mit Haut und Haar aufzugehen im Leiden der Vergewaltigten, verwischt die Trennlinie zwischen tatsächlichen Opfern und TV-Zuschauerinnen. Die Scham, es zu wissen und nichts tun zu können, stellt für viele Frauen eine unerträgliche Belastung dar. »Das dürfen wir Frauen uns nicht gefallen lassen«, schreibt in einem Rundbrief eine Frau von einer »Freien Frauenliste Reutlingen«. »Mit diesen Frauen beschmutzt, erniedrigt und entwürdigt« fühle sie sich und ruft zu einer überregionalen Demonstration auf, die nie stattfindet. Und eine Heidelberger Frauengruppe verschickt einen ebenso hysterischen wie unrealistischen Aufruf: »Kommt im Januar nach Bosnien – Wir stürmen die Lager!«

»Ich habe den Eindruck, daß die Frauen fast glücklich sind, endlich das perfekte Opfer patriarchaler Gewalt gefunden zu haben«, sagt mir entnervt am Telefon aus London die britische Feministin Cynthia Cockburn und bestätigt meine Beobachtung, daß es in dieser ersten Betroffenheitsphase unmöglich ist, die Notwendigkeit einer feministischen Abgrenzung von nationalistischer Vergewaltigungsrhetorik auch nur anzusprechen. So gibt es in Deutschland in den Dezembertagen eine Heldin, deren im Sommer in Kroatien geführte Interviews mit vergewaltigten bosnischen Frauen der deutschen Presse lange Zeit die eigene Recherche ersparen. Daß der von Nina Kadić verfaßte Bericht über die Vergewaltigungslager in Bosnien sich einer Sprache bedient, die man hierzulande eher aus der rechtsradikalen Ecke kennt, stört weder die Presse noch viele der aufgewühlten deutschen Feministinnen. Kadić beklagt, daß es sich bei den Vergewaltigten um »die reproduktivsten Teile der Bevölkerung« handle und daß durch die Vergewaltigungen »sowohl die Nation als auch Frauen als Symbol für Mutterschaft« zerstört würden.

10. Dezember. In der kroatischen Zeitung *Globus* erscheint ein Hetzartikel unter dem Titel »Kroatische Feministinnen vergewaltigen Kroatien!«, in dem fünf führende kroatische Kulturschaffende, darunter die bekannten Schriftstellerinnen Slavenka Drakulić und Dubravka Ugrešić, wegen ihrer anti-nationalistischen Haltung als »Hexen« und »ehemalige Profiteurinnen von Kommunismus und Postkommunismus« beschimpft werden, als »eine Gruppe selbstsüchtiger Frauen in mittleren Jahren, die ernsthafte Probleme mit ihrer eigenen ethnischen, moralischen, menschlichen, intellektuellen und politischen Identität haben«. Dem Artikel angeschlossen ist eine Art Steckbrief mit genauen Angaben über Eltern, Parteimitgliedschaft, Familienstatus, Eigentumsverhältnisse, Auslandsaufenthalte, Einstellungen zu Kroatien, Krieg und Aggression.

3

7. Dezember. Am Tag der Anhörung im Bundestag schreibt die Kölner Historikerin Gabi Mischkowski in der Berliner *tageszeitung* einen Kommentar – »Alle wollen helfen – aber wie?« –, in dem sie Vergewaltigungen »auf allen Seiten« zu erkennen meint und fordert, die bald reichlich fließenden Gelder zur Betreuung und Hilfe aller vergewaltigter Frauen jenseits von Nationalität und Ethnie in allen Republiken einzusetzen. »Sonst tragen wir

durch noch so wohlgemeinte Hilfe dazu bei, daß die vergewaltigten Frauen als Instrument nationalistischer Kriegspropaganda mißbraucht werden.« Mischkowski fordert weiters, daß die Gelder Frauengruppen und nichtstaatlichen Einrichtungen anvertraut werden, und kündigt ein Bündnis von Menschenrechts-, Frauen- und Friedensgruppen an, das Bosnierinnen und Bosniern erleichtern will, für die Dauer des Krieges in Deutschland Schutz zu finden.

10. Dezember, Tag der Menschenrechte. In der *tageszeitung* erscheint eine Anzeige der Kampagne *Den Winter überleben*. Das vom Bonner *Netzwerk Friedensinitiativen* getragene Projekt ruft »einzelne Menschen, Familien und Institutionen auf, bosnische Flüchtlinge für einen bestimmten Zeitraum zu sich einzuladen und ihnen Obdach zu gewähren«, und verspricht, in allen rechtlichen Fragen zu beraten, die nötigen Personaldaten von in Bosnien lebenden Fluchtwilligen zur Verfügung zu stellen und dafür zu sorgen, »daß die ausländerbehördlichen Bescheinigungen in Bosnien die Gäste tatsächlich erreichen«.

Für den 10. Dezember organisieren ich und Gabi Mischkowski, die seit dem Golfkrieg das Internationale Frauendialogprojekt *Scheherazade* betreibt, in Bonn eine von einem breiten Organisationsbündnis unterstützte Kundgebung vor der Vertretung Restjugoslawiens. Die *Gesellschaft für bedrohte Völker* ist nicht bereit, die Aktion zu unterstützen, weil wir der Bundesregierung eine Mitverantwortung für die Eskalation des Krieges vorwerfen, wegen der von ihr »forcierten Anerkennung der Teilrepubliken samt der immer noch andauernden Waffenlieferungen an das Tuđman-Regime«. Im Flugblatt zitieren wir die Aussage eines Soldaten der jugoslawischen Bundesarmee vom Dezember 1991: »Ich weiß nur, daß ich der zwanzigste war, daß ihr Haar verklebt war, sie voller Sperma war und ekelhaft anzusehen. Und daß ich sie am Ende getötet habe.«

4

Gerade noch rechtzeitig vor ihrer Abreise nach Zagreb, wo sich Gabi Mischkowski, durch Anrufe von Frauen (»Macht *Scheherazade* etwas zu Bosnien?«) unter Druck geraten, bei kroatischen Frauengruppen kundig machen will, ruft Monika Hauser an. Sie habe ihren Artikel in der *taz* gelesen, und weiß Gabi denn eine Möglichkeit, wo eine Gynäkologin auch ohne bosnische Sprachkenntnisse helfen kann?

In Deutschland ist Monika Hauser mit ihren Anfragen bei humanitären Organisationen bisher nur abgeblitzt. Ein Sprecher der Gesellschaft für Technische Zusammenarbeit (GTZ) fordert sie auf, in zwei oder drei Monaten wieder nachzufragen, »vielleicht machen wir dann etwas, wo wir Sie brauchen können«. Und schiebt dann noch eine Frage hinterher: »Glauben Sie denn, daß moslemische Frauen nach so etwas jemals wieder resozialisierbar sind?« *Cap Anamur* lädt sie ein, sich erst einmal schriftlich zu bewerben. Als Monika erwähnt, daß sie die Landessprache nicht beherrscht, kann sich die Sprecherin des Notärztekomitees keine Einsatzmöglichkeit in Bosnien für die Ärztin vorstellen, »wir haben aber einige interessante Projekte in Afrika«.

Auch Gabi Mischkowski kann nicht weiterhelfen, bietet Monika aber an, sie nach Zagreb zu begleiten. Da Gabis Flug bereits ausgebucht ist, verweist sie Monika an Martin Fischer von der Kampagne *Den Winter überleben*, der am 15. Dezember abends mit dem Auto nach Zagreb fährt, um die Einreise der ersten Gruppe bosnischer Flüchtlinge nach Deutschland vorzubereiten. Während der nächtlichen Autofahrt versorgt Fischer Monika mit den ersten Grundinformationen über die geographischen und politischen Gegebenheiten in Ex-Jugoslawien.

In Zagreb ruft Monika Hauser Gabi an und wird von ihr mit der Zagreber *Frauenlobby* in Kontakt gebracht, einem Bündnis verschiedener Frauengruppen und -projekte, das gerade dabei ist, ein »Zentrum für weibliche Kriegsopfer« zu gründen. Wegen der Gemeinsamkeit des Anliegens und weil die *Frauenlobby* im Gegensatz zu anderen Frauengruppen in Kroatien jeden Nationalismus ablehnt, will Monika mit diesem Zentrum zusammenarbeiten.

Im Büro der *Frauenlobby* klingelt in einem fort das Telefon. Journalistinnen aus aller Welt ersuchen um Vermittlung von Interviews mit vergewaltigten Frauen. Feministinnen aus ganz Europa gehen ein und aus, um sich nach den Verhältnissen im Krieg zu erkundigen. Die Zagreber Frauen, die sich erst seit Kriegsausbruch mit dieser Form von Gewalt gegen Frauen auseinandersetzen, sind überfordert von dem Anspruch an feministische Professionalität, der an sie gestellt wird. Die »internationale Solidarität« droht sie zu ersticken.

21. Dezember. Die *Frauenlobby* veröffentlicht eine »Erklärung an die Frauen- und Friedenorganisationen in aller Welt«, in der sie »Mäßigung und Sensibilität bei der Vergabe von Spendengeldern für vergewaltigte Frauen« einklagt:

> Wir schreiben diese Erklärung, weil wir fürchten, daß die Welle der Hilfsbereitschaft für die vergewaltigten Frauen eine falsche Richtung nimmt, wenn die Spendengelder vor allem Regierungsinstitutionen, dem kroatischen und dem bosnischen Gesundheitsministerium und männlichen Gynäkologen zugute kommen. Wir fürchten, daß die vergewaltigten Frauen von der politischen Propaganda mißbraucht werden könnten, um Haß und Rachegelüste zu schüren, die zu weiterer Gewalt gegen Frauen und zu einer weiteren Viktimisierung der Überlebenden führen werden.

Diese Warnung hat ihre guten Gründe. Den kroatischen Politikern dienen die vergewaltigten Frauen vor allem als propagandistisches Faustpfand gegen »den Feind«. Die katholische Kirche überlegt allen Ernstes, durch Vergewaltigungen gezeugte Kinder dem Vatikan zur Erziehung zu überlassen. Und Gynäkologen entwickeln weltweit ein nie dagewesenes Interesse an vergewaltigten Frauen. Monika vermutet, daß sie ihre Chance wittern, die in Westeuropa zunehmend auf Ablehnung stoßende pränatale Diagnostik mit Hilfe der wehrlosen bosnischen Frauen auszuweiten. Für die erheblichen Verdienstmöglichkeiten durch fötalen Organhandel gibt es Hinweise, wenn auch keine handfesten Beweise.

In der *Frauenlobby* lernt Monika Milena kennen, eine Studentin, die Monikas Dolmetscherin wird und ihr nicht mehr von der Seite weicht. Gemeinsam besuchen sie das überquellende Flüchtlingscamp, das im Untergeschoß der Moschee eingerichtet wurde. In einem Nebentrakt leitet der bosnische Geschäftsmann Faruk Redžepagić von einem improvisierten Büro aus das Hauptquartier der Flüchtlingsversorgung. Die große weiße Moschee mit dem weithin sichtbaren Minarett, einst Touristenziel für islamische Zagreb-Reisende, ist für die völlig verwirrten Vertriebenen aus Bosnien die erste Anlaufstelle.

Monika und Milena führen lange Gespräche mit Frauen, die seit dem Sturm auf die Städte Ost- und Nordbosniens Anfang April 1992 vor dem Terror der bosnisch-serbischen Soldateska geflohen sind und nun apathisch auf ihrem Matratzenlager kauern.

6

Während des Jahres 1991 wurde die in Bosnien stationierte Jugoslawische Volksarmee (JNA) aus Serbien reichlich mit Waffen und Munition versorgt, um für den Tag X gerüstet zu sein. Die JNA geht nach einem gut vorbereiteten Muster vor: Erst eliminiert sie die bosnische Territorialverteidigung, danach dringen diverse paramilitärische Einheiten vor, um das Territorium von Moslems und Kroaten zu »säubern«, darunter die Männer des gefürchteten ehemaligen Agenten des serbischen Geheimdienstes Željko Ražnjatović, der sich »Arkan« nennt. Die erste Stadt, die dem Terror der *Arkanovci* zum Opfer fällt, ist Bijeljina in Ostbosnien, danach kommen Zvornik, Višegrad und Foča an die Reihe.

Ziel des Krieges gegen die kaum vorbereitete nichtserbische Bevölkerung ist die Eroberung von mindestens 65 Prozent des bosnischen Territoriums, um dem Führer der Serbischen Demokratischen Partei (SDS) Radovan Karadžić die Gründung seines Staates »Serbische Republik« zu ermöglichen. Die *Republika Srpska* soll von Bosanska Krupa im Nordwesten über Doboj im Zentrum nach Bijeljina im Osten reichen, dann südwärts entlang der Drina nach Višegrad und von dort westwärts über Foča hinein in die östliche Herzegowina. Am 6. April 1992, dem Tag der Anerkennung Bosnien-Herzegowinas durch die Europäische Gemeinschaft, bricht der SDS-Terror über die nördlichen Städte und Dörfer der bosnischen Krajina herein, wo in Trnopolje, Omarska und Manjača Konzentrationslager eingerichtet werden.

Stephan Müller vom Wiener *Ludwig Boltzmann Institut für Menschenrechte* beschreibt am Beispiel der unmittelbar an der serbischen Grenze gelegenen Stadt Zvornik, wie JNA und paramilitärische Einheiten in einer konzertierten Aktion am 8. April 1992 die Stadt übernahmen.[1] Nach Angaben der Volkszählung von 1991 hatte der Bezirk Zvornik 81 000 Einwohner, davon nahezu 60 Prozent Bosniaken. Mit der Eskalation des Krieges in Kroatien im Sommer 1991 verschlechterte sich das Verhältnis der einzelnen Volksgruppen zueinander. Es kam zu Spannungen am Arbeitsplatz und in der Schule, und man begann sich stärker voneinander abzusetzen. Die Gesellschaft militarisierte sich. Die serbischen Bewohner wurden hauptsächlich über SDS oder JNA bewaffnet – unter maßgeblicher Beteiligung der lokalen Wirtschaftsführer serbischer Nationalität. Die Moslems mußten sich ihre Waffen »privat« besorgen. Als semi-offizielle militärische Organisation wurde eine serbische »Territorialverteidigung« aufgebaut. Übereinstimmend berichten Zeugen, daß die serbischen Bewohner der Stadt über die bevorstehenden Aktionen informiert waren. Zum Zeitpunkt des Angriffs hatten Frauen und Kinder serbischer Nationalität Zvornik verlassen. Am Wochenende vor dem Angriff errichteten die Serben eine Barrikade, um die Stadt vom nördlich gelegenen Industriegebiet abzuriegeln. Die Moslems reagierten mit einer eigenen Barrikade. Am darauffolgenden Montag wurden die Moslems daran gehindert, zur Arbeit zu gehen. Nun verließen auch viele bosniakische Familien die Stadt. Am 6. April kam es zur Trennung der einheimischen Polizeikräfte. Das Hauptquartier der Polizei von Zvornik wurde von den serbischen Polizisten geräumt, Waffen, Gerät und Autos in das nördliche Industrieviertel gebracht.

Der Angriff am 8. April erfolgte durch Artillerie und Panzer der ehemaligen aus mehreren Garnisonen zusammengezogenen JNA. Die Soldaten trugen bereits serbische Abzeichen und Kokarden an ihren Uniformen, an Fahrzeugen und Geräten befanden sich aber noch die alten jugoslawischen Erkennungszeichen. Scharfschützen der *Arkanovci* nahmen die Stadt vom anderen Ufer des Flusses in Beschuß und schossen von erhöhten Gebäuden auf die Bewohner. Die moslemische Verteidigungsstellung fiel noch am selben Tag. Nach heftigem Bombardement während der Nacht wurde die Stadt am 9. April durch Infanterie-Einheiten der JNA eingenommen, unterstützt von einer Vielzahl paramilitärischer Gruppen. Darunter waren sowohl »organisierte« Freischärlerverbände als auch sogenannte »Weekend-Tschetniks«, vor allem aus Serbien. Bereits am ersten Tag soll es zu Massakern, Ermordungen, Vergewaltigungen und Deportationen in Lager gekommen sein. Spätestens am 11. April war der Ort vollständig eingenommen.

Viele nichtserbische Bewohner flüchteten, entweder in andere Regionen Bosnien-Herzegowinas oder nach Serbien. Ein sogenannter »Krisenstab«, bestehend aus Angehörigen der lokalen SDS und der Miliz, übernahm die »zivile Verwaltung« und gründete sofort eine »Vorübergehende Regierung« der »Serbischen Gemeinde Zvornik«. Eine nächtliche Ausgangssperre wurde verhängt. Tagsüber war für Männer die Bewegungsfreiheit nur mit Passierschein gestattet. Viele Moslems, die sich einen solchen Passierschein ausstellen lassen wollten, wurden in eines der Lager im nördlichen Industrieviertel deportiert. Dort kam es zu schweren Folterungen und Ermordungen durch Angehörige der paramilitärischen Gruppen. Viele Männer wagten erst gar nicht, sich einen Passierschein ausstellen zu lassen, und hielten sich versteckt. Marodierende paramilitärische Einheiten zogen, von keiner Autorität kontrolliert, durch die Stadt und terrorisierten die moslemischen Bewohner. Das Arbeiten war Muslimen vom Zeitpunkt der Okkupation an nicht mehr gestattet, mit Ausnahme von Personen, auf deren Arbeitskraft nicht gleich verzichtet werden konnte. Das Fachpersonal des Krankenhauses zum Beispiel wurde erst am 19. Mai entlassen.

Dann begann sich die Lage zu entspannen. Zahlreiche Paramilitärs verließen die Stadt, und die geflohenen Bosniaken wurden über Radio Zvornik zur Rückkehr und zur Registrierung ihres Eigentums aufgerufen. Eine große Zahl moslemischer Bewohner folgte diesem Aufruf leichtgläubig. Erst jetzt konnte mit der »ethnischen Säuberung« im großen Umfang begonnen werden. Die Registrierung des Eigentums, zu der auch die serbischen Bewohner der Stadt verpflichtet waren, ermöglichte eine Erfassung der männlichen moslemischen Bevölkerung. Auch bei dieser Registrierung kam es schon zu Verhaftungen und Deportationen in Lager, wobei nach einer vorbereiteten Liste vorgegangen wurde.

Wer die Stadt »regulär« verlassen wollte, mußte sein Eigentum der »Serbischen Gemeinde Zvornik« überschreiben. Diese Zwangsüberschreibungen wurden von der Gemeinde in Zusammenarbeit mit Polizei und Freischärlern organisiert. Eine »Agentur zum Häusertausch« versprach Bosniaken Häuser bosnischer Serben in anderen Regionen. Jene, die nicht freiwillig gingen, wurden mit Fahrzeugen der Firma *Drinatrans* nach Serbien oder an die Frontlinie zum bosnischen Territorium um Tuzla gebracht. Es durften nur wenige persönliche Dinge mitgenommen werden. An den Checkpoints wurden ihnen nicht selten auch noch diese abgenommen. Diese Massendeportationen brachten viele Vertriebene bis nach Subotica an der serbisch-ungarischen Grenze. Dort wurde ihnen beim Serbischen Roten Kreuz ein »jugoslawischer Paß« ausgestellt, mit dem sie – größtenteils in Korridorzügen – über Ungarn nach Österreich geschickt wurden.

7

In Zagreb gibt es zwar Frauengruppen, die sich um die Flüchtlingsfrauen kümmern wollen, gynäkologische und psychische Betreuung erfolgen jedoch getrennt. Monika Hauser will Körper und Seele zusammenführen. Ihr Konzept beginnt in Gesprächen mit Mitarbeiterinnen der Zagreber Frauenlobby Gestalt anzunehmen. Da sich die internationale Hilfe auf Kroatien konzentriert, wird es notwendig sein, nach Bosnien zu gehen, wo es keine einzige Initiative gibt, die sich der betroffenen Frauen und Kinder annimmt. Daß es ein feministisches Projekt werden soll, steht für Monika außer Frage. »Du wirst in Bosnien keine Feministinnen finden«, warnt sie eine Aktivistin der Frauenlobby. »Ein Frauenprojekt in Bosnien!« entrüstet sich der DHH-Sprecher. »Haben Sie noch alle Tassen im Schrank?«

»*So* wollen Sie nach Bosnien fahren?« starrt eine langgediente deutsche Friedensaktivistin, der Monika in Zagreb über den Weg läuft, entgeistert auf Monikas baumelnde Ohrringe. »Ja, so«, antwortet Monika mit ihrem strahlenden Lippenstiftlächeln.

8

Milena läßt sich, wie später so viele, anstecken von der Wut über die Untätigkeit der internationalen Gemeinschaft, die Monika Hauser antreibt. Milena ist begierig, die Ärztin mit den richtigen Leuten bekanntzumachen. Bei einem erfolglosen Treffen zwischen Internationalem Komitee vom Roten Kreuz (IKRK), dem UNO-Flüchtlingshilfswerk UNHCR, der kroatischen Gesellschaft für Menschenrechte und einigen Gynäkologen weist Milena Monika auf einen Bosnier hin, der an dem Treffen teilnimmt. Es ist Jusuf Kulović vom *Dokumentationszentrum zur Erfassung von Kriegsverbrechen und Verbrechen gegen die Menschlichkeit.*

Das Zentrum wurde im Mai 1992 in der zentralbosnischen Stadt Zenica gegründet und sammelt mit Hilfe von 400 ehrenamtlichen Studentinnen und Studenten Daten über Kriegsverbrechen und Verbrechen gegen die Menschlichkeit: zerstörte Moscheen, ermordete Zivilisten und Menschen, denen Kriegsverbrechen zur Last gelegt werden. Insgesamt wurden bereits 350 000 Daten gespeichert. Kulović erzählt, daß in Zenica selbst 35 000 und in einem Umkreis von dreißig Kilometern insgesamt 120 000 Flüchtlinge aus den serbisch besetzten Gebieten Ost- und Nordbosniens untergebracht sind, siebzig Prozent von ihnen Frauen. Jede zweite sei vergewaltigt worden, viele in den Konzentrationslagern über Wochen und Monate. Manche sind hochschwanger und suizidgefährdet. Es gibt in der Stadt keine Kapazitäten, sie gynäkologisch und psychotherapeutisch zu betreuen. »Kommen Sie nach Zenica«, ermuntert Kulović Monika und zeigt ihr auf der Landkarte die Stadt im Herzen Bosnien-Herzegowinas.

Monikas Plan konkretisiert sich weiter. Noch von Zagreb aus ruft sie ihre Freundin Gabi Hess an, mit der sie früher an der Essener Frauenklinik zusammengearbeitet hat. Gabi Hess ist Leiterin der Beratungsstelle der Evangelischen Frauenhilfe. Monika bittet sie um die Einrichtung eines Spendenkontos.

9

23. Dezember 1992. Monika Hauser erhält in Zagreb ein Fax von der Frauenreferentin des AWO-Bundesverbands Karin Schüler. Sie habe über eine Kollegin in Essen von Monikas Engagement in Zagreb gehört. Maria von Welser und Herta Däubler-Gmelin haben nach Ausstrahlung des *Mona-Lisa*-Beitrags bei der AWO ein Spendenkonto für vergewaltigte Frauen eingerichtet, auf das bereits eine Million D-Mark eingegangen ist. Monika möge sich am 27. Dezember zwischen neun und neun Uhr dreißig mit ihr in Verbindung setzen, um zehn werde im Rahmen einer Telefonkonferenz über die Verwendung der Spendengelder entschieden. Es ist der Beginn einer äußerst konstruktiven Zusammenarbeit.

Danach fährt Monika in Begleitung einer bosnischen Familie mit dem Nachtzug nach Deutschland zurück. Jaško Hasanović war mit seiner Frau und der fünfjährigen Tochter aus Sarajevo zu den Schwiegereltern nach Bosanska Dubica geflohen, in die Nähe der kroatischen Grenze. Dort ließen sie sich als erste auf die Liste der Initiative *Den Winter überleben* setzen, die in der Folge die Visumsangelegenheiten für sie regelte. Ein Gastgeber aus Münster hat die Familie nach Deutschland eingeladen. Auf dem Kölner Bahnhof wartet das WDR-Fernsehen.

Die Nacht ist anstrengend. Im Nebenabteil sitzt unter den vielen Bosniern, die von Zagreb aus die Reise nach Deutschland antreten, ein Mann, der das Konzentrationslager von Manjača überlebt hat. Immer wieder schreckt er auf und schreit wie ein Tier. Hasanović kann nicht schlafen und spricht die ganze Nacht. Er erzählt Monika, wie die Familie aus Todesangst vor den Übergriffen durch serbische Milizen und Nachbarn monatelang in Bosanska Dubica ohne Licht im Keller ausharrte. Mit Geschichtenerzählen und immer wieder neuen Spielen halfen die Eltern der kleinen Tochter, die Zeit zu überstehen. Irgendwann in den frühen Morgenstunden greift Hasanović in die Innentasche seines senfgelben Blazers und zieht einen Schlüsselbund heraus.

»Das sind die Schlüssel zu meiner Wohnung in Sarajevo«, sagt er mit einem müden Lächeln.

Nach der durchwachten Nacht steigen sie in München in den IC nach Köln um, und der Schwiegervater geht sich rasieren. »Ich will ordentlich aussehen, wenn ich in Deutschland ankomme«, sagt er.

»Tschetnik«, bemerkt die Tochter, eher feststellend als ängstlich, als sie bei der Einfahrt nach Köln einen bärtigen Mann auf dem Bahnsteig erblickt.

10

24. Dezember. Monikas Freundinnen sind nicht erreichbar. Von Zagreb aus hat Monika Klaus-Peter Klauner in Köln angerufen, mit dem sie seit vielen Jahren befreundet ist. Könnte sie die Weihnachtsfeiertage bei ihm verbringen? Gemeinsam mit dem WDR-Tontechniker schreibt sie noch am Weihnachtsabend ihre erste Projektbeschreibung zur »Gynäkologischen Erstversorgung von vergewaltigten Frauen und Mädchen in Bosnien-Herzegowina«: »Meinen Einsatzbereich sehe ich in den freien, aber isolierten Gebieten Bosnien-Herzegowinas um die Stadt Zenica, wo täglich Flüchtlingsströme durchziehen und sich ein Dokumentationszentrum über Kriegsverbrechen befindet.« Monika betont in dem Text, daß die Politik des Zagreber »Zentrums für weibliche Kriegsopfer«, mit dem sie zusammenarbeiten will, »autonom, feministisch, politisch unabhängig, dezentral und nicht nationalistisch« sei. Denn aufgrund »schon absehbarer Tendenzen« sei zu befürchten, »daß die betroffenen Frauen zu politischen, religiösen und medizinischen Zwecken erneut mißbraucht werden könnten«.

25. Dezember. Monika trifft sich mit der aus Zagreb zurückgekehrten Gabi Mischkowski, um die Projektbeschreibung mit ihr zu besprechen. Gabi erzählt ihr von einem Pastor aus Kassel, der im Rahmen der Initiative *Brücke nach Bosnien* in einigen

Tagen einen kleinen Laster mit Hilfsgütern nach Zenica bringen will. Bei dieser Gelegenheit fragt Monika an, ob Gabi nicht Managerin des künftigen Projekts in Köln werden möchte. »Auf gar keinen Fall«, wehrt diese ab, sie habe im Augenblick ganz andere Pläne. In ihrem Büro gebe es aber Faxgerät und Anrufbeantworter, wenn Monika etwas braucht, wird Gabi behilflich sein.

Monika ruft Pastor Lothar Kilian in Kassel an.

»Sie können mitkommen, wenn Sie wollen, wir fahren am 29. Dezember.«

Am zweiten Weihnachtstag berichtet Monika Karin Schüler von ihren Plänen. Sie braucht Geld. Geld gebe es, antwortet die AWO-Frauenreferentin, wir brauchen eine Projektdarstellung und ein klares Budget, dann kriegen wir das schon geregelt. Karin Schüler vertraut Monika. Sie weiß von ihrer früheren »frauensolidarischen« Arbeit am Krankenhaus in Essen und daß Monika eine »überzeugte Feministin« ist, mit der »richtigen« Einstellung zum Schwangerschaftsabbruch. Monika bittet Gabi Hess und einige andere Kolleginnen aus ihrer Zeit am Essener Krankenhaus – Sozialarbeiterinnen, Psychologinnen und Krankenschwestern – um Unterstützung für ihr künftiges Projekt. Dieser Freundinnenkreis, Gabi Mischkowski und Klaus-Peter Klauner sollen die Stammgruppe in Deutschland bilden.

27. Dezember. Monika nimmt den Zug nach Essen, packt ihre seit der Rückkehr aus Zagreb noch unausgepackte Reisetasche um und fährt zu Pastor Kilian nach Kassel.

28. Dezember. Monika schickt eine zweite Projektbeschreibung (»Medizinische Erstversorgung, eingebettet in die langfristigen Rehabilitationsstrukturen der Zagreber Frauenlobby«) nach Frankfurt am Main an *medico international* und bittet um »logistisches Know-how«. Sie werde aus Zenica mit »konkreten Bedarfsvorstellungen« zurückkehren. In Köln pinnt der Tontechniker Klaus-Peter Klauner Monikas Spendenaufruf an die internen Informationstafeln des WDR. Er bekommt eine Vorladung wegen »Sachbeschädigung« und »Störung des Betriebsfriedens«. Das Flugblatt muß entfernt werden.

29. Dezember. Mit Pastor Kilian fährt Monika von Kassel mit dem Pkw nach Rijeka. Den gemieteten Lkw fährt ein aus Zenica gebürtiger Bosnier, der in Kassel mit dem Pastor humanitäre Güter für seine Heimatstadt sammelt. In Rijeka nehmen sie die Fähre nach Split. Verspätet brechen sie von dort nach Međugorje auf, einem völlig entvölkerten Wallfahrtsort nahe der kroatischen Grenze in der vom kroatischen Verteidigungsrat (HVO) beherrschten Südwest-Herzegowina. Dort verbringen sie die Nacht. Nur wenige Kilometer von Međugorje entfernt werden im Frühjahr 1993 die HVO-Konzentrationslager Gabela, Čapljina, Dretelj, Ljubuški und Rodoč eingerichtet.

Die Weiterfahrt durch die tiefverschneite bergige Herzegowina ist beschwerlich. Der ortskundige Fahrer erweist sich als Glücksfall. Er weiß, wo sich die serbischen Linien befinden und man besser nicht vom Weg abweicht. Es macht ihm aber auch Spaß, dem Pastor und der attraktiven Ärztin ein bißchen Angst einzujagen. Bei jedem der zahlreichen Kontrollpunkte, wo sie ohne ersichtlichen Grund angehalten werden und warten müssen, versucht er überdies, mit den HVO-Milizen ins Gespräch zu kommen, um den besten Weg zu erfahren. Daß sie mit Hilfsgütern unterwegs nach Zenica sind, löst Unbehagen aus. Monika Hauser kann die eigenartigen Blicke an den HVO-Checkpoints nicht deuten. Doch sie macht sich auch keine Gedanken. In ihr brodelt es. Sie will nur eins: endlich in Zenica ankommen, um ihre Mission zu beginnen.

Nach dreitägiger Reise trifft der kleine Transport aus Kassel am letzten Tag des Jahres 1992 in Zenica ein.

11

Grau ist Monika Hausers erster Eindruck von Zenica, der drittgrößten Stadt Bosniens, die sich in einer Publikation aus dem Jahre 1987 brüstet, vierzig Prozent des jugoslawischen Stahls und mehr als die Hälfte des Roheisens zu produzieren. Grauer, matschiger Schnee, graue Plattenbauten, die wie Bienenwaben in den düster verhangenen Himmel ragen. Grau vermummte Menschen, die schnellen Schritts durch die autofreien Straßen hasten. Grau auch der gewundene Fluß Bosna, der zwischen den terrassenförmig abfallenden Bergen die Stadt durchtrennt. Am Stadtrand das riesige Areal des dem Rost anheimfallenden metallurgischen Hüttenwerks *Zeljezara Zenica*, ein todgeweihter Moloch.

Die »Pupille im Auge« wurde Zenica einst genannt, weil es im Mittelpunkt des zwölf Kilometer langen augenförmigen Talbeckens liegt. Zenica ist Mittelpunkt. Mittelpunkt von Bosnien-Herzegowina und Mittelpunkt von Jugoslawien, das es so nicht mehr gibt. Gelobt wurde auch die Vielvölkerstruktur, die der Stadt den Beinamen »Jugoslawien im Kleinen« einbrachte. Auch das gibt es nicht mehr. 85 000 Einwohnerinnen und Einwohner zählt die Partnerstadt von Gelsenkirchen. Ihre ethnische Zusammensetzung hat sich maßgeblich verändert. Mehr als die Hälfte aller Serbinnen und Serben haben Zenica verlassen. Besonders zu Beginn des Krieges waren sie in den umliegenden Dörfern der Willkür von Polizei und Nachbarn ausgeliefert, vor allem aber von rachsüchtigen Flüchtlingen aus den serbisch okkupierten Gebieten. In der Erwartung, daß der Spuk nur ein paar Monate dauern würde, wurden Frauen und Kinder nach Belgrad oder Novi Sad in Sicherheit gebracht. Und in Zeiten allgemeiner Arbeitslosigkeit sind es dann eben doch die nationalen Minderheiten, die als erste ihre Arbeitsstelle verlieren. Die einen gingen, weil sie Opfer von Repression wurden, die anderen, weil sie davon gehört hatten. Die einen, weil sie unter »ihresgleichen« in der *Republika Srpska* oder im Mutterland Serbien leben wollten, die anderen, weil sie Angst davor hatten, alleine zurückzubleiben. Während vor dem Krieg 55 Prozent der Bewohner Moslems waren – immerhin stand die Stadt von 1434 bis 1878 unter türkischer Verwaltung –, sind es heute 90 Prozent.

Vom multinationalen Auge zeugen noch eine serbisch-orthodoxe Kirche, fünf Moscheen, eine Synagoge und drei katholische Kirchen. Von Juden wurde die Stadt schon früher »ethnisch gesäubert«. Gerade 34 sind nach der Shoa in Zenica übriggeblieben. Die Synagoge ist heute ein Museum.

In Zenica wird Monika Hauser bei Jusuf Kulović vom Dokumentationszentrum zur Erfassung von Kriegsverbrechen untergebracht. Kulović ist ein hektischer Geschäftsmann, der mit seinem Handy in einem fort telefoniert. Da Ehefrau und Kinder in Zagreb leben, ist seine Wohnung im Zentrum Zenicas eine sturmfreie Bude, in der der Sliwowitz reichlich fließt.

12

1. Januar 1993. Zilha Hadžihajdić begibt sich in die Wohnung des Jusuf Kulović, um beim Nachmittagskaffee mit einer Ärztin aus Deutschland zusammenzutreffen und den beiden als Dolmetscherin behilflich zu sein. Die 52jährige Deutschlehrerin ist solche Aufträge gewohnt und übernimmt sie gern. Seit der Krieg über ihr Land hereingebrochen ist und die Front der bosnischen Serben im Norden und im Osten keine dreißig Kilometer entfernt liegt, ist es kaum noch möglich, nach Sarajevo zu telefonieren, geschweige denn ins Ausland. So nimmt sie jede Gelegenheit dankbar wahr, mit Menschen von außen in Kontakt zu kommen. Zu wissen, daß es draußen noch ein anderes Leben gibt, ist beruhigend.

Nichts in ihrem von vielfältigen Berufs- und Familienpflichten durchzogenen Alltag hat sie auf Krieg vorbereitet. Seit Jahrzehnten gibt die füllige Dame aus einer alteingesessenen Zenicianer Familie Deutschunterricht an zwei Schulen der Stadt. Ihre berufliche Arbeit mit Kindern macht ihr ebenso Freude wie die täglichen Verrichtungen im Dienste des leiblichen und seelischen Wohls ihres Ehemanns, der beiden Töchter und ihrer Enkelkinder. Nie ist ihr diese als Selbstverständlichkeit von allen Familienmitgliedern in Anspruch genommene Fürsorge zur Last gefallen. Dazu wurde sie erzogen, sie kennt nichts anderes.

Aus dem Vertrauen, das ihr die Menschen ihres heiteren Gemüts wegen entgegenbringen, schöpft sie stets neue Kraft. Noch ein paar Jahre wollte sie weiterarbeiten, um als Pensionistin dann endlich die Bücher zu lesen, die sich im Laufe der Jahre in ihrem Wandschrank angesammelt haben. Seit dem Sommer 1992 ist ihr Lebensplan durcheinandergeraten. Die immer schockierender werdenden Nachrichten über ethnisch motivierte Gewalt und der elende Zustand der Flüchtlinge, die mit nichts als einer Plastiktüte nach Zenica kommen, lösen bei der überzeugten Bosnierin eine lähmende Depression aus.

Auf die Begegnung mit der Ärztin aus Deutschland, die sich für Bosnien interessiert, ist Zilha Hadžihajdić ebensowenig vorbereitet. Als sie die junge Frau erblickt, mit den spitz zulaufenden schwarzen Haarsträhnen über den Wangen, ist sie vor allem von ihrer Jugend überrascht. Als sie hört, daß diese Frau, die wie ein Mädchen aussieht, obendrein Gynäkologin ist, kann sie es kaum fassen. Als sie dann noch vernimmt, wie die Ärztin mit den leuchtenden dunklen Augen in atemlosem Tempo beschreibt, was sie in Zenica alles vorhat, vergißt Zilha vor lauter Staunen, zu übersetzen.

Monikas sich überstürzenden Worte klingen fremd in Zilhas Ohren. Da ist von multidisziplinärer Zusammenarbeit die Rede, und das Wort »Projekt« hat sie bisher nur aus der Architektur gekannt. Aber Monikas Jugend und Kraft sind ansteckend. Neben ihr fühlt sich Zilha Hadžihajdić plötzlich um Jahre verjüngt und spürt, wie neue Energie durch ihren behäbigen Körper strömt. Die Sympathie beruht auf Gegenseitigkeit. Zilhas Ruhe und mütterliche Freundlichkeit sind ebenso ansteckend wie Monikas Unruhe und Überzeugungskraft.

13

Was Monika Hauser mit ihrer energiestrotzenden Ungeduld angestoßen hat, beginnt sich bald fast wie von alleine weiterzubewegen. Zilha sorgt für die Kontakte. Schon einige Tage später sind die beiden im Lokalfernsehen *Zetel* – Zenica Television – zu sehen, das täglich zwischen 19 und 23 Uhr sendet und in allen Stadtteilen empfangen werden kann, wo der Strom wegen der Stromreduktion nicht gerade abgeschaltet ist. Stromreduktion bedeutet jeweils vier Stunden mit Strom und vier Stunden ohne.

Bald versinken die beiden in den braunen Kunstlederfauteuils des Bürgermeisteramts in einem der schmucklosen Plattenbauhochhäuser. Der Bürgermeister Besim Spahić gibt sich interessiert. Monika Hauser erklärt sich diese ungewöhnliche Aufgeschlossenheit des Bürokraten im makellosen Anzug mit der nüchternen Einsicht, daß die weltweite Berichterstattung ihn unter Handlungsdruck setzt. Die Vielzahl der traumatisierten Frauen droht überdies für die bosnische Gesellschaft, die gerade in Kriegszeiten wesentlich auf die unentgeltliche Reproduktionsarbeit der Frauen angewiesen ist, zu einem erheblichen Problem zu werden.

Monika macht den Vertretern der Stadt ebenso wie der islamischen Gemeinde unmißverständlich klar, daß sie fest entschlossen ist, sich bei ihrem Projekt von niemandem dreinreden zu lassen. Nach ihrer Erfahrung, erklärt sie unumwunden, könne schwangeren Frauen in ihrer Not nur geholfen werden, wenn sie die Möglichkeit eines Schwangerschaftsabbruchs haben. Eine Frau in einem präpsychotischen Zustand, die droht, sich das Leben zu nehmen, wenn sie das Kind austragen muß, könne ohne Abbruch nicht wirksam therapiert werden. Das Verständnis, auf das Monika mit dieser unzweideutigen Stellungnahme stößt, überrascht sie. Und wieder vermutet sie politischen Realismus hinter dieser Offenheit konservativer Männer: die Angst vor vollen Waisenhäusern.

Monika nimmt Kontakt mit der Frauenklinik von Zenica auf, mit der sie später zusammenarbeiten will. Die Gynäkologen berichten von einer dramatischen Zunahme der Frühgeburten, die sie auf die psychische Verfassung der Schwangeren zurückführen. Es fehlt jedoch an den nötigen Intensiveinrichtungen, so daß die Mortalitätsrate bei Frühgeburten enorm angestiegen ist.

Schwierig gestaltet sich die Suche nach einem geeigneten Gebäude für das Projekt, das genügend Platz für eine Ambulanz und einen stationären Bereich bietet. Zwar gibt es leerstehende Häuser, zurückgelassen von Serben, die der Stadt den Rücken gekehrt haben, doch die unklaren Eigentumsverhältnisse bieten keine ausreichende Sicherheit für ein Projekt mit dem Anspruch, traumatisierten Frauen und Kindern ein vorübergehendes Zuhause zu bieten. Einmal wird Monika ein Angebot gemacht. Sie ist begeistert, das Restaurant außerhalb von Zenica macht einen sehr guten Eindruck. Doch dann stellt sich heraus, daß es früher ein Bordell war. Das Angebot, die noch unfertige weitläufige Ambulanz des Stahlwerks zu übernehmen und für 300 000 DM auszubauen, lehnt Monika als zu teuer ab.

Ansonsten ist sie bei Geld wenig zimperlich. Man nennt ihr einen Preis, und sie sagt »Geht in Ordnung«. Niemand, auch Zilha nicht, ahnt, daß sie zu diesem Zeitpunkt noch über keinerlei Geld verfügt. »Ich denke, daß man so etwas nur einmal im Leben erlebt«, versucht Monika ihre damalige Hochstapelei zu erklären. »Ich war getragen von der felsenfesten Überzeugung, daß ich es schaffen würde.«

Diese Überzeugung läßt sie ein großzügiges Angebot ausschlagen. Irgendwann im Januar wird sie von einem Herrn Odendahl von der Caritas zu einem Gespräch ins Hotel International geladen. Die Regierung von Baden-Württemberg wolle der Caritas eine Million D-Mark für ein Frauenprojekt zur Verfügung stellen. Ist sie interessiert? Monikas bosnische Freundinnen kichern schon: Die Caritas will ein Projekt unterstützen, in dem Schwangerschaftsabbrüche durchgeführt werden! Monika läßt sich erst gar nicht auf die zu erwartende Debatte ein: »Herr Odendahl, von der Caritas nehme ich prinzipiell kein Geld an!« Wolfgang Odendahl ist verblüfft: »Meine Hochachtung, eine Million ist mir noch nie abgelehnt worden!« Das Gespräch bildet die Grundlage von gegenseitigem Respekt. Monika schätzt den am Schicksal der Frauen interessierten couragierten General a.D., der in den schlimmsten Kriegszeiten im Kombiwagen ohne Panzerweste und Helm auf dem Landweg von Zagreb nach Bosnien fährt. Odendahl wiederum respektiert Monikas Feminismus und befürwortet im Sommer 1993 die Unterstützung eines Medica-Ausbildungsprojekts durch die Caritas, in dem garantiert keine Abbrüche vorgenommen werden.

Bei einem vom Bürgermeister organisierten Treffen mit Gynäkologen des Regionalkrankenhauses wird der Vorschlag unterbreitet, für das Projekt einen Kindergarten zu suchen. Der Stadtrat für Gesundheitswesen will davon nichts wissen. Doch Monika findet schließlich einen passenden städtischen Kindergarten in der Pionirska-Straße 10. Erst als mehrere prominente Chefärzte sich für Monika verwenden, gibt der Gesundheitsstadtrat nach. Zilha schimpft auf die Kommunisten, die zu träge sind, um noch Veränderungen in ihrem Leben zuzulassen.

Das Gebäude mit dem Flachdach wird schließlich zu einem Preis von 2000 Mark monatlich gemietet. Im Erdgeschoß sollen Ambulanz und OP eingerichtet werden, im Obergeschoß die Wohnräume für etwa zwanzig Frauen. Die hygienischen Verhältnisse des Kindergartens, in dem noch einige Flüchtlinge untergebracht sind, lassen allerdings zu wünschen übrig. Und es sind Umbauten nötig.

Waschbecken, Fliesen und Armaturen sind nur noch auf dem Schwarzmarkt erhältlich.

14

Im Januar 1993 legen der EG-Vermittler Lord David Owen und der UNO-Bevollmächtigte Cyrus Vance in Genf ihren Friedensplan für Bosnien-Herzegowina vor. Er besiegelt de facto die Aufteilung des Landes. Die zentralbosnischen Gebiete bis zur Linie Travnik-Sarajevo sollen an die Kroaten fallen. Da in diesem Raum die Bevölkerung gemischt ist – jeweils 45 Prozent Muslime und Kroaten –, bedeutet der sogenannte Friedensplan den Auftakt für weitere »ethnische Säuberungen« an Muslimen, diesmal durch die bosnischen Kroaten. Mate Boban, dem selbsternannten Präsidenten des kroatisch-bosnischen Separatstaates *Herceg Bosna*, gefällt der Plan. »Die Welt hat uns diese Gebiete gegeben«, läßt er verlauten. »Wenn nötig werden wir unser Recht mit Gewalt durchsetzen.« Die bosnischen Kroaten unterzeichnen ihn ohne weitere Verhandlungen und stellen Forderungen: Bis zum 15. April 1993 sollen sich alle bewaffneten bosnischen Kräfte den Kroaten ergeben.

Die Kämpfe zwischen bosnischer Regierungsarmee und kroatischer HVO beginnen in Gornji Vakuf und breiten sich ostwärts nach Kiseljak und Busovača aus, Orte in unmittelbarer Nähe von Zenica.

15

Zwischen der Fülle an bürokratischen Wegen, die zu erledigen sind, besucht Monika mit der Deutschstudentin Amna als Dolmetscherin die heillos überfüllten Gemeinschaftsunterkünfte für Flüchtlinge, die in Schulen, Kinosälen, Turnhallen, Arbeiterbaracken und Kasernen eingerichtet wurden. Amna ist entsetzt. Sie ist noch nie in einem Flüchtlingscamp gewesen. Wie sie haben sich die meisten Frauen in Zenica seit Kriegsbeginn apathisch in ihre Wohnungen verzogen und nach Kräften verdrängt.

Die Flüchtlinge spüren das und sind enttäuscht, daß sich niemand für sie interessiert. Monika gegenüber sind sie begierig, ihre Geschichte zu erzählen. Noch haben sie keine negativen Erfahrungen mit Journalisten gemacht. Die Heimatorte der vom Flüchtlingshilfswerk UNHCR mit Nahrung versorgten Menschen sind Stätten des Grauens: Doboj, Jajce, Foča, Višegrad, Rogatica, Prijedor, Bosanski Petrovac ... Die Lebensumstände in den Camps sind katastrophal. In manchen Unterkünften hausen in Stockbetten an die hundert Männer, Frauen und Kinder gemeinsam in einem Raum. Mit einer um das Bett genagelten Decke versuchen sie, sich ein jämmerliches Fleckchen Intimität zu schaffen. Die Augen der Menschen sind leer. Oft bleiben sie auch tagsüber in den Betten. Frauen müssen sich erneut vor männlicher Gewalt schützen.

Sehr bald wird Monika klar, daß viele der Frauen potentielle Bewohnerinnen ihres künftigen Zentrums sind, auch wenn sie nicht explizit über Vergewaltigungserfahrungen berichten. So spricht sie mit zwei Mädchen, die mit ihren Familien vierzehn Tage lang im Lager Trnopolje in der Nähe von Prijedor interniert waren. Dorthin wurden in den ersten beiden Kriegsmonaten etwa zehntausend Menschen deportiert. Die beiden Familien waren beim ersten großen Konvoi von fünftausend Menschen dabei, die nach den Medienberichten über die Konzentrationslager nach Zentralbosnien ausreisen durften. Die Mädchen erzählen, daß sie wegen der katastrophalen hygienischen Verhältnisse nach wenigen Tagen total verdreckt waren, was ihnen einen gewissen Schutz vor Vergewaltigungen bot. Zu jeder Tageszeit seien Tschetniks durchs Lager gestreunt und hätten sich Frauen herausgeholt. Letztlich wurden sie verschont, weil ältere Frauen sich auf sie legten und sie unter ihren weiten Pluderhosen versteckten.

Die Flüchtlinge berichten auch über das Restaurant *Sonja* in einem Vorort von Sarajevo, in dem die Tschetniks sich auf minderjährige Mädchen spezialisiert haben. Die meisten sind danach spurlos verschwunden.

16

Amna macht Monika mit der geschiedenen Frau ihres Bruders bekannt. Monika und Zemira Hašić begegnen einander in ihrer winzigen Wohnung, wo die praktische Ärztin mit Amna und ihrem Sohn Muhamed wohnt. Zemira hat blondes Haar und warme graugrüne Augen. Monika und Zemira mögen einander sofort. In englischer Sprache unterhalten sie sich lange, über ihre Arbeit, über Bosnien, den Krieg, die Frauen und Monikas Projekt. Plötzlich fragt Monika: »Könnte ich bei dir wohnen?« – »Ja, wenn es dir nicht zu eng ist«, antwortet Zemira. Es ist der Anfang einer engen Freundschaft.

17

Monika macht sich daran, ihr künftiges Team zusammenzustellen. Bei dem von Kulović vermittelten Treffen mit der konservativen Frauengruppe *Sumejja* stoßen zwei Welten aufeinander. Monika ist überrascht von den schicken Kostümen und Pelzmänteln der Damen. Noch hat sie die Vorstellung im Kopf, daß im Krieg alle Menschen ärmlich aussehen. Die *Sumejja*-Frauen wiederum sind mißtrauisch, ob dieses »junge Mädchen« in Jeans wirklich einlösen kann, was sie verspricht. Monika erinnert sich an die Spritzpistole mit der ätzenden Flüssigkeit, mit der sie einst bei einer Aktion auf der Düsseldorfer »Kö« auf die Naturpelzmäntel betuchter Damen zielte. Nein, das ist der falsche Augenblick, jetzt geht es um anderes, verwirft sie den Gedanken. Ihre höfliche Frage nach einem Frauencafé in Zenica trifft auf Verständnislosigkeit.

Der Frauenverein *Sumejja* wurde im August 1992 gegründet, um Flüchtlingsfrauen materiell zu unterstützen. Trotz der nicht zu übersehenden Differenzen sind die *Sumejja*-Damen bald von Monikas Projekt begeistert. Monika muß ihnen erst mit aller Deutlichkeit klarmachen, daß sie nicht gewillt ist, sich vereinnahmen zu lassen, und es für keine gute Idee hält, das geplante Therapiezentrum unter dem Dach des muslimischen Frauenvereins aufzubauen. Dennoch sind es die *Sumejja*-Frauen, die Monika mit den ersten Fachfrauen ihres künftigen Teams bekanntmachen.

Zemira Hašić hat eine Anstellung als Ärztin bei der nationalistischen Kroatischen Partei des Rechts (HOS). Monika kann ihre beängstigende Bekanntschaft mit den aggressiven Faschos in schwarzer Uniform, die in Zagreb vor der HOS-Kommandantur lungern und das Zagreber Frauenhaus bedrohen, nicht mit Zemiras warmer Ausstrahlung in Einklang bringen. Sie läßt sich von Zemira überzeugen, daß die HOS in Bosnien nicht mit der Schwesterpartei in Kroatien vergleichbar sei. HOS Bosnien, erklärt Zemira, sei eine legale politische Partei, die für die Vereinigung von Kroatien und Bosnien eintritt. Der Konflikt mit den bosnischen Kroaten ist noch nicht in einen offenen Krieg ausgebrochen.

Monika ist froh, eine Frau gefunden zu haben, die die historische Bedeutung des von ihr geplanten Projekts zu begreifen scheint. Angesteckt von Monikas Feuer handelt Zemira schnell: Sie kündigt bei der HOS, um frei zu sein für den Aufbau des Zentrums. Zusammen mit Zemira überlegt Monika, welche Berufsgruppen für das künftige Projekt vorrangig sind. Bevor es zu den ersten Bewerbungsgesprächen kommt, vergehen noch einige Tage. Stromreduktion und Polizeistunde um 21 Uhr drücken auf den Zeitplan der Bewerberinnen, von denen viele noch Arbeit haben. Die Vorstellungsgespräche finden in Zemiras Wohnung bei Kerzenlicht statt.

18

Für die 47jährige erfahrene Krankenschwester Paša Kovač entscheidet sich Monika schnell. Die Mutter von zwei erwachsenen Töchtern ist sofort Feuer und Flamme. Nur zu gut begreift sie, worum es der Ärztin aus Deutschland geht. An ihrem Arbeitsplatz im Krankenhaus hat sich kürzlich etwas ereignet, was ihr nicht mehr aus dem Sinn geht. Einer 21jährigen Frau aus Foča war es gelungen, sich mit ihrer kleinen Tochter nach Zenica durchzuschlagen. Sie war in einem Vergewaltigungslager der bosnischen Serben bei Višegrad geschwängert und erst im sechsten Monat freigelassen worden, damit sie einen »Tschetnik« zur Welt bringt. Die Frau bat im Krankenhaus um einen Abbruch. Es gebe bei ihm im Spital keine Prostaglandine zur Einleitung einer Frühgeburt, sagte der Chef der gynäkologischen Abteilung und schickte sie nach Travnik. Überdies sei ein Schwangerschaftsabbruch nur bis zur zehnten Woche legal. »Es war Anfang des Krieges, und wir konnten den psychischen Zustand von Frauen mit solchen Erfahrungen noch nicht einschätzen«, nimmt Paša ihren Chef in Schutz. Zwei Tage später ließ die junge Frau ihre Tochter bei Verwandten und nahm sich das Leben.

Seither weiß Paša, daß vergewaltigte Frauen Hilfe brauchen. Monika kommt ihr gerade recht. Auf Monikas Testfrage, die sie allen Bewerberinnen stellt, ob sie einen Abbruch in einem so späten Stadium befürworten würde, wenn die Patientin suizidal ist, antwortet Paša mit einem klaren JA. Nach zwei weiteren Gesprächen steht fest: Paša Kovač wird ein Team von Krankenschwestern zusammenstellen und neben ihrer hauptberuflichen Tätigkeit im Krankenhaus sofort in das neue Projekt einsteigen.

Paša spricht keine Fremdsprache. Alle Gespräche mit Monika müssen gedolmetscht werden. »Es ist schade, daß wir nicht direkt miteinander sprechen konnten«, bedauert Paša, »aber wir haben uns über die Augen verständigt.«

19

Der Vermittlung von *Sumejja* hat Monika das gesamte psychologische Team zu verdanken: die Psychologinnen Mirha Pojskić, Marijana Senjak, Edita Ostojić und die Psychiaterin Kadrija Šabić-Haračić.

Mirha und Marijana sind beide bei der *Zeljezara Zenica* angestellt, auch wenn es keine Arbeit mehr gibt. Das traditionsreiche Hüttenwerk war mit seinen vier Hochöfen und sechs Kokereien vor dem Krieg der größte Arbeitgeber der Stadt. 20 000 Menschen fanden Arbeit in der Fabrik, die die Luft verpestete und die Bosna in eine stinkende Brühe verwandelte. Sie zog Arbeiter aus ganz Jugoslawien an. Gleich zu Beginn des Krieges wird der Kernbereich des Werks durch einen Luftangriff außer Kraft gesetzt, den Rest besorgte das Kappen der Strom- und Rohstoffzufuhr. Als Monika nach Zenica kommt, gibt es in der Bosna wieder Fische, und die Luft, einst Verursacherin von Bronchialasthma bei Kleinkindern, ist klar und würzig. Der Krieg hat eine »ökologische Säuberung« bewirkt, scherzen die Zenicianer mit schwarzem Humor. Die Arbeiter und Angestellten des Stahlwerks stehen weiterhin auf den Lohnlisten, für die meisten bedeutet das jedoch »Warteschleife«. Aber auch jenen, die weiterarbeiten dürfen, wird der Lohn nur noch in Form von Lebensmittelpaketen ausbezahlt.

Mirha und Marijana betrieben im Stahlwerk Forschung, prüften bei Einstellungen die psychische und intellektuelle Eignung der Bewerber und suchten passende Arbeitsstellen für Mitarbeiter mit Berufskrankheiten. Nach Kriegsbeginn gründen sie im August 1992 eine Beratungsstelle für psychologische Hilfe im Krieg. Bald kommt Edita Ostojić dazu, die seit 16 Jahren an der Polyklinik als Psychologin arbeitet. Das Zentrum, in dem bald vier Frauen und drei Männer beschäftigt sind, wird als »Zivilschutz« von den Behörden unterstützt. Es bietet Beratung für alle an, denen der Krieg zu schaffen macht, und wird bald auf die besondere Problematik der Flüchtlinge aufmerksam. Ein Telefonnotruf wird eingerichtet. Das Team nutzt die Medien, um auf die Einrichtung aufmerksam zu machen und den Menschen zu erklären, daß Angst ein normaler und gesunder Schutzmechanismus ist.

In den sechs Monaten, in denen die späteren Medica-Psychologinnen in der Beratungsstelle arbeiten, gehen zweihundert

Anrufe ein: in erster Linie von Frauen mit neurotischen Problemen und Erziehungsschwierigkeiten mit ihren Kindern. Durch den Krieg werden alte Probleme aktiviert. Manchmal kommen auch Soldaten in die Beratung. Sie suchen weniger psychologische Hilfe als die für einen Krankenurlaub erforderliche Bescheinigung. Oft wird allerdings schon nach einem kurzen Gespräch deutlich, wie sehr sie der Krieg traumatisiert hat. Erst während des Fronturlaubs tritt plötzlich die Angst auf, die sie im Schützengraben unterdrükken müssen. Die Folge sind Schlafstörungen, Flashbacks – die ständige Wiederkehr peinigender Bilder von zerfetzten Kameraden – und aggressive Reaktionen gegen Familienmitglieder. Das wiederum führt zu Schuldgefühlen und Eheproblemen.

Noch ehe Monika Hauser auftaucht, haben Mirha, Marijana und Edita begonnen, die Gemeinschaftsunterkünfte aufzusuchen, um den Flüchtlingen zu helfen, ihre Gefühle von Angst, Verzweiflung und Wut auszudrücken und über ihre Erlebnisse miteinander ins Gespräch zu kommen. »Das war der erste therapeutische Schritt in unserer Arbeit«, erinnert sich Mirha vier Jahre später. Danach lernen die Frauen, Distanz zu ihren Gefühlen herzustellen, in denen sie sonst versinken würden, und ihnen in der Gruppe einen Wert zu geben. Daß dies alles schon »Therapie« ist, wissen die Psychologinnen nicht, sie tun nur intuitiv das Richtige. Als Orientierung benutzen sie ein von der Kroatischen Psychologischen Gesellschaft herausgegebenes Handbuch über »Psychologische Hilfe im Krieg«. Sie sprechen mit den Flüchtlingen über Trauma-Symptome und wie sich die Betroffenen selbst helfen können.

Im Spätsommer berichtet das bosnische Fernsehen erstmals über die Vergewaltigungen. Das Psychologinnenteam beginnt nun bei seinen Besuchen in den Flüchtlingscamps auch über die Symptome zu sprechen, die nach einer Vergewaltigung auftreten, und versucht den Frauen die Schuldgefühle zu nehmen. Sie bieten Einzelgespräche an, und bald beginnen die Frauen ihnen über die Erfahrungen anderer Frauen zu berichten. Über sich selbst sprechen sie nicht. Nur manchmal verläßt eine weinend den Raum, wenn das Wort »Vergewaltigung« fällt.

20

»Unser Ziel war es auch, die Gesellschaft zu sensibilisieren, damit die Leute verstehen, was eine Vergewaltigung für eine Frau bedeutet«, berichten die Psychologinnen über ihre Arbeit in den Flüchtlingscamps. Und in der Tat kommen positive Reaktionen aus der Stadt. Kurz nach Monikas Ankunft findet am 18. Januar 1993 im Dokumentationszentrum zur Erfassung von Kriegsverbrechen ein Symposium zum Thema »Vergewaltigte muslimische Frauen – Was nun?« statt, an dem Politiker, Theologen und Ärzte aus Tuzla und Zenica teilnehmen. Ein wichtiges Thema sind die Kinder, die durch eine Vergewaltigung gezeugt wurden. Die islamischen Theologen wünschen, daß die Frauen die Schwangerschaft austragen und ihr Kind lieben. Der Imam von Zenica hingegen gibt nach Rücksprache mit Mekka seine Erlaubnis, bis zum 120. Schwangerschaftstag, also in den ersten vier Monaten, einen Abbruch durchführen zu lassen. Das Gesetz sieht in Bosnien den legalen Schwangerschaftsabbruch bis zur zehnten Woche vor. Auf der Konferenz kündigt der Leiter des Dokumentationszentrums an, daß er und einige Juristenkollegen dabei sind, eine Art Notstandsgesetz für die Kriegszeit auszuarbeiten, das vergewaltigten schwangeren Frauen einen legalen Schwangerschaftsabbruch zu jedem Zeitpunkt ermöglichen soll. Das Gesetz scheitert schließlich am Widerstand der Geistlichen.

Wichtigstes Ereignis der Konferenz ist die von der obersten islamischen Autorität Reis ul-ulema Dr. Mustafa Ćerić ausgesprochene *Fetwa*. Vergewaltigte Frauen tragen keinerlei Verantwortung für das Verbrechen, das an ihnen begangen wurde, verkündet diese öffentliche Erklärung. Sie sollen sich weder vor Allah noch vor den Menschen schuldig fühlen. Die Täter hingegen müssen bestraft werden. Für vergewaltigte Frauen soll auch das *Šehit*-Gebot gelten. *Šehit* heißt wörtlich: Gott liebt die unschuldigen Toten oder Geschädigten. Auf die vergewaltigten Frauen übertragen, lautet die Botschaft: Gott liebt die unschuldigen

Frauen und wird sie für ihr Opfer entschädigen. Die *Fetwa* enthält aber auch eine Botschaft an die Männer: Muslimische Männer müssen erkennen, daß es die Absicht des Feindes ist, den geistigen und moralischen Zusammenhalt der islamischen Gemeinschaft zu zerstören. Muslimische Männer sollen sich deshalb verstärkt um die Stärkung der muslimischen Familie bemühen und vergewaltigte Frauen, die als Kriegsopfer anzusehen sind, heiraten. Kinder, die aus einer Vergewaltigung hervorgegangen, sollen angenommen und als Moslems erzogen werden. Wenn Frauen jedoch dem psychischen Druck nicht standhalten können und nicht Mütter dieser Kinder sein wollen, dann muß auch diese Entscheidung respektiert werden.

Das Symposium bietet Monika Gelegenheit, ihr Projekt der Öffentlichkeit vorzustellen, ja sie wird sogar eingeladen, die Eröffnungsrede zu halten. Sie weist auf die zu erwartenden psychischen und somatischen Folgeerscheinungen bei den betroffenen Frauen und Mädchen hin: »Sie werden ohne professionelle Hilfe zu keinem einigermaßen normalen Leben zurückkehren können. Von diesen Folgen werden sämtliche Familienmitglieder betroffen sein.« Und sie weist darauf hin, daß man bei den »Vergewaltigungsschwangerschaften« mit einem hohen Prozentsatz an Problemfällen rechnen müsse. Die Zahl der Risikoschwangerschaften werde ansteigen. Das bedeutet mehr Spontanaborte und Frühgeburten sowie eine deutlich höhere Mißbildungsrate. »Daher möchte ich so schnell wie möglich mein Projekt in Zenica eröffnen. Dafür bitte ich Sie um Ihre Unterstützung.«

21

Monika lernt das Leben in einer Stadt kennen, die dreißig Kilometer von der Front entfernt liegt. Noch gibt es genügend Grundnahrungsmittel wie Reis, Kartoffeln und Nudeln. Frisches Gemüse und Obst jedoch sind nur zu horrenden Preisen erhältlich. Ein Durchschnittslohn beträgt zwischen vier und zehn D-Mark, der Chefarzt der Klinik verdient fünfzehn Mark, ein Kilo Orangen kostet auf dem Markt drei, sechs Rollen Toilettenpapier sieben Mark. Doch die Bewohner von Zenica haben seit Monaten Lebensmittel gehortet, und sie haben Ersparnisse, die jetzt allmählich aufgebraucht werden. Ab und zu gönnen sie sich auch frisches Obst. Wenn Monika zu Gast bei einer Familie ist, ist der Tisch stets reichlich gedeckt.

Die 35000 Flüchtlinge jedoch sind auf humanitäre Hilfe angewiesen. Je knapper und teurer die Waren, desto spannungsreicher wird das Verhältnis zwischen den Flüchtlingen und der Stadtbevölkerung. Im Fernsehen werden vor den Abendnachrichten zwei *Duty-Free*-Läden gezeigt, mit Waren auf den Regalen, die für die Bevölkerung unerschwinglich sind. Die Flüchtlinge behaupten, daß in diesen beiden Geschäften humanitäre Güter verkauft werden. Die Einheimischen wiederum beteuern, daß sie selbst nichts haben und alles mit den Flüchtlingen teilen. Die Flüchtlinge montieren bisweilen die sanitären Einrichtungen in den Gemeinschaftsunterkünften ab, um sie auf dem Schwarzmarkt zu verkaufen. Wenn das im Fernsehen gezeigt wird, entsteht Unmut unter der Stadtbevölkerung.

Obwohl es in Zenica relativ ruhig ist, kann der Krieg doch nie vergessen werden. In den Abendnachrichten hört man, daß Travnik und vor allem Visoko, beide in verschiedene Richtungen etwa dreißig Kilometer entfernt, täglich mit Granaten beschossen werden. Alle haben Verwandte in diesen Städten. Monika ist erschrocken, wie schnell sie sich an die Kriegssituation gewöhnt:

> Zum Beispiel saß ich mit vier Frauen am Kaffeetisch, und es gab Luftalarm. Ich bin aufgestanden und habe meine Tasche genommen, in der Meinung, daß wir jetzt gemeinsam in den Keller gehen werden. Doch die Frauen haben mich beruhigt, ich soll mir keine Sorgen machen. Ich habe mich dann wieder hingesetzt, und wir haben weiter

Kaffee getrunken. Nach einer halben Stunde kam die Entwarnung. Wir waren dann zwar alle eine Spur entspannter, aber diese Dinge gehören einfach zum Alltag. Ich war ständig damit beschäftigt, die bürokratischen Strukturen von Zenica zu durchschauen. Für alles braucht man tausende Bewilligungen, das waren dann im Endeffekt die Probleme, die meinen Alltag beherrscht haben. Ansonsten fühlt man sich sicher in der Stadt. Man weiß, das spielt sich alles dreißig Kilometer entfernt ab, und die Bevölkerung von Zenica vertraut der bosnischen Armee, daß sie diese Frontlinie wird halten können. Die Menschen treffen auch keine Vorkehrungen für den Fall, daß die Front näher rückt. Das ist nicht Teil des täglichen Denkens. Sie sprechen vielmehr davon, daß sich die Situation innerhalb weniger Tage grundlegend ändern würde, wenn sie endlich Waffen bekommen, um sich zu verteidigen. Natürlich sind es wieder die Frauen, die die Lage realistischer einschätzen und schon mal ihre Ängste aussprechen. Sie haben ja permanent die Flüchtlinge vor Augen und können sich das schon bildlich vorstellen, wie es ist, wenn sie von den Tschetniks überrannt werden. Aber es wird verdrängt. Natürlich ist das bloß eine Überlebensstrategie, denn es ist absolut ungewiß, wie es weitergehen wird. Seit mit der Verkündung von Herrn Owens Plan die lokalen Kämpfe mit den bosnischen Kroaten begonnen haben, hat sich die Situation dramatisiert. Dieses Gornji Vakuf circa dreißig Kilometer südlich von Zenica hat der Bevölkerung gezeigt, wie schnell es gehen kann, daß der Krieg an einem Ort ausbricht, wo man vorher gar nicht daran gedacht hat. Die Angst, daß sich auch in Zenica ein Krieg zwischen HVO und bosnischer Armee entwickeln könnte, ist realer geworden.

22

Mirha Pojskić ist gerade dabei, ein Programm für vergewaltigte Frauen auszuarbeiten, als die Kunde von Monika Hausers Anwesenheit in Zenica zu ihr dringt. Schon wenige Tage nach dem ersten Treffen beschließt Monika, daß ihr Psychologinnenteam aus Mirha, Marijana und Edita bestehen soll. Die drei haben bewiesen, daß sie auch unter den schlechten Bedingungen der Gemeinschaftsunterkünfte mit den Flüchtlingsfrauen arbeiten können.

Monika trifft sich mehrmals mit den Psychologinnen, um mit ihnen die künftige gemeinsame Arbeit zu besprechen. Mirha zweifelt nicht daran, daß Monika ihr Vorhaben verwirklichen wird. »Ich glaubte ihr vom ersten Augenblick an, da war etwas Besonderes in ihren Augen, das mir Vertrauen einflößte. Was sie plante, war genau das, was ich wollte.« Aber auch Monika hat Vertrauen. »Ich fühlte mich sehr frei mit ihr«, sagt Edita, die anfangs davon überzeugt war, Monika würde nicht wiederkommen. »Sie vertraute uns, daß wir es richtig machen würden. Das machte uns kreativ und gab uns die Freiheit, neue Ideen zu entwickeln und frei darüber zu diskutieren. Sie stellte keine Forderungen an uns.« Für Edita eröffnet sich mit Medica eine neue Welt. Auch an ihrem früheren Arbeitsplatz an der Polyklinik wurde sie mit Männergewalt konfrontiert, »aber ich hatte keine Empfindlichkeit für Frauenfragen. Ich erinnere mich noch an ein Gespräch mit Monika, in dem ich sagte, ich hätte nie Frauenprobleme gehabt. Dabei bin ich eine alleinerziehende Mutter von drei Kindern, eine Witwe!« Anfangs ist es für sie bloß ein Job. »Später habe ich viel profitiert davon. Im ersten Kriegsjahr habe ich nur zugeschaut und war verbittert. Medica hat mir die Chance gegeben, meine eigene aktive Antwort zu finden auf alles, was im Krieg passierte.«

Mit der neuen Perspektive eines psycho-medizinischen Therapiezentrums für vergewaltigte Frauen und ihre Kinder gehen die Psychologinnen mit einem ganz anderen Gefühl in die

Flüchtlingscamps. Nun wissen sie, daß sie den Frauen bald konkrete Hilfe anbieten werden können.

23

Neben Paša Kovač, Zemira Hašić, den drei Psychologinnen und der Psychiaterin Kadrija Šabić-Haračić engagiert Monika zwei Anästhesistinnen, vier Krankenschwestern, eine Kindergärtnerin, eine Sekretärin und eine Hausleiterin, die ausgebildete Elektrotechnikerin ist und eine Heizung reparieren kann. Eine sehr engagierte Firma übernimmt ohne Anzahlung die Durchführung der Umbauarbeiten. Die Trennwände aus Holz im stationären Bereich sollen mobil sein. Die Bauarbeiter sind bereit, Überstunden zu leisten und im Dunkeln zu arbeiten, wenn der Strom ausfällt.

In Köln kümmert sich Klaus-Peter Klauner um die »Logistik«. Er kontaktiert *medico international.* »Etwas schwierig«, faxt er am 13. Januar kryptisch an die Banka Zenica, wo das einzige Fax der Stadt steht, von dem aus das Ausland erreichbar ist. Aber »die Grünen interessieren sich«. Einige Tage später faxt er, daß das Projekt auf der Evangelischen Landessynode besprochen wurde. Im Zagreber Büro des DHH-Leiters soll »'ne Menge medizinisches Gerät herumliegen«. Auf das Essener Konto werde bereits gespendet, aber »es wird mehr Öffentlichkeitsarbeit nötig sein«. Alle wollen Monika persönlich kennenlernen, bevor sie das Projekt unterstützen.

Vor ihrer Rückkehr muß sich Monika rechtlichen Fragen widmen. Noch hat das Projekt keinen Namen. Als Monika ein Bankkonto eröffnet, nennt sie es »Scheherazade/Medico«. Monika hat nicht den geringsten Zweifel, daß *medico* sie unterstützen wird. Eine von Zilha zu einem Treffen mitgebrachte Rechtsanwältin empfiehlt einen jungen Kollegen, der das Zentrum als Geschäftsunternehmen registrieren lassen will. Seine Honorarvorstellungen sind gigantisch. In Bosnien gibt es keine Privatkliniken, für die medizinische und psychologische Versorgung ist der Staat zuständig. Es muß also eine rechtliche Lösung gefunden werden, die dieses Problem in den Griff bekommt. Monika beginnt zu erkennen, wie undurchschaubar die bosnischen Strukturen sind, und wie ausgeliefert sie ist, abhängig vom Rat ihrer bosnischen Freundinnen, denen es jedoch ebenso an Erfahrung fehlt. Zemira kommt mit einem Freund an, der sich in der städtischen Bürokratie auskennt und seine Hilfe anbietet. Frauen warnen Monika: »Du wirst dich doch nicht auf *den* verlassen, der will ja nur seinen Reibach machen!« Ausgerechnet dieser erweist sich jedoch als kompetent und kooperativ. Sein Honorar darf Monika selbst festlegen.

Zehn Tage lang versucht Monika erfolglos, UNHCR dazu zu bewegen, sie aus Zenica herauszubringen. Ihnen seien die Hände gebunden, wird sie ein ums andere Mal vertröstet. Die einzige Verbindung auf dem Landweg von Zenica nach Kroatien führt durch Gornji Vakuf. Dort finden die ersten Auseinandersetzungen zwischen HVO und bosnischer Armee statt, eine direkte Folge des Vance-Owen-Plans.

23. Januar 1993. Klaus-Peter faxt an die Banka Zenica: Die TV-Sendung des WDR *FrauenFragen* möchte ein Interview mit Monika machen, und Karin Schüler hat angerufen: »Wenn das Projekt ›konkret‹ ist, ist genug Geld da!« Zwei Tage später ein weiteres Fax:

> Um Dein Projekt hier voranzubringen, mußt Du kommen. Wenn es denn auf keinem normalen Weg möglich ist, dann vielleicht über UN-Angehörige. Du bist doch keine Touristin, sondern versuchst medizinische Infrastruktur aufzubauen. Deshalb haben offizielle Stellen, Regierung oder UN-Truppen, dafür zu sorgen, daß Du ungehindert raus und rein kommst.

26. Januar. Fax von Monika an Klaus-Peter und Gabi Mischkowski:

> Wir hoffen, mit dem Bus am 27. rauszukommen. ... Gut, daß Karin Schüler mich dringend sprechen will, bin z. Zt. leider etwas verhindert – sag ihr, es ist ALLES SEHR KONKRET!!! Adaptierungsarbeiten am Haus beginnen in Kürze, das Team steht bereit! Aber der ganze Rest fehlt, es gibt zur Zeit hier NICHTS, ich werde in meinen 10 Tagen ALLES organisieren müssen! ... Dein Wort »ungehindert rein und raus kommen« ist nett gesagt naiv, krasser gesagt westliche Unkenntnis der verstrickten Verhältnisse. Aber daß diese Verhältnisse so sind, ist nett gesagt westliche Untätigkeit, krasser gesagt westliches Kalkül.

Dann gibt Monika überstürzte Anweisungen an Gabi und die Essener Freundinnen: Psychologinnen suchen, die Erfahrung mit vergewaltigten Frauen haben und bereit sind, ab Ende Februar nach Zenica zu kommen, um Supervision und Seminare durchzuführen; Folterzentren in Berlin und Frankfurt kontaktieren wegen Expertinnen und Literatur, am besten in englischer Sprache; die Marburger *Wildwasser*-Frauen anrufen; eine komplette Büroausstattung zusammenstellen; mit dem Kauf von sanitären Artikeln beginnen: Zahnbürsten, Watte, Klopapier, Binden, Tampons, Shampoo, Seife ... – eventuell Sachspenden.

In ihrer Abwesenheit wird Monika von Zemira vertreten werden, die die Umbauarbeiten am Kindergarten in der Pionirska-Straße beaufsichtigen wird. In zwei Wochen will Monika wieder zurück sein. Bis dahin soll alles fertig sein. Es eilt. Während die Zeit mit den organisatorischen und bürokratischen Vorarbeiten verstreicht, werden Frauen weiter vertrieben, vergewaltigt, getötet oder gezwungen, ungewollte Schwangerschaften auszutragen. Für viele wird Monikas Hilfe zu spät kommen.

24

Auf der Rückreise gemeinsam mit der Deutschstudentin Amna im Bus eines risikobereiten Privatunternehmens lernt Monika die Angst kennen. Für die etwa hundert Kilometer nach Split brauchen sie 18 Stunden und müssen 22 Kontrollpunkte passieren, an denen sich in der Nähe von Zenica noch HVO-Soldaten und bosnische Armee abwechseln. Südlich von Gornji Vakuf gibt es nur noch HVO. Bei jedem Checkpoint muß der Bus anhalten und warten, weil der Kommandant des einen sich mit dem Kommandanten des nächsten Checkpoints absprechen muß. Im Bus befinden sich etwa sechzig Personen, darunter drei Ausländer – Monika und zwei Journalisten. Die Mehrheit der Fahrgäste sind muslimische Frauen und Kinder.

An einem der Checkpoints werden sie zwischen Pučarevo und Gornji Vakuf angehalten. Aus einem nahegelegenen Waldstück hören sie Schüsse. Zwei Stunden darf der Bus nicht weiterfahren. Es ist sehr kalt. Draußen stehen betrunkene HVO-Milizionäre. Einer trägt eine rote langhaarige Karnevalsperücke. Am Lauf seiner Kalaschnikow hängen bunte Luftballons. Zwei der Soldaten diskutieren über das Schicksal der Fahrgäste. Der eine will sie nicht weiter-, der andere will sie nicht zurückfahren lassen. Es ist nur der Diplomatie des Busfahrers zu verdanken, daß sie schließlich ihre Fahrt nach Prozor fortsetzen dürfen. Unterwegs werden sie angeschossen. Kurz vor Prozor machen sie eine Rast, in dem Bewußtsein, alles gut überstanden zu haben. Prozor befindet sich zwar noch tief in bosnischem Gebiet, doch hier hat seit Ende Oktober 1992 nur noch die HVO das Sagen. Als die HVO die 15 000-Einwohner-Stadt am 23. Oktober mit Granaten beschoß, flohen die Moslems, ein Drittel der Stadtbevölkerung, in die umliegenden Hügel, wo sie tagelang ohne Nahrung herumirrten.

Auf dem Hauptplatz von Prozor müssen alle Fahrgäste mit ihrem Gepäck aussteigen. Kroaten und Ausländer nach rechts, heißt es, Moslems nach links. Die prallgefüllten rot-blau-weißgestreiften Plastiktaschen der Bosnierinnen liegen verstreut auf dem Boden. Um die verschreckte Gruppe haben sich etwa zwanzig sehr aggressive HVO-Soldaten aufgepflanzt, die Kalaschnikow im Anschlag. Monika wendet sich an den Kommandanten. Sie soll lieber still sein, auch er hat seine Leute nicht im Griff. Eben sei ein Bus voller toter kroatischer Soldaten durchgefahren, da könne man nie wissen.

Nach einer Stunde der Ungewißheit in klirrender Kälte müssen die Kroaten und Ausländer in einen in einiger Entfernung bereitstehenden kroatischen Bus steigen. Monika zieht Amna mit sich, hofft, daß es niemand merkt. Die muslimischen Frauen und Kinder bleiben zurück. Als Monika und die beiden Journalisten zu intervenieren versuchen, werden sie vom Kommandanten niedergebrüllt. Starr vor Angst setzen sie sich in den kroatischen Bus. Ein Soldat steigt ein und rennt schreiend durch die Reihen. »Endlich ist dieser Bus sauber«, grölt er. »Zeigt mir einen Moslem, und ich knüpfe ihn an den nächsten Baum.« Kurz vor der Abfahrt kommt ein anderer HVO-Soldat herein, um die Ausweise zu kontrollieren. Amna sitzt bleich und reglos da. Der Soldat nimmt ihren Paß, der für jeden Eingeweihten durch eine bestimmte Zahlenfolge nach dem »BH« als Paß einer Person muslimischer Nationalität erkennbar ist. Wortlos gibt er ihn ihr zurück.

Durch das Busfenster sieht Monika die muslimischen Menschen, die nicht mitfahren dürfen. Sie stehen da wie verloren, und Monika fallen Bilder von Juden und Jüdinnen ein, die mit dem gelben Stern an der Brust irgendwo an einem Bahnhof mit ihren Habseligkeiten ihr Schicksal erwarten. Später meldet Radio Zenica, daß einige Frauen aus der Gruppe in Prozor vergewaltigt worden sind.

Dann geht es los. Die Bergstraße ist vereist. Der Busfahrer unterhält sich während der Fahrt mit den Fahrgästen und ist nicht bereit, Schneeketten anzulegen. Sie nähern sich Tomislavgrad, dem letzten größeren Ort vor der kroatischen Grenze. Doch schon seit Prozor hat man das Gefühl, mitten in Kroatien zu sein. HVO-Soldaten überall und kroatische Schachbrett-Fahnen. Kurz vor Tomislavgrad wird der Bus angehalten. Ausweiskontrolle. Ein Soldat steigt ein. Er sieht Amnas muslimischen Paß und brüllt: »Du kommst nie und nimmer nach Split!« Beim nächsten Kontrollpunkt müsse sie mit ihm aussteigen. Sie muß ihr gesamtes Gepäck mitnehmen. Monika darf nicht mit. Immerhin befielt der Soldat dem Busfahrer, zu warten, bis er zurückkommt. Eine kleine Hoffnung. Nach einer Viertelstunde darf Amna tatsächlich wieder einsteigen, in der Hand ein Papier, das ihr ermöglicht, die kroatische Grenze unbehelligt zu passieren. Amna ist völlig erstarrt. Noch lange bringt sie kein Wort über die Lippen. Anstandslos bekommt sie in Tomislavgrad ein Transitvisum für Kroatien und lebt seither in Köln.

Split erreichen sie um ein Uhr früh. Am nächsten Tag fordert Monika einen IKRK-Angestellten auf, den Moslems in Prozor unverzüglich beizustehen. Später wird sie hören, daß das Rote Kreuz dort gewesen sei und nicht Auffälliges bemerkt habe.

25

»Nein, als Abenteurerin würde ich mich sicher nicht bezeichnen«, sagt Monika Hauser am 3. Februar 1993 in ihrer unaufgeräumten Wohnung, unterbrochen von Telefonanrufen aus ganz Deutschland. »Ich selbst empfinde mich nicht als besonders mutig. Auf der Rückreise habe ich große Angst gehabt. Aber es würde mir im Augenblick schlechter gehen, wenn ich in Essen in meiner Wohnung sitzen, über das Leid der Frauen in Bosnien nachdenken und nichts tun würde.«

Was ist das für eine Frau, die innerhalb weniger Tage ihr gesamtes Leben umkrempelt, um zu tun, was internationale Organisationen mit gigantischen Budgets unterlassen?

Monika Hauser wird 1959 als Tochter Südtiroler Arbeitsimmigranten in St. Gallen in der Schweiz geboren. Im Alter von dreizehn Jahren beginnt sie, Literatur über den Holocaust und den

Zweiten Weltkrieg zu verschlingen. Mit ihren Fragen stößt sie bei ihren Eltern auf eine Mauer des Schweigens. Wie so viele findet ihr 1931 geborener Vater auch etwas Gutes an Hitler. Immerhin habe er Autobahnen gebaut und für Arbeitsplätze gesorgt. Auch in der Schule sind solche Themen in der Schweiz tabu. Intellektuell unterfordert, durchlebt Monika eine zurückgezogene Kindheit und Jugend. Stets ist sie mit ihren Gedanken anderswo als die anderen.

Die erste Befreiung kommt, als sie mit siebzehn mit einer Gruppe Schweizer Jugendlicher sechs Wochen in einem israelischen Kibbuz verbringt. Dort trifft sie zwei alte Frauen aus Deutschland, die das Konzentrationslager überlebt haben. Sie sprechen darüber, als wenn es gestern gewesen wäre. Monika ist tief berührt. Immer wieder wird sie in Israel von alten Leuten angesprochen. Die deutsche Sprache wirkt wie ein Sog. Und alle haben sie Lagererfahrungen, die ihr Leben auf ganz elementare Weise geprägt haben. Mit jugendlichem Narzißmus bezieht sich Monika in die Geschichten der KZ-Überlebenden ein: »Was hätte ich getan, um diesen Menschen zu helfen?«

Nach dem Abitur gibt es für sie nur eins: nichts wie weg. An der Schweiz stößt sie alles ab: die Überangepaßtheit ihrer Eltern, *Swatch* und der allgegenwärtige Materialismus, die Heuchelei des Umgangs der Menschen miteinander, der Mangel an Solidarität, die Verlogenheit von Bergwelt und schmucken Städten und die schamlose Ausbeutung der Arbeitsimmigranten. Also geht sie nach Innsbruck, um Medizin zu studieren. Sie kann es kaum erwarten, in die Welt hinauszuziehen und einen neuen Lebensabschnitt zu beginnen. Sie will helfen. Obwohl Innsbruck ihr während des gesamten sechsjährigen Studiums fremd bleibt und sie oft sehr einsam ist, fühlt sich Monika dennoch befreit vom »Schweizer Mief«. An der Uni macht sie zwar in einer Frauengruppe mit, ihre eigentliche Leidenschaft gilt jedoch der Dritten Welt, für deren Menschen sie bereits an der katholischen Mädchenrealschule in St. Gallen Fürbitten gehalten hat. In einem Land der Dritten Welt will sie später als Ärztin arbeiten.

1982 absolviert sie mit einer Freundin und einem Freund ein dreimonatiges Praktikum in einer Region von Sri Lanka, die heute eine Hochburg der Tamilen ist. Sie wohnt bei einem Ehepaar in einer Villa direkt neben den Slums. Der örtliche Lions Club lädt sie zu einem Vortrag ein. Sie lehnt ab. Daß sie als Weiße überall hofiert wird, ist ihr unerträglich. Ihre Arbeit im Krankenhaus öffnet Monika die Augen. Mit einer Fliegenklatsche muß der Chirurg im OP die Mücken verscheuchen. Männer, die sich sterilisieren lassen, bekommen hundert Mark Belohnung. Der Eingriff erfolgt ohne Anästhesie. Die draußen warten, hören die Männer drinnen schreien. Bei einer Schwangeren wird der Kaiserschnitt ohne Narkotika durchgeführt, man muß sparen für schwerere Fälle. In Sri Lanka macht Monika ihre ersten Entbindungen, es ist kein schönes Erlebnis. Zwanzig Frauen, eine neben der anderen, und niemand, der zu ihnen kommt, wenn sie vor Schmerzen schreien. Die Patienten mit Durchfallerkrankungen liegen auf einer Pritsche mit einem Loch.

Monika beginnt sich kritisch mit der Entwicklungshilfe auseinanderzusetzen. Ist es wirklich das Richtige für sie, als Ärztin in die Dritte Welt zu gehen? Als weiße Akademikerin würde sie dort immer einen Sonderstatus genießen, ob es ihr recht ist oder nicht. Kann sie sich vorstellen, mit einer solchen Rolle zu leben? Und ist das überhaupt die Art von Medizin, die sie praktizieren will? Immer häufiger stößt Monika auf Berichte über Mißstände in der Entwicklungshilfe. Es scheint das Ziel so mancher Entwicklungshilfe zu sein, sich selbst unabkömmlich zu machen. Für Monika ist aber gerade der Gedanke der Selbsthilfe ein zentrales Motiv. Ihre Vorstellung von Entwicklungshilfe ist es, ein Projekt anzustoßen und den Menschen, denen geholfen werden soll, zu ermöglichen, es eigenständig fortzuführen. Viele Entwicklungshilfeprojekte sind jedoch nur noch Selbstzweck. Menschen aus der Ersten Welt verschaffen sich jahrelange gut dotierte Jobs und genießen es, in der Hierarchie wesentlich höher zu stehen, als sie es je in ihrem Heimatland wären.

In Innsbruck fehlt das politische Klima, um solche Fragen mit anderen zu diskutieren. 1984 promoviert Monika in Rekordgeschwindigkeit. Nichts wie weg!

Während einer halbjährigen Tätigkeit als Assistenzärztin im Regionalkrankenhaus von Schlanders in Südtirol fallen ihr die schlimmen Frauenschicksale ein, die sie als Zwölf- oder Dreizehnjährige halbbewußt in dem Südtiroler Dorf aufgeschnappt hat, in dem ihre Familie stets die Ferien verbrachte. An der gynäkologischen Abteilung ist sie wegen ihrer Parteinahme für die Patientinnen unbeliebt, bei den Ärzten ebenso wie bei den Ehemännern. Sie wird »Rote Hexe« genannt. Da ist zum Beispiel die Bergbauernfrau, die bei der Feldarbeit zusammenbricht. Der Ehemann verbietet ihr, ins Spital zu gehen, ehe die Ernte eingebracht ist. Die Frau leidet an Eierstockkrebs, hat aber solche Angst vor ihrem Mann, daß sie sich mit letzter Kraft zur Ernte schleppt. Sie wird zu spät operiert und stirbt.

Im Krankenhaus von Schlanders macht Monika die Erfahrung, daß es ihr gelingen kann, gegen Mißstände anzukämpfen und Änderungen zu bewirken. Immer ist es die praktische Arbeit, an der sie sich radikalisiert. Monika trifft ihre Entscheidung: Sie will Gynäkologin werden.

Nach ihrem Staatsexamen an der Universität Bologna und dem Erhalt der deutschen Approbation zieht sie mit ihrem damaligen Freund in dessen Heimatstadt Köln und bemüht sich um eine Assistenzarztstelle. Hunderte von Bewerbungsschreiben an gynäkologische Abteilungen werden abschlägig beantwortet. Fast zwei Jahre dauert dieser Schwebezustand, in dem ihre Apathie immer größer wird. Wie gelähmt fühlt sie sich und kann die Zeit der erzwungenen Untätigkeit nicht sinnvoll nutzen. Endlich, 1988, bekommt sie eine Assistenzarztstelle an der Frauenabteilung der Universitätsklinik Essen.

Die kommenden vier Jahre sind prägend. Zwar hat sie Frauen stets ernst genommen und sich für ihre Geschichten interessiert, doch erst jetzt merkt sie mit aller Deutlichkeit, wie sehr die Krankheiten der Frauen eine Reaktion auf ihr Leben sind. Sie erkennt, daß Krankheit für Frauen so wichtig ist, weil niemand sich für ihr Leben interessiert. Und sie erkennt, daß Frauen in der Frauenheilkunde »Rohmaterial für die Profilierung männlicher Gynäkologen« sind. Monika beginnt sich mit der feministischen Kritik an der Gynäkologie und mit der Kritik an der Schulmedizin insgesamt auseinanderzusetzen. Es ist die Fortführung ihres Bewußtwerdungsprozesses, der in Schlanders begonnen hat. Besonders empört ist sie über die mit Rassismus gepaarte Frauenverachtung mancher Gynäkologen an der Essener Klinik. Nicht selten erinnern gynäkologische Untersuchungen an Mißbrauchssituationen. Wenn etwa bei der Untersuchung fünf Personen bei offener Tür herumstehen, wenn der Arzt »Das sieht aber bös aus« murmelt und ohne ein Wort der Erklärung den Raum verläßt oder wenn er mit schneidendem Ton »Entspannen Sie sich doch mal!« befiehlt.

In Essen gibt es aber auch einen Glücksfall in Gestalt der Psychologin Gabi Hess, mit der zusammen Monika eine »Blütezeit« erlebt. Innerhalb von vier Jahren gelingt es den beiden Frauen, ein Klima zu schaffen, in dem die Patientinnen über den Status von bloßem »Patientengut« hinauswachsen. Zum ersten Mal wird die Tatsache, daß die meisten Frauen Erfahrungen mit sexueller Gewalt haben, in der Frauenklinik thematisiert. Monika und Gabi Hess kämpfen darum, daß die erste Person, die mit einer vergewaltigten Frau oder einem mißbrauchten Mädchen spricht, entsprechend ausgebildet sein muß, damit eine Sekundärtraumatisierung verhindert wird. Sie bauen Selbsthilfegruppen für Frauen nach Abbrüchen und Totgeburten auf und werden zu deren Ansprechpartnerinnen davor und danach. Immer sind es ausschließlich Kolleginnen, mit denen sich Monika über die Ignoranz der Ärzte aussprechen kann. Die gute Zusammenarbeit zwischen Ärztin und Psychologin bildet die Grundlage für Monikas späteres Medica-Konzept.

Sich die Gunst eines der beiden Chefärzte zu sichern ist nötig, um genügend OPs zu bekommen. Ohne eine bestimmte Anzahl von OPs keine Fachärztin. Doch Monika gibt immer wieder Anlaß zu Verärgerung. Wenn sie sich etwa aus Gewissensgründen weigert, an einer plastischen Operation teilzunehmen, bei der einem ohne innere und äußere Geschlechtsorgane geborenen Mädchen in der Pubertät eine künstliche Scheide eingesetzt wird. Die Mädchen selbst werden meistens gar nicht erst gefragt. Als ein türkisches Mädchen dem Willen ihrer Eltern folgt und angsterfüllt in eine solche Operation einwilligt, ist es für Monika und Gabi Hess eine schwere Niederlage.

Als Monika anfängt, von Totgeburten zu träumen, kündigt sie im Sommer 1992, nach Absolvierung von zwei Dritteln ihrer Ausbildung. Ein äußerst ungewöhnliches Ereignis. Sie ist vollkommen ausgebrannt und beginnt mit einer Therapie. Das Setzen von Grenzen ist für Monika weiterhin eine großes Problem. »Ich bin immer noch auf der Suche nach dem richtigen Weg. Man hat mir geraten, Distanz zu wahren, um mich selbst zu schützen. Aber in Zenica war das nicht möglich.«

26

Anfang Februar 1993 fährt Monika mit Klaus-Peter nach Frankfurt zu *medico*, um die Logistik für ihr Projekt zu klären. Ihr Empfang ist eine kalte Dusche: »Wir haben als Linke noch keine Position zum Krieg in Bosnien-Herzegowina und können es deshalb nicht verantworten, dieses Projekt zu unterstützen.« Außerdem müsse die Projektinitiative von Gruppen aus dem Land selbst ausgehen. Monika ist wie vom Donner gerührt. Glücklicherweise findet sich im *medico*-Büro eine freundliche Mitarbeiterin, die bereit ist, ihr eine Liste der medizinischen Grundausstattung für die Einrichtung eines OPs auszudrucken. Nun, wenn das Projekt nicht *medico* heißen darf, soll es eben *Medica* heißen. Mit der weiblichen Endung ist der Name geboren.

Geld ist vorhanden. Von dem von der AWO verwalteten Spendenkonto des »Hilfsfonds« werden Monika rasch und unbürokratisch 250 000 DM als Starthilfe zur Verfügung gestellt.

Es kann losgehen. In großer Eile werden die Aufgaben unter der kleinen Gruppe von Unterstützerinnen aus Essen, Bochum, Bonn, Köln und Düsseldorf verteilt. Nahrungsmittel und sanitäre Artikel sollen sowohl im Keller der evangelischen Frauenberatungsstelle in Essen als auch in einem Großlager der Stadt Gelsenkirchen gelagert werden, der Partnerstadt von Zenica. Viele Kontakte werden durch Bosnier geknüpft. Ein gebrauchtes Narkosegerät wird von einer Klinik zur Verfügung gestellt. Bei der Anschaffung von Labormaterialien und Medikamenten entsteht aus mangelnder Kommunikation untereinander ein Chaos, das Monika mit ihrer Hektik nur noch verstärkt. Sie muß an so vieles gleichzeitig denken. Anzuschaffen sind überdies das gesamte Inventar des Hauses, Teile der Kücheneinrichtung, die Ausstattung des Büros, Ikea-Regale, Poster, Vorhänge, eine PC-Anlage. Über die Beschaffungsstelle des Roten Kreuzes kann vieles billiger erstanden werden. Es findet sich ein preisgünstiger gynäkologischer Stuhl, der als Ausstellungsstück ausgedient hat. Das neue Ultraschallgerät bekommen sie zu einem Vorzugspreis.

Die Freundinnen machen sich auch Sorgen um Monikas persönliche Lage. »Bitte denk darüber nach, wenigstens die laufenden Kosten Deiner Wohnung usw. über Spendengelder zahlen zu lassen, man könnte eine Art Vertrag aufsetzen«, schreibt ihr eine Unterstützerin aus Essen am 25. Februar. Und doppelt unterstrichen: »Und bleib Du selbst, so gut es geht!«

Dann kommen auch noch Kulović und drei Mitarbeiterinnen des Dokumentationszentrums nach Köln. Sie befinden sich auf einer Informationsreise durch Deutschland, um über ihre Arbeit zu berichten und Geld für das Zentrum zu sammeln. Es ist mitten im Karneval. Die vier kommen sich vor wie auf einem anderen Planeten. Ihre Veranstaltungen bleiben leer.

Derweil wächst die Spannung zwischen Monika und Klaus-Peter. Während einer Autofahrt holt er tief Luft: »Ich muß dich mal in eigener Angelegenheit sprechen.« – »Nein, nein, ich will jetzt nicht, ich kann jetzt nicht«, wehrt Monika ab.

Monika verbringt die meiste Zeit in Köln. An einem Sonntag

fährt sie nach Essen, um ihre Kleidung zu wechseln. Während des Abendessens mit einer Freundin legt sie plötzlich das Besteck beiseite und sagt staunend: »Ich liebe diesen Mann!« Klaus-Peter hat sie von Anfang an bedingungslos unterstützt und ihr Kraft gegeben, ohne etwas für sich selbst zu verlangen.

»Sag's ihm gleich.«

Monika schickt ein Telegramm: »Bei mir ist es auch so.«

»Was soll das denn heißen?« fragt die Telefonistin. »Der Richtige wird es schon wissen«, antwortet Monika spitz.

Der Richtige sitzt in Köln und starrt lange ungläubig auf das Telegramm. So klar Monika ist, wenn sie im Radio spricht, so ambivalent hat sie sich ihm gegenüber stets verhalten. Kann er dem Telegramm trauen?

27

Dann geht alles ganz schnell. Die Liebe entflammt, die Journalisten rufen an, Geld fließt aufs Essener Konto, die Sachen werden gekauft. Nach nur vier Wochen lagern 25 Tonnen Material im Gelsenkirchener Lager. Das Auswärtige Amt bestätigt, daß »Frau Dr. Monika Hauser ermächtigt ist, als Vertreter [*sic*] der humanitären Hilfsorganisation *Scheherazade* mit Unterstützung der Bundesrepublik Deutschland medizinische Hilfsgüter zum Aufbau einer Klinik für Bedürftige und Opfer des Konflikts in Bosnien-Herzegowina nach Zenica zu transportieren«. Ein Bosnier aus Dortmund kennt die Firma *Zenicatrans*. Sie wird den Transport vom kroatischen Freihandelshafen Ploče nach Zenica durchführen. Die humanitäre Organisation der Johanniter übernimmt gegen Bares den Transport nach Ploče. Unzählige Anrufe müssen erledigt werden. Klaus-Peter und Amna besorgen die Zollpapiere.

4. März 1993. Jutta, eine der Unterstützerinnen, bringt Monika und Klaus-Peter mit ihrer »Ente« nach Gelsenkirchen. Unterwegs kramt Monika in ihrem fliegenden Büro. Vor dem

Lager warten zwanzig bosnische Männer. Freudestrahlend gukken sie Monika an und warten auf Anweisungen. Monika hat keine Zeit, sie muß *Mona Lisa* ein Interview geben. Sie gibt den freudestrahlenden Blick an Klaus-Peter weiter: »Komm Jutta, Klaus-Peter macht das schon.« Klaus-Peter macht. Zur Verabschiedung trifft der Bürgermeister ein.

Fünf Tage dauert die Fahrt nach Ploče, in Bayern ist Schneesturm. Monika fliegt nach Split. Am 9. März trifft sie in der kroatischen Grenzstadt Metković ein. Ungeduldige Anrufe nach Dortmund. Wo bleibt *Zenicatrans*? Die Stimmung in Metković ist beängstigend. Marodierende Kroatengangs durchstreifen die Stadt. Der »Krieg im Krieg« zwischen bosnischen Kroaten und Moslems hat begonnen. Mostar steht unter Beschuß. Ein Autobus aus Deutschland ist auf dem Weg nach Tuzla von HVO-Milizen überfallen worden. Monika hat das Gefühl, ihr halbes Leben in Metković verbringen zu müssen, es sind aber nur vier Tage. Schließlich findet sie eine kroatische Spedition, deren Fahrer bereit ist, sie und ihre 25 Tonnen nach Zenica zu fahren. Um den Freihandelshafen Ploče betreten zu dürfen, benötigt sie eine Sondergenehmigung. Zenica? In den Hort der Fundamentalisten? Monika erntet nur hämische Bemerkungen. Der Fahrer wird gefragt, warum er nach *Džamahirija* fährt, in den fundamentalistischen Gottesstaat. Er sei professioneller Fahrer, gibt er zur Antwort, er mache es für Geld. »Kollegen von mir haben mit dem Kopf bezahlt«, rechtfertigt er den stolzen Preis von 3000 Mark.

Um sechs Uhr früh wird die Ware eingeladen. Die Lagerarbeiter gehen sorglos damit um. Monika bleibt das Herz stehen, als sie das Anästhesiegerät fallen lassen. Die Dolmetscherin darf sich keinen Augenblick der Unaufmerksamkeit leisten, sonst wird geklaut. Auch die Zöllner klauen. In einem fort lassen die Männer die Hände sinken und verlangen mehr Geld.

12. März, 10 Uhr 30. Endlich Abfahrt. Das Wetter ist schön. Immer wieder wird der Fahrer, der sich über seine ungewöhnliche Auftraggeberin freut, an den Checkpoints gefragt, warum

er denn für die fahre, die man bald vernichten werde. Bei Mostar gibt es keinen Beschuß. Auf derselben Strecke werden tags darauf im Wald zwischen Gornji Vakuf und Pučarevo italienische Humanitäre überfallen und ausgeraubt. In Vitez, kurz vor Zenica, ruft Monika Medica an: »Ich komme!«

Als sie Zenica erreichen, beginnt es gerade dunkel zu werden. Vor der Stadt ist ein Checkpoint, an dem sich eine riesige Schlange von Lastwagen staut. Monika steigt aus und geht zu Fuß nach vorne: »Ich möchte auf der Stelle durchfahren!«

»Das möchte jeder.«

»Rufen Sie den Bürgermeister an, und sagen Sie ihm, Monika kommt.«

Monikas Lkw wird durchgewunken.

Die zehn Tage von Grad

Eingeklemmt zwischen steilen Bergen auf über 800 Metern Meereshöhe liegt am äußersten Rand der muslimisch-kroatischen Zone ein Bergbau-Städtchen, dessen Name ungenannt bleiben soll. Was Aziza und Vesna, die in Wirklichkeit anders heißen, aufgeschrieben und erzählt haben, ist in ihrer Stadt zwar allgemein bekannt, dennoch soll der Schutz ihrer Anonymität gewahrt bleiben.

Nennen wir die Stadt also *Grad*. In Grad und Umland leben 22 000 Menschen. Zur Zeit der Volkszählung von 1991 setzte sich die Bevölkerung aus 41 Prozent Kroaten, 30 Prozent Muslimen, 16 Prozent Serben, 9 Prozent Jugoslawen und 3 Prozent anderen zusammen. Grad gehörte damals zu den Städten mit den meisten Mischehen in ganz Jugoslawien.

Die Bewohner von Grad sind stolz auf ihre düstere Stadt in den Bergen, in der im Winter die Minustemperaturen unter 20 Grad sinken. In Grad haben alle Leute die Mittelschule besucht, brüsten sich Aziza und Vesna, und Moslems, Kroaten und Serben lebten seit jeher friedlich miteinander. Bei den Wahlen von 1990 ging die Kommunistische Partei als Wahlsiegerin hervor. Als im April 1992 im Osten und Nordosten Bosniens der Krieg ausbrach, flüchteten die Serben oder wurden evakuiert. Die nunmehr aus Moslems und Kroaten zusammengesetzte Stadtregierung war bemüht, sich aus den Konflikten herauszuhalten. Einige Zeit ging das gut, denn Grad war von drei Seiten durch die bosnische Regierungsarmee vom Kriegsgeschehen abgeschirmt. Als Oase des Friedens wurde Grad von den umliegenden Orten beneidet.

Doch die Ruhe ist trügerisch. Als im April 1993 die kroatische HVO in der Folge des Vance-Owen-Plans sich durch »ethnische Säuberungen« Territorialgewinne verspricht, beginnen sich in Grad kroatische Intellektuelle zu organisieren und stellen geheime HVO-Einheiten auf. Rekrutiert werden in erster Linie Kroaten, vereinzelt melden sich aber auch Moslems. Über Kontakte zur HVO gelingt es, Nahrung nach Grad zu bringen, als andere schon hungern. Dann strömen kroatische Flüchtlinge aus den moslemisch dominierten Gebieten in die Stadt. Ihre massive und ressentimentgeladene Präsenz bringt das fragile ethnische Gleichgewicht von Grad zum Kippen. Sie werfen den örtlichen Kroaten vor, mit dem »Feind« zu kooperieren.

Am 1. Juli 1993 sieht die Grader HVO ihre Zeit gekommen und übernimmt alle wichtigen Funktionen in der Stadt. Die kommunistische Stadtregierung schlägt ihr Exil im Dorf A auf, die muslimischen Beamten und Polizeikräfte verlassen die Stadt. Die neue kroatische Verwaltung zahlt den Rentnern ihre Renten aus und hebt den kriegsbedingten Durchschnittsmonatslohn von 5 auf 35 DM an. Die Leute sind es zufrieden. Unter vielen Moslems gilt jedoch die Tolerierung der HVO-Verwaltung als Verrat.

An allen Ausfallsstraßen werden Kontrollpunkte aufgestellt, die die Moslems von der Umgebung abschneiden. Wenn sie Grad verlassen wollen, müssen sie im Rathaus eine Erlaubnis beantragen. Statt des bosnischen gibt es nun nur noch das kroatische Fernsehen mit jeder Menge Greuelpropaganda gegen die »islamischen Fundamentalisten«. Das Zagreber Schulmodell wird eingeführt, und nicht-nationalistische Lehrerinnen und Lehrer werden entlassen.

Ende Juli kommen Männer aus dem eben gegründeten kroatischen Staat im Staat *Herceg Bosna* und verlangen von der Grader HVO-Führung, die kroatische Bevölkerung zum Verlassen der Stadt aufzufordern. Alle Kroaten sollen aus Grad und Umgebung evakuiert werden, weil vorauszusehen ist, daß die Kroaten die Region nicht halten werden können. Die lokale HVO-Führung lehnt ab. Die Hardliner aus *Herceg Bosna* schlagen auch vor, die 12 000 in Grad untergebrachten Flüchtlinge aus bereits evakuierten kroatischen Dörfern in muslimische Dörfer zu treiben. In das Dorf W zum Beispiel. Auch dieses Ansinnen weisen die

Grader Kroaten zurück. Sie bestehen darauf, die Moslems der umliegenden Dörfer nicht nur nicht anzugreifen, sondern auch zu schützen.

Zur selben Zeit wird der Grader HVO angeboten, sich dem in Tuzla stationierten 2. Corps der bosnischen Regierungsarmee anzuschließen. Auch das wird abgelehnt. Ein schwerer Fehler, meinen Aziza und Vesna. Wenn die örtliche HVO als kroatische Einheit mit dem 2. Corps verbunden gewesen wäre, hätte man die HVO-Extremisten besser abblocken und so vielleicht das Massaker in dem 250-Seelen-Dorf W verhindern können. 38 Moslems werden am 23. Oktober 1993 ermordet, um den Menschen in der Region Angst einzujagen und die Grader HVO unter Druck zu setzen, die Kroaten der Stadt in die Herzegowina zu evakuieren. Der für das Massaker in W verantwortliche Ivica Raić ist vom Tribunal in Den Haag als Kriegsverbrecher angeklagt und lebt unbehelligt in der HVO-Hochburg Kiseljak.

Gleichzeitig wird auch Grad von einer HVO-Einheit aus Kiseljak eingenommen. Alle erwachsenen muslimischen Männer werden in die Schule getrieben. Auch der kroatische Bürgermeister und der Polizeichef werden vorrübergehend festgenommen. 500 muslimische Frauen und Kinder, die nicht rechtzeitig aus der Stadt fliehen können, begeben sich in den Schutz des schwedischen UNO-Bataillons, das erst vor wenigen Tagen das kanadische Bataillon abgelöst hat. Der UNO-Fuhrpark reicht nicht, um die Menschen ins bosnische Territorium in Sicherheit zu bringen. Die Schweden stellen ihre Panzer entlang der Hauptstraße auf und laden die Frauen und Kinder ein, in ihrem Schutz zu kampieren.

Zehn Tage dauert das Inferno in Grad. Zwar hat auch schon vorher gelegentlich eine Granate der bosnischen Serben eingeschlagen, doch da gab es immer eine Überlebenschance. Vor der HVO-Meute jedoch kann sich niemand schützen.

Vesna bezeichnet sich als Katholikin, obwohl diese Definition die vierzigjährige Ökonomin kaum zutreffend beschreibt.

Nach der im Krieg üblich gewordenen »ethnischen« Zuweisung ist sie Kroatin. Am 22. Oktober, einem Freitag, als der Muezzin vom Minarett zum Nachmittagsgebet ruft, sieht Vesnas Schwägerin vom Fenster aus Männer, die mit den Händen hinter dem Kopf abgeführt werden. Diebe, denkt sie, die man zur Polizei bringt. Es liegt eine große Spannung in der Luft. Die Straßen sind gespenstisch leer.

Auf das, was folgt, sind die Bewohner der friedlichen Stadt nicht vorbereitet. Die Blauhelme müssen jedoch vorgewarnt worden sein, denn sie riegeln Grad ab. Azizas Bruder kann seine Arbeitsstelle außerhalb der Stadt nicht mehr erreichen.

Auch die Kroaten haben Angst. Vesnas Schwester wohnt im Dorf B, sieben Kilometer von Grad entfernt. Dort werden alle männlichen Kroaten an die Front geschickt, darunter auch Vesnas Schwager. Die Schwester ruft Vesna an und bittet sie, zu ihr zu kommen. Viele Moslems flüchten in das Dorf A, dem Dorf, in dem die kommunistische Stadtverwaltung ihr Exil aufgeschlagen hat.

Am frühen Morgen des 23. Oktober durchkämmen Kroaten in Uniformen mit weißen Armbinden die Stadt. Was dann geschieht, hat die Muslimin Aziza aufgeschrieben. Sie war zum Zeitpunkt des Geschehens neunzehneinhalb Jahre alt.

Samstag, 23. Oktober 1993

Ich erwachte und hörte die Stimme meiner Mutter: »Tochter, da kommt die Armee.« Sie war ganz durcheinander. Mein Vater stand auf und ging hinunter. Sie hatten die Tür schon aufgebrochen. Sie verlangten Geld, deutsches Geld. Kroatische Dinar wollten sie nicht nehmen und auch kein Gold. Dann brachten sie meinen Vater weg. Sie erlaubten ihm kaum, sich anzuziehen und seine Zigaretten einzustecken. Durch das Fenster sah ich, daß auch alle anderen Nachbarn vor dem Haus aufgereiht wurden. Einer der Soldaten bewachte sie, während die anderen beiden meinen Vater brachten.

Mein Bruder und meine Schwester waren auch wach. Die Mutter weinte und ich mit ihr. Wir beobachteten hinter dem Vorhang, wie sie alle wegführten. Wir fühlten uns verloren, begriffen nicht, was vor sich ging. Vor allem hatten wir Angst. Unsere Nachbarin kam verängstigt zu uns herüber. »Was ist da los?« fragte sie meine Mutter. Wir schüttelten nur den Kopf. Ich stand auf, um Brot zu backen, da wir keins im Haus hatten. Meine Mutter packte das Nötigste in Taschen, obwohl wir nicht wußten, ob wir überhaupt weggehen würden und wohin. Draußen fielen Granaten, drei oder vier, ich weiß es nicht mehr genau.

Wir gingen zu unserer Nachbarin hinüber. Bei ihr war es sicherer. Mein Bruder und meine Schwester waren ganz still. Wir hatten so etwas noch nie erlebt. Wir rauchten eine Zigarette nach der anderen.

Dann kamen sie wieder. Es waren dieselben vier. Sie brüllten uns an und machten uns Angst. Sie nahmen den Fernseher, das Videogerät und den Kassettenrecorder. Sie verlangten Taschen für die Sachen. Sie fragten, wer im Haus nebenan wohnt. Meine Mutter sagte, daß sie dort wohne. Sie nahmen meine Mutter mit. Ich war halbtot vor Angst, mußte aber die anderen beruhigen. Nach außen gab ich mich eiskalt. Da kam einer von ihnen zurück und verlangte nach mir. Ich solle mit ihm gehen. Er war wie die anderen bewaffnet.

Ich zog meine Turnschuhe an und folgte ihm. Wir gingen in unser Haus. Einer saß auf dem Sofa, ein anderer wühlte in den Taschen, die wir gepackt hatten, als der Granatenbeschuß begann. Der dritte hielt das Gewehr auf meine Mutter gerichtet. Der, der mich gebracht hatte, öffnete die Schränke und begann alles durcheinanderzuwerfen. Er befahl mir, mich zu setzen. Ich setzte mich. Ich zitterte am ganzen Körper. Alles fing von vorne an. Sie fragten wieder nach Geld. Wir haben keins mehr, sagte ich. Sie glaubten mir nicht. Der eine, der meine Mutter mit dem

Gewehr bedroht hatte, ging mit ihr hinauf in den ersten Stock. Die anderen durchstöberten weiter unsere Sachen.

Derjenige, der auf dem Sofa saß, fragte mich, wem die Autos im Hof gehörten (mein Vater hat eine Kfz-Werkstatt). Ich sagte, daß der Opel uns gehöre, der Volvo und der Lada den Nachbarn. Ich solle mit ihm in die Garage gehen. Ich stand auf, meine Knie waren weich. Ich suchte nach den Schlüsseln. Meine Mutter hatte sie. Dann gingen wir hinunter. Ich schloß die Garage auf. Ein weiterer Soldat kam dazu. Vergebens versuchten sie, den Opel zu starten. Ich erklärte ihnen, daß der Wagen defekt sei. Sie fragten, wem das Nachbarhaus gehöre. Ich sagte, es gehöre einer alten Frau (der Mutter meines Vaters). Dann verließen wir die Garage. Die beiden anderen kamen gerade aus dem Haus. Mama stand vor der Haustür. »Ihr wollt loyal sein? Bestimmt! Und eure Soldaten greifen uns an! Ihr Balija[2]!« – »Aber wir sind doch hiergeblieben, wir sind nicht geflüchtet«, konnte ich grad noch sagen. »Wo sollte ich denn auch hin? Ich bin hier geboren!« Es hatte keinen Sinn. Dann gingen sie.

Ich drehte mich um und sah meine Mutter an. Jetzt war es leichter. Sie waren weg. Wir kehrten zu unserer Nachbarin zurück. An jenem Tag kamen sie nicht wieder.

Sonntag, 24. Oktober 1993

Wir saßen am Morgen beisammen und tranken Kaffee, als ich hörte, wie mich jemand rief. Ich sprang auf und ging zur Tür. Es war meine beste Freundin mit ihrer Schwester. O Gott, sie war gekommen, um zu sehen, wie es mir ging, und um mir zu erzählen, daß sie im Lager gewesen sei und ihren und meinen Vater gesehen habe. Es ginge ihnen gut. Sie blieb nur ein paar Minuten, mußte nach Hause, bevor sie wieder anfingen, wie Ameisen aus ihren Löchern zu kriechen.

Es muß gegen 12 Uhr gewesen sein, als sie meinen Vater brachten, genau kann ich mich nicht erinnern. Zusammen mit der Nachbarin, in deren Haus wir waren, wollten wir vor die Haustür treten. Als wir die Tür öffneten, erstarrten wir vor Angst. Einer der Männer hielt eine Pistole auf meinen Vater gerichtet, der andere kam gerade aus dem Haus des Nachbarn. Er ging auf meinen Vater zu und drückte ihm seine Zigarette auf der Handfläche aus. Mein Vater gab keinen Ton von sich. Wir erzählten meiner Mutter, was wir gesehen hatten. Sie sagte kein einziges Wort. Nach ungefähr einer halben Stunde kam einer von ihnen mit meinem Vater zu uns. Mama und ich saßen in einem Zimmer, während die Kinder mit der Nachbarin im anderen Zimmer waren. Mein Vater verlangte die Schlüssel zur Garage. Sein Mund und seine Wangen waren geschwollen und blutverschmiert. Er nickte nur mit dem Kopf und sagte zu uns: »Es ist alles in Ordnung.« Dann ging er mit ihnen zur Garage. Es dauerte eine Weile, bis es meinem Vater gelang, den Wagen zu reparieren. Dann hörten wir, wie sie wegfuhren. Danach ließen sie uns in Ruhe.

Mama und wir drei wären gerne zu meiner Tante gegangen, dic hundert Meter von uns entfernt wohnt, aber wir trauten uns nicht. Gegen 15 Uhr kamen vier Soldaten, nur einer von ihnen war schon einmal dagewesen. Sie betraten das Haus und setzten sich. Einer ging und holte eine Nachbarin. Sic saßen, tranken Kaffee und Schnaps und erzählten lauter schwachsinniges Zeug. Einmal dies, dann wieder jenes. Es war uns ganz unklar, was sie eigentlich wollten. Sie redeten sich auch mit wechselnden Namen an.

Wir saßen auf dem Boden, sie am Tisch. Sie zwangen uns, Schnaps zu trinken, aber ich wollte nicht. Meine Mutter nahm ein Glas, und immer wenn sie wegschauten, schüttete sie es aus. Gegen 23 Uhr verlangte der Neue, ich solle ihm unser Haus zeigen. Das war nur eine Ausrede, natürlich, denn sie waren ja schon die ganze Zeit in unserem Haus herumgegangen. Ich stand auf und hatte große Angst, denn ich wußte, was jetzt passieren würde. Aber ich sagte nichts. Ich ging voran in unser Haus und er hinter mir her.

Als ich sah, wie es dort aussah, wurde mir ganz schlecht. Die Schränke waren ausgeräumt, die Sachen lagen auf dem Fußboden verstreut, alles war durcheinandergeworfen. Wir gingen eine Etage höher. Auf meinem Bett lag ein Foto von mir und meinen Freunden bei der Abiturfeier. Der Soldat nahm das Bild und fragte nach jeder Person, wollte ihre Namen wissen. Dann verlangte er nach den anderen Fotoalben. Er saß im Sessel, ich stand hinter ihm. Ich erklärte ihm jedes Foto und nannte ihm die Namen der Personen, die auf den Bildern abgebildet waren. Ich durfte nicht lügen, denn es konnte ja sein, daß einer von ihnen sich im Lager befand.

Dann gingen wir in das Zimmer meiner Eltern. Dort fragte er mich, wie alt ich sei und ob ich einen Freund hätte. Er fing an, mich zu küssen. Dann befahl er mir, mich auszuziehen. Ich begann mich auszuziehen und bat ihn, mir das nicht anzutun, mich nicht zu verletzen. Aber er hörte mir überhaupt nicht zu. Er sagte nur, daß er mir nicht wehtun würde. Er warf mich aufs Bett. Er küßte mich und machte seinen Hosenschlitz auf. Ich weinte und bat ihn, es nicht zu tun. Er war sehr brutal, und es tat unheimlich weh. Es war mein erstes Mal. Ich blutete sehr. Als er fertig war, stand er auf und sagte, es sei doch super gewesen. Mir war übel.

Ich zog mich an so schnell ich konnte, damit er es nicht noch einmal tat. Ich ging die Treppe hinunter, er hinter mir her. Ich sagte kein Wort, verfluchte nur den Tag, an dem ich geboren wurde. Ich fragte mich, was ich Schlimmes getan habe, um so bestraft zu werden. Ich kam als erste zur Nachbarin, er hinter mir her. Er ging in die

Küche, und ich bat, auf die Toilette gehen zu dürfen. Ich fand bei der Nachbarin eine Binde, denn ich blutete immer noch sehr stark. Dann ging ich in die Küche, setzte mich neben meine Mutter und zündete mir eine Zigarette an. Ich gab ihr heimlich zu verstehen, daß es mir gut ginge und alles in Ordnung sei. Alle schauten mich an. Die Anwesenheit meiner Mutter machte es mir noch schwerer, weil ich das Gefühl hatte, daß es für sie noch schlimmer war als für mich. Wir blieben in der Küche sitzen. Einer von ihnen führte meine Nachbarin fort und machte es mit ihr im Schuppen. Sie erzählte es mir, als ich frischen Kaffee kochte. Sie befahlen mir, Kaffee zu kochen, und sagten dann, sie hätten Angst, ich würde sie vergiften. So etwas war mir nicht einmal in den Sinn gekommen. Ich sagte ihnen, ich würde den Kaffee als erste trinken, wenn sie solche Angst hätten. Sie lachten nur. Sie waren schon schwer betrunken.

Montag, 25. Oktober 1993

Sie saßen immer noch bei uns und tranken Kaffee, als sei nichts geschehen. Dann befahl mir einer, mit ihm zu gehen. Der eine, der mich tags zuvor mitgenommen hatte, war schon hinausgegangen. Wir fanden ihn im Auto, im weißen Opel. Der eine hielt mich an der Hand und brüllte den anderen an, er sei betrunken und solle sich zusammenreißen. Dann zerrte er mich ins Haus. Wir gingen ins Wohnzimmer. Ich setzte mich auf einen Kleiderhaufen, und er begann mich zu küssen. Ich sagte ihm, er solle es nicht tun, denn der andere vor ihm hätte es schon getan. Er tat überrascht und sagte, er würde mit ihm darüber sprechen. Das war natürlich eine Lüge. Er zog mir mein T-Shirt hoch und befahl mir, meine Jogginghose auszuziehen. Ich mußte mich auf den Fußboden legen – auf die verstreuten Kleidungsstücke. Ich gehorchte und bat ihn, es nicht zu tun. Als er sah, daß ich voller Blut war, fragte er mich, ob ich meine Periode hätte. Ich sagte nein und erzählte ihm wieder, was der andere mit mir getan hatte. Aber das interessierte ihn überhaupt nicht. Er küßte mich, und ich drehte den Kopf weg. Er machte mit mir dasselbe wie der andere. Als er fertig war, ging er zur Toilette. Ich bat ihn, mich umziehen zu dürfen. Er erlaubte es mir. Dann gingen wir zurück zu meiner Nachbarin. Er entschuldigte sich die ganze Zeit und erzählte mir, daß er es habe tun müssen. Schwachsinn!

Wir gingen ins Haus. Meine Nachbarin und einer von ihnen waren nicht da. Ich setzte mich wieder neben meine Mutter und sagte ihr, es sei alles in Ordnung. Der eine, der im Auto saß, war gegangen und noch nicht zurückgekehrt. Wir saßen immer noch in der Küche, als sie meiner Mutter, einer Nachbarin und deren Mutter und noch einem Mädchen befahlen, schlafen zu gehen. Das war natürlich nur ein Trick, damit wir beide, ich und ein anderes Mädchen, mit ihnen alleine blieben. Nach einer Weile setzte sich derjenige, der mich vorher mitgenommen hatte, zu dem anderen Mädchen. Es war noch ein dritter dabei, ein großer blonder Mann. Wir rauchten, und sie redeten lauter dummes Zeug. Sie waren total betrunken. Der Blonde wollte, daß ich Alkohol trank. Ich lehnte ab, aber am Ende mußte ich doch einen Schluck nehmen. Dann nahm einer das andere Mädchen mit. Der Blonde fragte mich, ob wir auch gehen sollten.

Ich saß nur da, zuckte mit den Schultern und bat ihn, es nicht zu tun. Aber genauso wie der andere sagte er, er müsse es tun. Wir gingen in unser Haus. Auch er führte mich in die obere Etage, ins Zimmer meiner Eltern. Ich setzte mich aufs Bett. Das Leintuch war blutbeschmiert. Er blätterte in den Fotoalben, die im Zimmer herumlagen. Dann küßte er mich, hob mein T-Shirt hoch und zog mir die Jogginghose aus. Ich weinte, aber das interessierte ihn überhaupt nicht. Er war unheimlich brutal, brutaler als die beiden vor ihm. Er drehte mich so, daß mein Kopf über das Bett hing. Es dauerte länger. Ich hoffte, daß es bald zu Ende sein würde, und hatte gleichzeitig Angst, daß er mich mit dem Messer an seinem Gürtel abschlachten würde. In gewisser Weise wünschte ich es mir sogar, damit es endlich ein Ende habe. Ich konnte es nicht mehr ertragen. Als er fertig war, stand er auf und zog sich an. Ich zog mich auf dem Bett an. Ich hatte große Schmerzen, war voller Blut und ekelte mich vor mir selber. Als ich angezogen war, setzte ich mich aufs Bett. Er setzte sich neben mich. Das Gewehr lag auf dem Fußboden. Er erzählte mir, wie ekelhaft dieser Krieg sei, daß sie keine Menschen mehr wären, nur noch Tiere. Innerlich stimmte ich ihm zu. Er schlug mir vor, mich zu holen, wenn alles vorbei sei. Wir würden dann woanders hingehen und dort leben. Ich sagte die ganze Zeit kein einziges Wort.

Wir gingen wieder in das andere Haus. Ich sah, daß das andere Mädchen mit einem von ihnen in der oberen Etage war. Die Schuhe standen vor der Tür. Ich sagte nichts. Wir gingen hinein und setzen uns. Er setzte sich neben mich und umarmte mich. Ich war wie erstarrt. Nach kurzer Zeit schlief er ein. Ich blieb neben ihm sitzen und rührte mich nicht. Nach einiger Zeit stand er auf und ging hinaus. Das Gewehr ließ er liegen, es lag in Reichweite auf der Couch. Er schloß die Tür und ging. Ich hörte, wie er sich draußen übergab. Ich hätte das Gewehr nehmen und damit auf ihn warten können, aber ich wußte nicht, wie man es benutzt, und außerdem hätte ich die anderen gefährdet. Der andere war auch noch da. Ich hörte, wie der Blonde zurückkam. Vorsichtig öffnete er die Tür, um sich zu vergewissern, ob ich das Gewehr genommen hatte. Dann kam er herein und setzte sich neben mich. Er umarmte mich und schlief wieder ein. Nach einer Weile kamen auch die beiden anderen, das

Mädchen und der Mann. Das Mädchen setzte sich neben mich, der Mann weckte den anderen. Der wollte nicht gehen, aber am Ende ließ er sich hochziehen. Dann gingen sie. Vorher entschuldigten sie sich noch einmal bei uns. Wir konnten endlich aufatmen.

Dann hörten wir Schüsse. Nach zehn bis fünfzehn Minuten klingelte es an der Tür, obwohl sie gar nicht verschlossen war. Ich hatte große Angst, aber ich öffnete. Da waren sie wieder. Sie sagten, sie seien zurückgekommen, um zu sehen, ob wir noch alle da seien, und daß jemand vom Dach aus auf sie geschossen hätte. Blödsinn! Dann gingen sie und sagten, sie kämen am Morgen wieder. Ich setzte mich und steckte mir eine Zigarette an. Ich sagte zu allen, daß ich trotz allem, was sie mit mir getan hätten, nicht alle Männer hassen würde und mich nicht vor allen Männern ekeln dürfe. Sie schwiegen. Ich legte mich hin, aber ich konnte nicht schlafen. Ich hatte Alpträume, wachte ständig auf, horchte auf jedes Geräusch und dachte immer, sie wären zurückgekommen.

Am nächsten Morgen gingen wir zu einer anderen Nachbarin. Dort blieben wir nur kurz. Dann kam eine Frau, eine Katholikin, und nahm mich und noch ein Mädchen zu sich. Später brachte sie mich zu meiner Tante. Bald kamen auch meine Mutter und meine Geschwister nach. Wir waren alle sehr erleichtert. Meine Tante war unbehelligt geblieben. Ihr Mann war noch in einer Spezialeinheit der HVO, obwohl er orthodox ist. Dort blieben wir bis zum 28. Oktober, als eine Freundin meiner Tante kam und uns sagte, daß wir mit Unprofor nach Tuzla fahren könnten.

Wir zogen uns schnell an und gingen los. Auf der Straße stand ein Unprofor-Transporter, umringt von vielen Zivilisten, die alle wegwollten. Wir wurden zu einer Unprofor-Basis gebracht, wo wir gut aufgenommen wurden. Dann brachte man uns an einen Ort, der von der bosnischen Armee kontrolliert wurde. Wir wurden auf verschiedene Häuser verteilt. Dort blieben wir, bis die bosnische Armee meine Stadt wieder befreit hatte.

Die örtliche Polizei bat mich sofort um eine Aussage. Ich war einverstanden. Nach zwei Tagen ging ich zum Arzt, aber er untersuchte mich nicht, weil er es eilig hatte. Wir wechselten nur ein paar Worte.

Am 4. November erfuhren wir, daß alle Lagerinsassen freigelassen worden waren. Wir waren überglücklich. Mein Vater war am Leben und ließ uns holen. Das war das Wichtigste, daß wir alle am Leben und unverletzt waren.

Ich tat so, als sei mir nichts geschehen. Ich vergaß die Einzelheiten, versuchte mich nicht zu erinnern. Mit meinen Eltern habe ich nicht darüber gesprochen. Aber einmal sagte mein Vater zu mir, daß es nicht meine Schande sei, sondern die Schande der Täter, und daß ich in seinen Augen eine große Heldin sei. Alle zu Hause haben mir geholfen, meine Verwandten und meine Freundinnen. Nach einer Weile dachte ich, ich hätte es überwunden, aber dann – ich arbeitete bei der Armee als Friseurin – konnte ich keinem Soldaten mehr das Haar schneiden. Immer wenn ich Uniformen sah, geriet ich in Panik. Ich wurde nervös. Einige Male habe ich alles noch einmal geträumt. Ich versuchte, dagegen anzukämpfen, wollte stärker sein.

Ich denke, daß diese Männer keine Menschen sind, wenn sie uns wegen unserer Namen unterscheiden. Ständig frage ich mich, wie sie so etwas machen konnten. Ich kann es nicht verstehen. Als eine andere Frau, eine Katholikin, die in Grad geblieben war, von Angehörigen der bosnischen Armee vergewaltigt wurde, habe ich erkannt, daß es Extremisten auf allen Seiten gibt. Aber sie sollten sich schämen, und zwar ihr ganzes Leben lang. Ich muß weiterleben, trotz allem. Ich darf nicht aufgeben. Ich kämpfe auch weiter, obwohl ich manchmal das Gefühl habe zu ersticken, ein Gefühl, daß ich platzen könnte. Nachher ist es dann wieder besser. So geht es, tagein, tagaus.

Als die HVO-Einheiten am 23. Oktober aus Kiseljak über Grad herfallen, befindet sich die Kroatin Vesna im Haus ihrer Schwester im Dorf B. Die Mutter, mit der die ledige Tochter zusammenlebt, und ihre drei Brüder sind in Grad geblieben. Vesna macht sich Sorgen um sie. Es soll Tote gegeben haben. Also fährt sie nach Grad, um sich umzusehen. Die Stadt ist menschenleer. Als sie sich vergewissert hat, daß ihrer Mutter nichts zugestoßen ist, kehrt sie zu Fuß nach B zurück. Dort halten sich nur Frauen, Kinder und alte Männer auf. Die Männer »im kampffähigen Alter« sind an der Front. Am 29. Oktober kehrt Vesna ein zweites Mal nach Grad zurück, um nach der Mutter zu sehen.

Zu dieser Zeit beginnt die HVO mit der Evakuierung einiger Dörfer. Die bosnische Armee hat von Tuzla aus mit ihrer Offensive begonnen. Die Menschen aus den kroatischen Dörfern bewegen sich in einem langen Zug auf Grad zu. Es herrscht Chaos. Noch einmal kehrt Vesna nach B zurück, packt ihre Sachen und nimmt ihre Nichte mit in die Stadt. B selbst wird nicht evakuiert. Aber die Leute haben Angst vor der Rache der Moslems.

Diese Angst wird nach Kräften geschürt. Am Nachmittag des 2. November beginnen die Kroaten Grad zu verlassen. Der kroatische Bürgermeister läuft wie ein Irrer mit dem Megaphon durch die Straßen und fordert die Leute zum Bleiben auf. Sie könnten ihre Stadt verteidigen wie die Bewohner von Žepa, ruft er. Seine Familie lebt seit Jahrhunderten in Grad. Es schmerzt ihn, mitanzusehen, wie die Kroaten ihre Heimat im Stich lassen. Doch im Morgengrauen des 3. November hat auch er aufgegeben. Nun läuft er von Haus zu Haus und weist die Kroaten über Megaphon an, sich auf der Straße zu versammeln, um noch vor Tagesanbruch für ihre Evakuierung bereit zu sein. Die bosnische

Armee marschiere vom Norden, vom Westen und vom Süden her auf die Stadt zu.

Jene, die nicht gehen wollen, werden von der HVO mit vorgehaltener Waffe dazu gezwungen. Man verspricht den Menschen, sie in eine HVO-Basis zu bringen. Diese befindet sich zwar unweit der serbischen Linien, aber die HVO weiß, daß die Serben nicht angreifen werden. Die Beziehungen zwischen den beiden Kriegsparteien sind zu jener Zeit bestens. Es gibt einen gemeinsamen Feind: die »islamischen Fundamentalisten«.

Am Morgen des 3. November kommt Vesnas Schwester mit ihrem Mann nach Grad. Sie haben Angst. Wir müssen fort, sagt die Schwester, wir müssen unser Kind retten. Die Frau des anderen Bruders, eine Muslimin, kommt in die Stadt, um Kleidung für ihr Kind zu holen. Sie hat gesehen, wie der Bürgermeister um zwei Uhr morgens das Rathaus geschlossen hat. Seither weiß sie, daß es keine Hoffnung mehr gibt. Völlig verfallen habe er ausgesehen. Einer von Vesnas Brüdern will bleiben. Ein Autobus hält vor Vesnas Haus. Ihre Schwester und der Schwager schauen aus dem Busfenster. Sie drängen sie mitzukommen. Vesna hat ihre Taschen schon gepackt und ist unschlüssig. Die Nerven liegen bloß. Doch ihre Familie entscheidet sich zu bleiben. Der Vater von Vesnas Schwägerin ist in einem von den Kroaten evakuierten Dorf geblieben, und die Moslems haben ihm nichts getan. Sie haben auch gesehen, unter welchen Bedingungen Flüchtlinge leben müssen. Der Autobus setzt sich ohne Vesna in Bewegung.

Jetzt sind nur noch 900 Menschen in Grad. 600 stehen unter dem Schutz der Unprofor, 300 sind immer noch in der Schule festgehalten. Vesna beginn ein Tagebuch zu führen, obwohl ein Polizist sie auf die Gefährlichkeit des Unterfangens aufmerksam macht. Sie beschreibt den langen Zug der Menschen, die in Autobussen und Privatautos die ganze Nacht aus der Stadt strömen, und sie beschreibt das heillose Durcheinander der in entgegengesetzte Richtungen drängenden 100 Kroaten und 500 Moslems, die zwischen den Unprofor-Transportern ineinander verkeilt sind.

Es ist schwer zu bleiben, während alle anderen gehen. In der Nacht vom 3. auf den 4. November fliehen 10 000 Kroaten. Vesna hätte nicht angenommen, daß es so viele sein würden. Sie dachte, sie würden in der Kirche Zuflucht suchen. Doch nur sechs Menschen sind auf diese Idee gekommen.

Am 4. November ist Grad wie leergefegt. Auch Vesna und ihre Mutter verlassen für zwei Tage die Stadt, als die HVO vor ihrem Abzug ein Magazin in Brand steckt. Sie gehen in die Unprofor-Basis, wo schon 600 Moslems Schutz gefunden haben. CNN fragt die beiden Frauen, warum sie erst so spät kommen.

Heute können Vesna und Aziza über diese verrückten Tage lachen. Zum Beispiel darüber, welche Kleidung sie in die Unprofor-Basis mitnahmen. Man mußte sich schnell entscheiden, was man in zwei Taschen hineinstopfte. Alle nahmen nur alte häßliche Kleidung mit, weil sie dachten, daß man im Flüchtlingslager nichts anderes brauchen könne. Die schönen Sachen ließen sie zurück.

Einen Tag später marschiert die Siebente Muslimische Brigade ein, ohne einen einzigen Schuß abzugeben. Die bosnische Fahne mit den sechs gelben Lilien auf blauem Grund wird auf dem Rathaus wieder gehißt, und die Bewohner von Grad kehren in ihre Häuser zurück. Wie die Kroatin Vesna und ihre Mutter nehmen sie ihren Alltag wieder auf. Dann beginnen muslimische Flüchtlinge zu kommen, zuerst jene, die von den bosnischen Serben aus ihren Orten vertrieben wurden. So kommt es zu einem Austausch der Bevölkerung. Innerhalb weniger Wochen sind die Wohnungen und Häuser der geflohenen Kroaten belegt.

Am 25. November kommt Vesna um 15 Uhr 30 von ihrer Arbeit im Gemeindeamt nach Hause.

Wir aßen zu Mittag und begannen gerade, unseren Kaffee zu trinken. Um 16.50 Uhr fing jemand an, an unsere Tür zu hämmern. Auf meine Frage, wer da sei, antwortete eine

Stimme: »Die Polizei des 2. Corps«. Sie wollten die Wohnung durchsuchen. Ich antwortete, sie sollten warten, bis ich die hiesige Polizei angerufen hätte, dann könnten sie mit ihr zusammen hereinkommen. Ich wählte die Nummer der Polizei, als sie anfingen, mit dem Füßen die Tür einzutreten. Es gelang mir gerade noch, die Polizei zu verständigen, daß Einbrecher vor der Tür stünden. Der Polizist am anderen Ende sagte, eine Patrouille befände sich in der Nähe, und er würde sie gleich zu mir schicken.

Dann wurde die Tür eingeschlagen, und eine Gruppe bewaffneter Soldaten der bosnischen Armee stürmte in unser Haus. Sie trugen keine Polizeiabzeichen. Sie richteten die Waffen auf mich und meine Mutter. Sie begannen sogleich mit der »Durchsuchung« des Hauses und fragten, wo derjenige sei, der aus dem Golf ausgestiegen war. Das war ein Trick, auf den wir hereinfielen. Wir rechtfertigten uns und sagten, es sei niemand hier, sonst würde ja eine dritte Tasse Kaffe auf dem Tisch stehen.

Daraufhin begannen sie erst recht das Haus zu durchsuchen. Sie gingen in alle Räume. Sie durchwühlten unsere Schränke. Sie fanden meine Handtasche und die meiner Mutter. In meiner waren 280 000 kroatische Dinar, das sind etwa 60 DM. Das Geld nahmen sie sofort. Sie verteilten sich im ganzen Haus, so daß ich gar nicht sehen konnte, wie viele sie waren. Zwei von ihnen befahlen mir, mich anzuziehen – ich trug einen Jogginganzug – und mit ihnen zu gehen.

Ich warf mir eine Jacke über und zog ein paar alte Stiefel meiner Mutter an. Sie zerrten mich aus dem Haus. Da ich mich wehrte und um Hilfe schrie, hielt mir der eine mit der Hand den Mund zu. Der andere trat auf mich ein und schlug mich mit dem Gewehr. Sie zwangen mich, über die Mauer unterhalb unseres Hauses zu springen, und zogen mich weiter. Ein Fahrzeug kam vorbei. Ich versuchte es anzuhalten und winkte mit beiden Armen. Es schien mir, als ob der Wagen langsamer fuhr, aber es stimmte nicht. Er fuhr weiter. Als Belohnung erhielt ich einen Schlag mit dem Gewehrkolben auf den Kopf, über dem linken Ohr. Später stellte sich heraus, daß es der Beschreibung nach ein Wagen der Armee hätte sein können. Ich fürchte, daß es sich um eine im voraus geplante Vergewaltigung gehandelt hat.

Sie nahmen mich in ihre Mitte und zogen mich an beiden Armen weiter. Sie fragten mich, wieviel deutsches Geld ich hätte. Ich sagte, daß ich 200 DM besaß, ich habe sie aber nicht dabei, und das sei kein Grund mich abzuführen. Wir kamen an eine Kreuzung. Sie zogen mich weiter zu einem Steinbruch. Auf dem Weg dorthin beschimpften sie mich und nannten mich »Ustascha« und Hure. Als wir bei einer kleinen Brücke angelangt waren, die zu einer Pumpstation führte, ging einer voraus, um sich dort umzusehen. Der andere paßte auf mich auf. Als ich merkte, daß er mich nur am Ärmel festhielt, schlüpfte ich mit einer schnellen Bewegung aus der Jacke. Ich rannte los, aber mit den Stiefeln meiner Mutter konnte ich nicht richtig laufen. Mein Bewacher holte mich bald ein und schlug mich wieder mit den Gewehrkolben übers Ohr. Ich weiß heute noch nicht, wieso ich nicht ohnmächtig wurde. (Der Arzt stellt später fest, daß ich zwei tiefe Wunden über dem Ohr hatte.) Dann kam auch schon der andere von der Pumpe zurück. Ich bat darum, meine Jacke wieder anziehen zu dürfen, da mir kalt war. Sie erlaubten es.

Dann zerrten sie mich zur Pumpe. Ich bat sie, mir das nicht anzutun. Aber es half nichts. Sie stießen mich hinein. Hinter der Tür war ein Tisch. Sie zogen mir die Jacke wieder aus. Ich bat sie wieder, mir das nicht anzutun, denn wie wäre es denn für sie, wenn man ihren Müttern oder Schwestern so etwas antun würde. Daraufhin schrien sie: »Hure, laß uns mit deinen Bitten in Frieden!« Der Versuch, sie auf diese Art zur Besinnung zu bringen, war gescheitert. Sie brachten mich zum Tisch. Der eine ging zur Tür, um Wache zu halten, der andere riß mir die Jogginghose herunter, öffnete seinen Hosenschlitz und drang sofort in mich ein. Mit der einen Hand faßte er mich an der Brust. Ich weinte die ganze Zeit.

Ich merkte, daß ich über dem Ohr blutete. Er brachte seine Arbeit rasch hinter sich. Dann rief er den anderen. Sie tauschten die Plätze. Jetzt vergewaltigte mich der andere, und der erste hielt Wache. Auch der zweite erledigte sein Geschäft schnell. Da begriff ich, daß sie es eilig hatten. Der erste fragte mich, ob ich die Polizei angerufen hätte. Ich sagte ja. Dann erst merkte ich, daß sie aus dem Fenster ein Auto mit Blinklicht gesehen hatten, das die Straße hochfuhr. Deshalb also hatten sie es so eilig. Als sie mich aus der Pumpe herausbrachten, sagten sie: »Siehst du, es ist doch gar nicht so schlimm gewesen« und »Deine Leute haben in W auch zweijährige Kinder vergewaltigt. Wir haben uns eine reife Person ausgesucht«. Dann wollten sie wieder Geld von mir. Ich sollte ihnen 1500 DM bringen. Als wir uns der Hauptstraße näherten, zogen sie mich plötzlich in einen Graben. Es kamen uns zwei Autos entgegen, ein Polizeiauto und ein Unprofor-Wagen. Sie gerieten in Panik und beschlossen, mich laufenzulassen. Ich bräuchte ihnen das Geld nicht zu bringen, sagten sie. Ich sollte aber niemand von »dem« erzählen, sonst bekäme ich einen Schuß in die Schläfe. Dann gingen sie die Straße hinunter. Ich ging nach Hause.

Als ich bei unserem Haus ankam, hörte ich, daß die anderen Soldaten noch bei meiner Mutter waren. Ich kapierte gleich, daß die Polizei nicht gekommen war. Ich hörte, wie meine Mutter sagte: »Ich habe nichts. Leute, glaubt mir, nichts.« Ich traute mich nicht, das Haus zu betreten, sondern ging die Straße weiter bis zu einem Checkpoint. Ich hatte das Gefühl, daß die ganze Welt sich gegen mich verschworen hatte. Ich hörte, wie die Polizisten am Checkpoint fragten, wer denn die Frau sei. Ich ging weiter.

In der Nähe des Kontrollpunktes lebte eine Verwandte von mir. Ich ging zu ihr. Ich erzählte ihr an der Tür, was mir geschehen war, und daß sie meine Mutter weiterhin festhielten und schikanierten. Es war zehn nach acht. Ich rief meinen Bruder an. Zufällig war gerade ein Polizist einer Spezialeinheit bei ihm. Ich erzählte ihm, was geschehen war. Er ging sofort los, um Verstärkung zu holen und meiner Mutter zu helfen.

Dann rief ich die Zivilpolizei wieder an und erzählte auch ihnen, was geschehen war. Darauf schickten auch sie Verstärkung. Ungefähr zwanzig Polizisten kamen dann zu unserem Haus und umzingelten es. Sie nahmen die beiden Verbrecher, die meine Mutter mißhandelt hatten, fest. Sie hatten das Haus auf den Kopf gestellt und ihre Beute bereits eingepackt – Kleidung, technische Geräte, Gold, Geld usw. Sie verrieten gleich die Namen der anderen beiden, die mich vergewaltigt hatten. Alle vier wurden ins Gefängnis gebracht. Alle waren Angehörige der bosnischen Armee.

Meine Mutter konnte es zuerst gar nicht glauben, daß ich am Leben war, denn die beiden hatten ihr gedroht, auch ihr im Steinbruch für immer den Mund zu verschließen, wie sie es mit mir getan hätten. Später erzählte mir meine Mutter ihre Geschichte. Es ist traurig, was sie in ihrem 65. Lebensjahr durchmachen mußte: Als sie bei ihr nur 100 US-Dollar und 100 holländische Gulden fanden, entblößten sie ihren Oberkörper und jagten sie vor die Haustür. Sie hielten ihr das Gewehr an den Hals und zählten bis fünf. Dann taten sie das gleiche mit einem Messer. Sie drohten ihr, sie abzuschlachten. Sie versuchten, das Haus anzuzünden. Sie tranken fast zwei Liter Alkohol, den sie bei uns gefunden hatten. Der eine sagte ständig, er sei süchtig und hielte es nicht mehr aus. Er müsse sie abschlachten.

Meine Mutter hat ein schwaches Herz. Sieben Tage nach dem Ereignis stellte der Arzt eine Angina Pectoris fest. Hätte sie damals kein Nitroglyzerin gehabt, wäre sie sicherlich gestorben.

Nachdem Vesna den Tathergang bei der Polizei zu Protokoll gegeben hat, geht alles sehr schnell. Der Täter gesteht die Tat, die gynäkologische Untersuchung erbringt eindeutige Ergebnisse, die Verletzungen am Kopf werden festgestellt. Bei der Polizei wird sie gut behandelt. Der vernehmende Inspektor gesteht ihr, daß er die Frau sein ganzes Leben lang nicht vergessen wird, die ihm »einen Vortrag« gehalten hat. Der junge Polizist ist an einem bestimmten Punkt ihrer Erzählung so betroffen, daß er hinauslaufen muß, um sich das Gesicht mit kaltem Wasser zu benetzen. Vesna hat ihm den Tathergang wohl anschaulich beschrieben. Für sie selbst jedoch ist es, als wäre sie gar nicht anwesend, sondern schaue sich über die Schulter.

Danach wird Vesnas Haus dreieinhalb Monate lang von der bosnischen Polizei bewacht, denn ganz in der Nähe ist genau jene Einheit stationiert, der die beiden Vergewaltiger angehören. Doch die Polizeibewachung nützt nichts, wenn sich fünfzehn Soldaten auf einmal Zugang zu ihrem abgelegenen Haus verschaffen. Sie kommen häufig, um sie zu schikanieren. Im Februar 1994 wird die Einheit endlich abgelöst. Insgesamt sind Unmengen von Polizisten in Vesnas Haus gewesen, um sie zu bewachen. Manchmal träumt sie, daß sie mit einer Kugel im Kopf aufwachen wird. Nichts dergleichen geschieht.

Der Prozeß gegen Vesnas Vergewaltiger findet im Mai 1994 in Tuzla statt. Vesna muß nicht daran teilnehmen. Der Richter kommt nach Grad, um ihre Aussage festzuhalten, und der Staatsanwalt informiert sie nach Prozeßabschluß über das Strafmaß. Die Vergewaltiger erhalten eine Gefängnisstrafe von dreieinhalb und vier Jahren. Mit dem Urteilsspruch ist Vesna nicht zufrieden. Zu kurz, sagt sie.

Azizas Vergewaltiger werden nicht zur Rechenschaft gezogen. Doch Aziza ist von Anfang an entschlossen, sich nicht brechen zu lassen. Deshalb ist ihr die Arbeit so wichtig. Gleich einen Monat nach dem Vorfall wird sie mobilisiert, »nicht freiwillig und nicht erzwungen, aber ich hatte keine Wahl«. Während sie ihren winzigen Friseurladen weiter betreibt, schneidet sie in der Armee den Soldaten die Haare. Zeit zu trauern bleibt ihr wenig. Erst im März 1995, als sie regelrecht in Panik gerät, wenn sie einen Männernacken sieht, läßt sie sich krank schreiben. Den Krankenstand verlängert sie ein ums andere Mal, weil man sie immer noch nicht demobilisieren will. Sie hat gesundheitliche Probleme, mit dem Rücken, mit der Galle.

Die Muslimin Aziza macht ihre Aussage im Dorf A, wo die Regionalpolizei in der Übergangsphase ihren Sitz hat. Azizas Erinnerungen sind frisch, und sie erzählt alles ganz genau. Es dauert Stunden. Manchmal tut es ihr leid, daß sie die Ereignisse nicht gleich aufgeschrieben hat, denn viele Details hat sie bereits vergessen. Darüber ist sie andererseits aber auch froh. Mit ihrer Mutter kann sie nicht darüber sprechen. Aziza will sie schonen. Da gibt es aber auch eine innere Blockierung, die sie am Sprechen hindert. Viel Unterstützung bekommt sie von ihren Freundinnen. Schon damals im Unprofor-Stützpunkt hat sie zu erzählen begonnen.

Über die Verwandtschaft breitet sich die Kunde von Azizas Vergewaltigung rasch in der kleinen Stadt aus. Niemand spricht Aziza direkt darauf an, aber sie weiß, daß man klatscht. Einmal kommt eine Freundin und fragt: »Ich will dich nicht belästigen, aber – ist es wahr?« – »Ja«, schnauzt Aziza, »und eure Fragen stehen mir bis hier!« Und einmal fragt sie ein Polizist, ob ihr die Vergewaltigung gefallen habe, weil sie so gut aussieht. Aziza verhüllt ihr Gesicht mit einer dicken Schicht Schminke und hat sich eine selbstbewußte, rotzige Art zugelegt. Ihr Friseurladen wird überwiegend von Männern besucht.

Auch bei Vesna weiß es die ganze Stadt innerhalb von zwei Stunden. Die Stadtpräsidentin hat sie im Krankenhaus besucht.

Die Lokaljournalisten kennen keine Gnade. Im Frühjahr 1996 veröffentlicht einer aus einer benachbarten Kleinstadt alle Namen von vergewaltigten Frauen in der Lokalzeitung. »Bei uns ist es ja schon egal«, sagt Vesna, »aber die anderen Frauen wollen nicht, daß es bekannt wird.«

Als die Muslimin Aziza und die Kroatin Vesna von Monika Hauser gebeten werden, ihre Erfahrungen aufzuschreiben, sind beide innerhalb von zwei Tagen damit fertig. Für Vesna ist es nicht das erste Mal. Sie hat ihre Geschichte schon mehrmals aufgeschrieben und erzählt. Allmählich wird es ihr langweilig. Für das Kriegsverbrechertribunal hat sie eine Kassette besprochen. Da diese Form aber nicht akzeptiert wird, muß jemand aus Den Haag kommen, um sich ihre Aussage persönlich anzuhören. Vesna wurde eingeladen, in Den Haag selbst auszusagen, und ist dazu auch bereit. Davor scheut Aziza zurück: »Das wäre dann wirklich ein Stigma fürs ganze Leben.«

Vesna hat es geholfen, sich mit den Vergewaltigern zu konfrontieren und mit der Polizei an den Ort des Geschehens zurückzukehren. Ihre Familie geht mit ihrem Erlebnis sensibel um. Sie bereut nicht, ihren Fall öffentlich gemacht zu haben. Vielleicht ist es deswegen zu keinen weiteren Racheakten durch muslimische Soldaten gekommen. Vesna erzählt, daß muslimische Frauen sich in anderen Fällen schützend vor ihre kroatischen Nachbarinnen gestellt haben.

Aziza und Vesna wußten, was auf sie zukommen würde, als die Soldaten in ihr Haus kamen. Vesnas 64jähriger Mutter hingegen hatten die Soldaten gesagt, ihre Tochter werde im Steinbruch umgebracht. Acht Tage danach erkrankt sie an Angina Pectoris, hat Atem- und Herzbeschwerden. Das sei die Todesangst, sagt der Arzt. Ödeme auf der Zunge, geschwollene Lippen, Erstickungsanfälle. Immer noch hat sie Herzbeschwerden und Schmerzen an den Hand- und Fußgelenken. Erst hielt sie es für Arthritis, aber seit das Fernsehen über das ärztliche Bulletin von

Jelzin berichtet hat, weiß sie, daß ihre Schmerzen vom Herzen herrühren.

Auch Vesnas Mutter sagte gleich nach der Tat bei der Polizei aus. Jetzt will sie nicht mehr darüber sprechen. Sie fühlt sich benützt. Nach Den Haag wird sie nicht gehen.

16 Mitglieder von Vesnas kroatischer Familie sind in Grad geblieben. Ihre Schwester und ihr Mann kehren im Mai 1994 zurück und leben nun wieder in ihrem Dorf.

Insgesamt sind 750 Kroaten in Grad und Umgebung geblieben. Seit April 1994 kommen die geflohenen Kroaten allmählich zurück. Dem Kirchenregister ist zu entnehmen, daß im September 1996 bereits 3000 von ihnen zurückgekehrt sind. Sie leben quasi illegal in ihrer eigenen Stadt, denn sie haben kein Recht auf ihre ehemaligen Wohnungen und Häuser, dürfen nicht arbeiten und bekommen keine humanitäre Hilfe. Nur die Caritas kümmert sich um sie. In Grad herrscht ein gesetzloser Zustand. Die muslimisch-nationalistische SDA-Stadtverwaltung hat sich selbst eingesetzt. Laut den OSZE-Bestimmungen sollten in Bosnien bis zur Abhaltung demokratischer Kommunalwahlen die Verhältnisse wiederhergestellt werden, die durch die Wahlen vom 18. November 1990 geschaffen wurden. Wahlsiegerin war damals die Kommunistische Partei. Zu einer solchen Machtübergabe ist die Grader SDA nicht bereit. Solange der Schwebezustand anhält, gibt es keine Regelung für die kroatischen Rückkehrer, und der Stadt wird schwerer Schaden zugefügt. Die Finanzhilfe der OSZE ist erst einmal gestoppt. Fünf Millionen Dollar Aufbauhilfe warten auf eine politische Lösung.

Die ehemalige kroatische Stadtverwaltung hat sich derweil ins Dorf A ins Exil zurückgezogen. Als Verräter gelten nun die Kroaten, die in Grad geblieben sind.

Aziza und Vesna sind Freundinnen geworden.

Erica Fischer

Die Autorin mit Monika Hauser bei der Arbeit

Medica 1 in Zenica, umgeben von Hochhäusern

Seitenansicht des Medica-Haupthauses in der Mokusnice-Straße

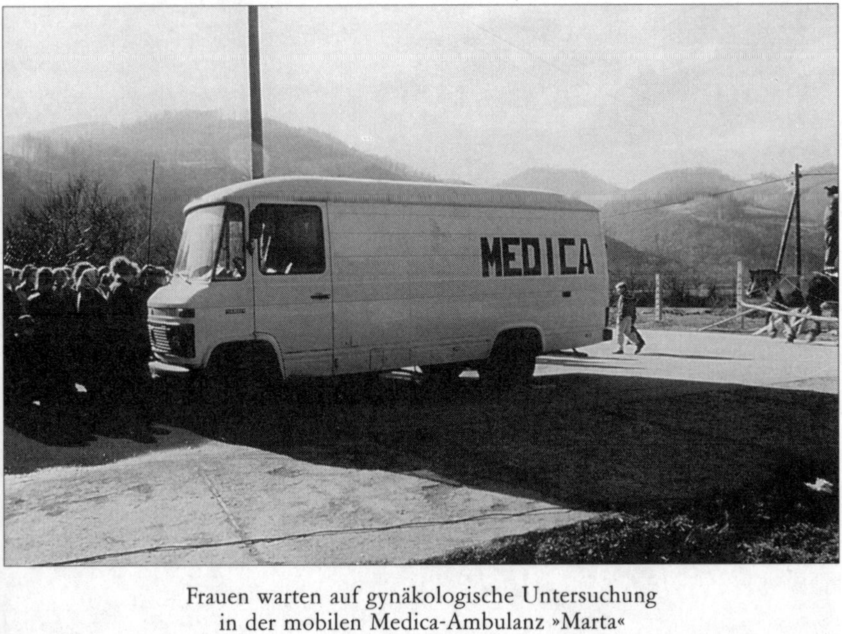

Frauen warten auf gynäkologische Untersuchung
in der mobilen Medica-Ambulanz »Marta«

Kirsten Wienberg im Medica-Jeep

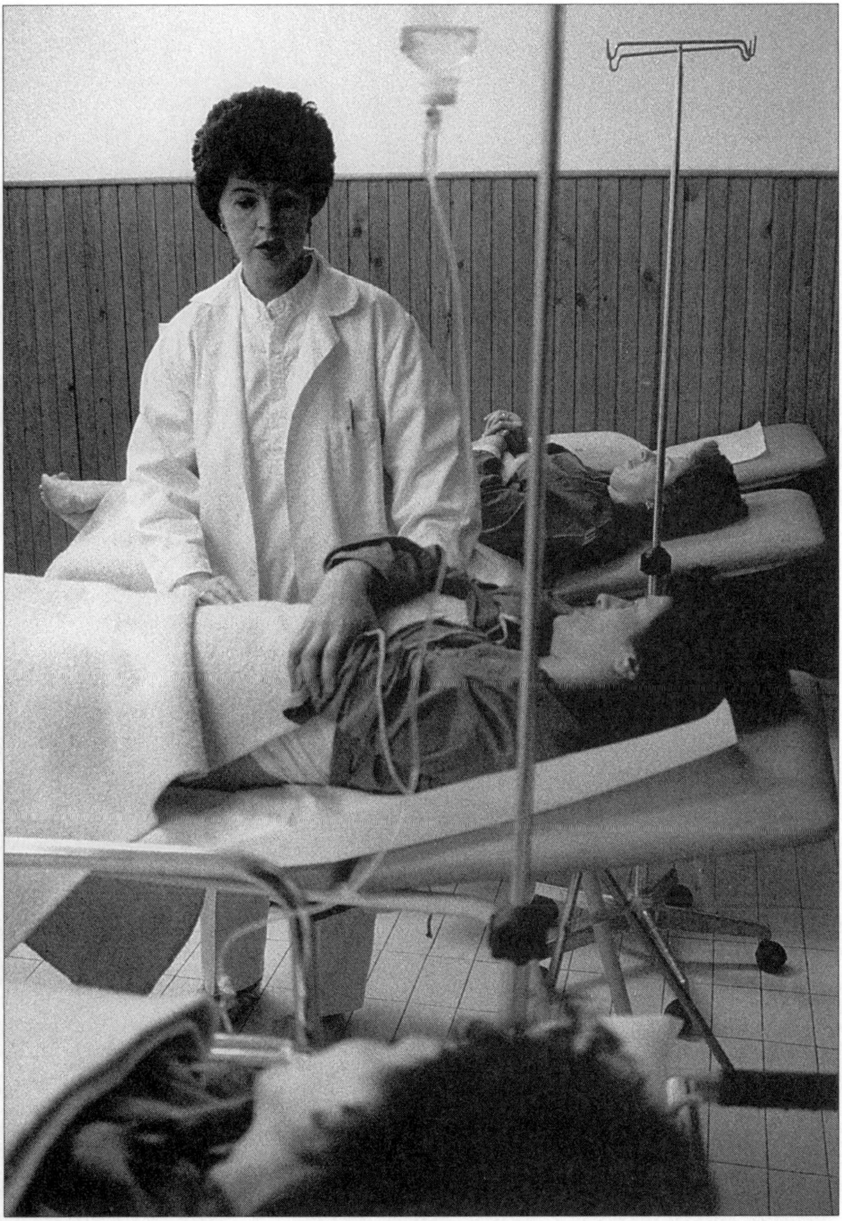

Dr. Amira Frljak im OP

In der Medica-Schneiderei

Im Eßzimmer von Medica

Mirha Pojskić bei der Spieltherapie mit Kindern

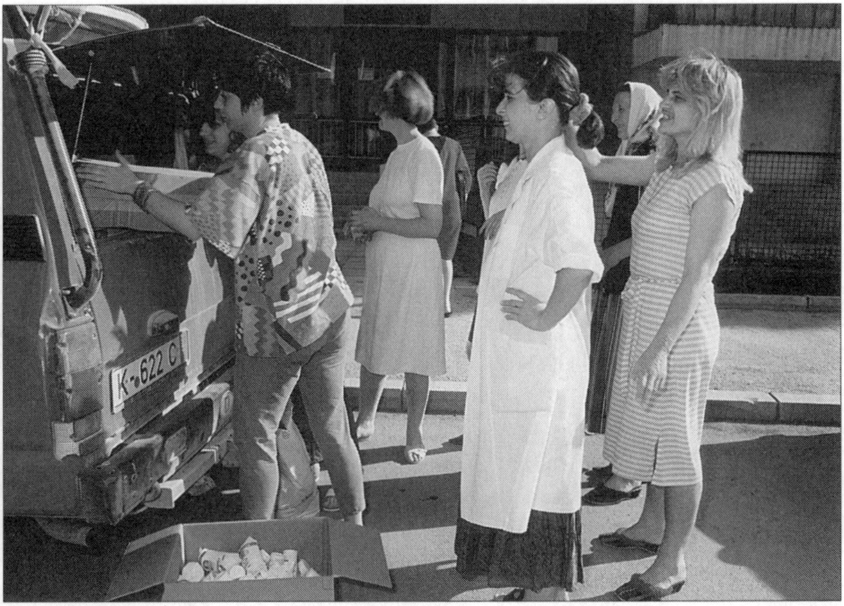

Monika Hauser vor dem Medica-Haupthaus beim Ausladen der »Schätze« aus Köln

Gruppentherapie mit Edita Ostojić und Mirha Pojskić

Kinderzeichnung: »Der Krieg mit meinen Augen – Halt! – Waffen – Peng! – Hilfe! – Dies ist eine halbgeschützte Zone«

OČIMA
ORUŽJE
UN
UN
OVO JE POLA ZAŠTIĆENA ZONA
UN

Wie ein kleiner Motor

1

Als Monika am 12. März 1993 mit ihren 25 Tonnen in der Pionirska-Straße eintrifft, die später in Mokusnice-Straße umbenannt wird, wartet das gesamte Medica-Team vor dem Haus. Die Frauen sind überwältigt von den mitgebrachten Schätzen, und dazu gehören in Kriegszeiten auch Toilettenpapier, Seife, Deos. Seit einem Jahr sind die Zenicianerinnen, Stadtbewohnerinnen und Flüchtlingsfrauen gleicherweise, im Alltag aufs Improvisieren angewiesen, bis hin zu Behelfslösungen für fehlende Monatsbinden.

Nach einigen Tagen Chaos entsteht im ehemaligen Turnsaal des Kindergartens, in dem später die Apotheke untergebracht werden soll, ein einigermaßen überschaubares Warenlager. Als sie den Untersuchungsraum einrichten, haben die Frauen leuchtende Augen. »Clean and clear« nennen sie die Raumgestaltung, schreibt Monika nach Köln:

> Das bedeutet mehr als nur der Unterschied zum Krankenhaus, das einfach völlig überfordert und überlastet ist. Es soll auch symbolisch sein für die Klarheit der Bedingungen, die wir für die Patientinnen schaffen wollen. Nach den traumatischen Erfahrungen, nach dem Zusammenbruch aller für sie bis dahin geltenden Lebenszusammenhänge und nach der totalen Vernachlässigung und oft erneuten Aggression in den Flüchtlingscamps wollen wir ihnen mit diesen Bedingungen in der Ambulanz und im ganzen Haus auch ein Gefühl dafür geben, daß sie das Recht auf beste professionelle Hilfe und klare Parteilichkeit haben.

Als Zilha Hadžihajdić nach einem Aufenthalt in Deutschland ins Zentrum eilt, sind die medizinischen Geräte bereits aufgestellt. Wie aus einem Kindergarten eine Ambulanz werden kann, hat ihre Phantasie stets überstiegen. Und nun steht er da, der gynäkologische Stuhl! Beim Anschließen der Geräte helfen Krankenhaustechniker. Monika ist schon dabei, einen Materialaustausch mit dem Spital zu vereinbaren. »Ich bin froh über diese Kooperation, auch wenn ich natürlich immer wieder unsere Unabhängigkeit betone«, schreibt sie nach Köln, »doch sie sollen sehen, wie es bei uns aussieht, was wir tun.«

2

15. März 1993. In der Pionirska-Straße 10 öffnet eine dünne blasse Person mit kurzgeschnittenem aschblonden Haar das quietschende Gittertor und läuft die wenigen Treppen hoch zur verglasten Eingangstür des ehemaligen Kindergartens, an dem noch kein Schild angebracht ist.

»Wer ist Monika?« Zwischen einem Berg aufeinandergestapelter Pakete vernimmt sie eine lebhafte Stimme: »I am Monika.« Die junge Frau ist überrascht. Eine internationale Humanitäre hat sie erwartet, in mittleren Jahren, mit gepflegter Frisur und ein bißchen autoritär. Keineswegs eine ganz gewöhnliche Frau wie sie selbst, die es nicht scheut, in einem Warenlager zu arbeiten. Sie gehen nach oben zum Vorstellungsgespräch.

Dijana Bogdanović, seit einem Jahr arbeitslos wie so viele in der Stadt, hat vor dem Krieg in einem Warenhaus als Buchhalterin und Kassiererin gearbeitet und spricht gut Englisch. Obendrein ist Dijana bereit, ihren Wagen der Marke *Yugo* zur Verfügung zu stellen. Über Lohn wird nicht gesprochen. Dijana, nach der neuen Kategorisierung Serbin, will in erster Linie helfen, etwas Nützliches tun, nicht passiv bleiben. Sie wird als Buchhalterin und Fahrerin eingestellt. »Kann ich gleich morgen anfangen?« fragt sie. Sie kann.

Das ganze Team packt an, manche von acht Uhr morgens bis ein Uhr nachts, andere nach der Arbeit. Arbeitsteilung gibt es keine, alle tun alles. Die Krankenschwester Paša ist so begeistert von ihrer neuen Aufgabe, daß sie zu essen vergißt. Dabei leidet sie an Diabetes. Es ist wie ein Rausch, zupacken gegen das Grauen das Krieges, die gemeinsame Arbeit für das gemeinsame Ziel, angetrieben von Monikas Energie. Monika ist überall gleichzeitig. Sie bereitet die Eröffnungs-Pressekonferenz vor, fährt mit den Psychologinnen in die Gemeinschaftsunterkünfte der Flüchtlinge, hängt Bilder an die Wand, kümmert sich darum, daß Medica eine Strompriorität bekommt, stellt Personal ein und überwacht die Arbeit der anderen. Milenka, eine dunkelhaarige, elegant gekleidete Kroatin, die vor dem Krieg in Vitez als Elektrotechnikerin arbeitete, mustert Monika verstohlen und wundert sich, was die Ärztin aus Deutschland in ihrer vom Krieg verwüsteten Heimat eigentlich sucht.

Die abendlichen Gespräche mit Monika und Zemira schaffen ein Klima der Hoffnung.

Wenn Monika sich nachts erschöpft auf Zemiras Wohnzimmercouch fallen läßt, genießt sie das kleine Zuhause, das sie in Zenica gefunden hat. Dann sitzen die beiden Frauen noch lange beisammen und schmieden Pläne für Medica. Zemiras neunjähriger Sohn Muhamed mit den glänzenden schwarzen Augen, der so unvergleichlich Michael Jackson nachahmen kann, wird Monikas kleiner Freund. Zemiras Eltern leben als Flüchtlinge auf dem Dorf. Eigentlich sollte sie bei ihnen sein, doch dazu ist sie nicht mehr in der Lage. Monika hat sie in ihren Bann gezogen. Noch nie ist ihr eine solche Frau begegnet, so unabhängig und frei, und eine »echte Frau« obendrein.

3

4. April 1993. Medica Zenica wird offiziell eröffnet. Es kommen Journalisten, Politiker, Gynäkologen. Bei den Ärzten vermeint Zilha ein begehrliches Glitzern in den Augen zu erkennen. Was Monika an medizinischen Apparaten aus Deutschland mitgebracht hat, würde auch gut in das städtische Krankenhaus passen. Besonders das Ultraschallgerät hat es ihnen angetan.

Eine der offenen Fragen ist vom Anfang an gewesen, ob Medica Zenica als Haus für vergewaltigte Frauen deklariert werden soll oder nicht, denn auf keinen Fall sollen die Frauen stigmatisiert werden. Monika und das Psychologinnen-Team entscheiden sich dafür, in die Offensive zu gehen. Sie sagen, daß die Behörden und die Medien in der Stadt und in ganz Bosnien Verantwortung tragen für die Stimmung den Frauen gegenüber. Wenn die Medica-Frauen die Dinge offen beim Namen nennen, so hoffen sie, können die Vergewaltigungen nicht mehr geleugnet und verdrängt werden. Dann kann Medica vielleicht Einfluß darauf nehmen, wie die Nachkriegsgesellschaft mit den Opfern von Männergewalt umgehen wird.

Natürlich verlangt niemand von den Frauen, die Medica aufsuchen, ihre Erlebnisse offenzulegen. Sie haben allen Grund zu schweigen, vor allem, wenn sie merken, daß es um Propaganda geht und nicht um sie selbst. Was Monika aber strikt ablehnt, ist die in Deutschland verbreitete Meinung, es sei für eine muslimische Frau besonders schwer, über ihr Vergewaltigungserlebnis zu sprechen. Monika kann überhaupt keinen Unterschied erkennen und fragt sich, wie die deutsche Gesellschaft heute mit einem solchen Problem gigantischen Ausmaßes umgehen würde. Daß die bei Kriegsende von sowjetischen Soldaten in Berlin vergewaltigten Frauen alleingelassen wurden, ist bekannt.

Monika wird aber auch von der »Mualima« Zilka Siljak-Spahić gewarnt, die patriarchalen Lebensbedingungen von Frauen auf dem Land zu unterschätzen. »Die Gespräche mit der Mualima – einer islamischen Theologin – haben uns vorsichtig werden lassen«, schreibt sie nach Köln. Die in Sarajevo ausgebildete 24jährige wird für den Ausgleich sorgen. Trotz ihrer Jugend wird sie bei den traditionell erzogenen Frauen aus ländlichen Regionen als »weise Frau« geachtet. Seit Anfang des Krieges macht sie mit Flüchtlingsfrauen eine Art spirituell ausgerichteter Therapie. Sie versucht den traumatisierten Frauen, deren Vorstellungen von Geborgenheit und zwischenmenschlicher Beziehung in ihren Grundfesten erschüttert wurden, mit Hilfe der Religion Halt zu geben. Im Zentrum hat Zilka einen eigenen Raum, in den sie sich mit Frauen zum Gespräch oder Gebet zurückziehen kann.

Zilka hat auffallend blaue, sorgfältig geschminkte Augen, trägt ein eng um das Gesicht gebundenes Kopftuch, unter dem sich keine einzige Haarsträhne zeigt, und spricht ausgezeichnet Englisch. In der islamischen Gemeinde geht sie ihren männlichen Kollegen mit ihrer Forderung nach Gleichberechtigung auf die Nerven, hat sich dort aber trotzdem durch ihren religiösen Einfluß auf die Flüchtlingsfrauen eine wichtige Stellung erkämpft. Mit ihrer Einstellung sichert Monika dem Projekt das Wohlwollen der islamischen Würdenträger. Sowohl Monika als auch Zilka haben anfangs Berührungsängste, die sich allmählich geben. Besonders für Monika leitet die Begegnung einen Bewußtseinsprozeß ein, ist sie doch, wie sie zugibt, »mit gesträubten Nackenhaaren gegenüber der islamischen Gemeinde« nach Zenica gereist.

Das erste Medica-Flugblatt – »Hilfe für Frauen – Opfer von Kriegsverbrechen« – wird in der Stadt verteilt. Die Interviews, die Monika Radio Zenica gibt, werden dutzendfach gesendet, um alle Stadtteile zu erreichen, die zu unterschiedlichen Tageszeiten Strom haben. Die bosnische Armee verteilt das Flugblatt an der Front.

»Praktische Probleme sind die schwierigen Reisebedingungen«, schreibt Monika nach Köln:

> Wir müssen zu den Flüchtlingen in entlegene Orte, wo sie nach der Flucht aus den östlichen Gebieten zuerst

untergebracht werden. Dazu brauchen wir die Erlaubnis der bosnischen Armee (kein Problem) und der HVO (sehr großes Problem) sowie ein geländegängiges Fahrzeug oder einen Kleinbus, um die Frauen rauszuholen. Die nötige Erlaubnis der diversen Armeen erledigt sich sofort, wenn wir die begehrte *Blue Card* der UNO haben. ... Seit Montag kommen die ersten Patientinnen, die Arbeitseinteilung für die nächste Woche ist gemacht, das erste Seminar ist in Sicht – Medica hat zu arbeiten begonnen!

4

In der ersten Woche werden sechs Frauen und sechs Kinder in die für die stationären Patientinnen vorgesehenen Zwei- und Dreibettzimmer im Obergeschoß des Hauses aufgenommen, an dessen Frontseite nun ein Schild mit großen Lettern prangt: *Medica*. Die Patientinnen stammen überwiegend aus Ost- und Nordbosnien und wurden bei der Einnahme ihrer Städte und Dörfer von den bosnisch-serbischen paramilitärischen Einheiten in Konzentrationslager verschleppt oder in Privathäusern festgehalten. Sie werden gepeinigt von Erinnerungen an Morde, sadistische Folterungen und Vergewaltigungen, bei denen die Familie oder das ganze Dorf zuschauen mußte. In den Lagern wurden manche monatelang festgehalten, bis sie schwanger waren. In diesem Zustand wurden sie weiter vergewaltigt und erst freigelassen, als es zu spät für einen Abbruch war. Die Gewalt der serbischen Eroberer zielte oft auf sehr junge Mädchen ab. Im Restaurant *Sonja* etwa in Vogošča bei Sarajevo oder im Motel *Vilina Vlas* bei Višegrad wurden junge Mädchen gefangengehalten, vergewaltigt, gefoltert und mit dem Auftrag nach Hause geschickt, sich jederzeit zur Verfügung zu halten, andernfalls drohe ihrer Familie Schlimmeres. Andere Frauen wurden in Privathäusern von einzelnen Soldaten zur regelmäßigen Vergewaltigung und Verrichtung der Hausarbeit eingesperrt, nachdem man ihre Ehemänner verschleppt oder ermordet hatte. Frauen, die Glück hatten, gelang die Flucht, versteckt unter den Röcken alter Frauen auf Lastwagen oder selbst als Greisinnen verkleidet. Nach Goražde und Srebrenica etwa, von wo sie sich in monatelangen Fußmärschen in wechselnden Flüchtlingsgruppen nach Zentralbosnien durchschlugen. Viele sind immer noch vermißt.

Im Medica-Zentrum wird schon bald eine blasse schwarzhaarige junge Frau von ebenmäßiger Schönheit namens Ramisa aufgenommen. Sie wurde im Alter von 17 Jahren zusammen mit ihrer um zwei Jahre jüngeren Schwester eine Nacht lang in ihrer Heimatstadt Višegrad in einem Motel festgehalten. Darüber, was dort mit ihr und ihrer Schwester geschah, kann sie bis heute nicht sprechen. Auch ihrer Mutter erzählte Ramisa nicht, was man ihr angetan hatte, und die Mutter fragte nicht danach. Ramisas Schwester ist seit jenem Tag spurlos verschwunden. Die Mutter ging jeden Tag zur Polizei, und einmal traf sie den Mann, der ihre beiden Töchter geholt hatte. »Was wollen Sie?« höhnte er. »Ich habe Ihnen doch eine zurückgebracht.« Noch einen Monat lang blieben Mutter und Tochter in Višegrad und warteten vergeblich auf die Rückkehr der Schwester. Dann hielten sie es nicht mehr aus und flüchteten nach Zenica. Die einst schwarzhaarige Mutter ist schneeweiß geworden und wartet immer noch auf ihre jüngste Tochter. Sie überlebt, indem sie sich Termine setzt: »Im Januar werde ich etwas von ihr hören.« Wenn der Januar verstrichen ist, weint sie und legt ein neues Datum fest. Die Familie hofft, daß ein Tschetnik sich in die Schwester verliebt hat und sie irgendwo, vielleicht in Serbien, als Sklavin festhält. Wenn er ihrer überdrüssig geworden ist, wird sie zurückkehren.

Sämtliche Therapieversuche haben bei Ramisa versagt, sagt die Psychologin Edita traurig. Doch als die junge Frau 1997 im Medica-Kindergarten zu arbeiten beginnt, blüht sie regelrecht auf. Ramisa hat drei Computer- und drei Englischkurse besucht, sie hat fotografieren gelernt und absolviert gegenwärtig ein

Pädagogikstudium an der Universität. Von Medica ausziehen möchte sie nicht, nur hier fühlt sie sich geborgen. Hier wissen die anderen Bewohnerinnen, was ihr leerer, auf einen fernen Punkt gerichteter Blick bedeutet, und stellen keine Fragen. Manchmal schreibt sie kurze verzweifelte Ausrufe in ihr Tagebuch: »Ich bin eine Hure!« oder »Mein Leben ist zerstört!« Oder sie zeichnet kleine Schlangen mit schwarzen Punkten und weiß nicht, was sie bedeuten. Wenn sie spricht, reibt sie die mageren Hände gegeneinander, als würde sie sich waschen. Nach ihrer Zukunft befragt, füllen sich ihre Augen mit Tränen. Sie sieht nur sich selbst zusammen mit ihrer kleinen Schwester und kann es sich nicht verzeihen, daß sie sie nicht beschützen konnte. Abends geht Ramisa nur aus, wenn ihre ältere Schwester Mensura sie begleitet. Manchmal steht vor dem Haus ein junger Mann und ruft ihr zu: »He, du – ja, die Schwarze meine ich!« Dann erstarrt Ramisas schmächtige Gestalt. Als er sie wieder einmal anspricht, wird es Mensura schwarz vor den Augen, und sie beschimpft ihn unflätig. Seither hält er sich zurück, doch nun hat Ramisa Angst vor seiner Rache.

Schon im Februar 1993 hat die 26jährige Mirzeta einer Medica-Psychologin im Flüchtlingscamp ihre Geschichte zu Protokoll gegeben. Vor ihrer Odyssee, die in Zenica ein vorläufiges Ende findet, lebte Mirzeta mit ihrem Ehemann und den beiden Kindern in einer Kleinstadt südlich von Foča. Sie hatten ein Haus und betrieben gemeinsam ein kleines Geschäft. Am 4. April 1992, als die Serben Foča einnahmen, erkrankte Mirzeta, bekam Fieber und Herpes im Mund, konnte nichts mehr essen. Als sich ihr Zustand verschlimmerte, kam sie ins Krankenhaus. Von dort heraus wurde sie am 1. Oktober von serbischen Milizen abgeholt und in die Turnhalle *Partizan* gebracht.

> In der Halle waren viele ältere Frauen. Sie rieten mir, schäbige Kleider anzuziehen, damit ich noch schlechter aussehe. Ich war die jüngste, zusammen mit der schwangeren Fatima, die ihre vier Kinder bei sich hatte. Also zog

ich alte Kleidungsstücke an, und die Frauen gaben mir ein Kopftuch. Um zehn Uhr abends kamen zwei Tschetniks. Wir mußten uns ausziehen, damit sie sehen konnten, wer von uns noch jung war. Der eine nahm mich, der andere Fatima. Ihre Kinder begannen zu weinen. Sie brachten uns mit dem Auto in eine Wohnung, wo schon andere Tschetniks saßen und Alkohol tranken. Fatima und ich mußten uns ausziehen und uns im Bad mit kaltem Wasser waschen. Dabei guckten sie zu, lachten und verabredeten, wer von ihnen der erste sein würde. Ich mußte dann mit einem in ein Zimmer gehen, Fatima mit einem anderen in ein anderes. Ich hatte Angst und weinte. Der Tschetnik zog seine Hose aus und stürzte sich auf mich. Dann kam ein anderer. Er war sehr groß und korpulent, neben ihm war ich wie eine Maus. Nach ihm kam ein dritter, der etwas jünger war. Er setzte sich neben mich aufs Bett und stellte mir Fragen. Als ich ihm den Namen meines Mannes sagte, sprang er auf und schrie: »Dein Mann ist ein Ustascha, er hat meinen Bruder getötet!« Er nahm ein Messer und sagte, er würde mir meine Mutterbrust abschneiden. Vor Schreck wurde ich ganz stumm. Plötzlich stopfte er mir seinen Penis in den Mund und befahl: »Rauche!« Er schlug mich und schrie: »Paß gut auf, daß kein einziger Tropfen verloren geht!« Ich mußte mich erbrechen. Ich weiß gar nicht, wie ich das alles überlebt habe. Aus dem anderen Zimmer hörte ich Fatima weinen und schreien. Dann wurde sie ins Bad gebracht. Sie war voller Blut. Ein dicker Tschetnik fragte mich, warum ich so mager sei und warum mir die Haare ausfielen. Ich sagte ihm, ich hätte Tuberkulose. Das jagte ihnen einen Schrecken ein, und ich wurde nicht mehr vergewaltigt. Doch sie hatten andere Grausamkeiten auf Lager. Fatima und ich mußten nebeneinander sitzen und die Beine spreizen. Sie steckten uns ihre Maschinengewehre in die Scheide, dann Flaschen, Stöcke, Pistolen.

Sie schlugen uns, schütteten uns Alkohol in die Augen und in die Scheide und zwangen uns, »Es lebe Alija!« zu rufen. Einem von ihnen mußte ich die Schuhe mit der Zunge sauberlecken. Dann schrien sie: »Wir werden sie in den Kühlschrank stellen!« Ich mußte einen Stock in Fatimas Scheide einführen und drehen. Ich wußte, daß es ihr weh tat, und versuchte, vorsichtig zu drehen. Da schlugen sie mich.

Acht Männer sind vom Internationalen Gerichtshof in Den Haag der Vergewaltigung und sexuellen Versklavung von Frauen angeklagt, darunter auch der Polizeichef von Foča. Alle sind auf freiem Fuß, der Polizeichef ist immer noch Polizeichef.

Am 23. Oktober gelingt Mirzeta mit einigen Frauen die Flucht. Über Goražde und Tarčin erreichen sie Zenica. Als Mirzeta dort ankommt, wiegt sie nur noch vierzig Kilo.

Im Medica-Zentrum freundet sie sich mit der 34jährigen Hatidža an, einer ledigen Geschäftsfrau aus Sarajevo. Auch sie hat ein Vergewaltigungslager hinter sich. Sie wurde bei einem Überfall der Tschetnik-Bande *Weißer Adler* in ein Lager nach Kula bei Sarajevo verschleppt. Die zwölf Tage ihrer Gefangenschaft haben in ihrer Wahrnehmung die Zeitspanne von zwölf Jahren angenommen. Nachdem sie gegen Soldaten ausgetauscht wurde, kehrte sie nach Sarajevo zurück, wo das Unverständnis ihrer Freunde und Nachbarn sie neuerlich in die Flucht schlug. »Wie konntest du so etwas zulassen?« wurde sie gefragt, da begab sie sich in den Schutz von Medica.

1200 Männer waren im Lager Kula und 500 Frauen. Zusammen mit den vierzig Frauen ihrer Gruppe wurde Hatidža täglich unzählige Male vergewaltigt. Dazu kamen Schläge, Bisse und brennende Zigaretten auf der Haut. Wenn die Frauen das überstanden hatten, wurden sie gezwungen, zuzuschauen, wie man die Männer quälte. Sie zogen ihnen die Haut vom Gesicht und rieben Salz in die Wunden. Sie nahmen ihnen so lange Blut ab, bis sie in Ohnmacht fielen. Für die Frauen ließen sich die Männer des Arkan immer neue Schimpfwörter einfallen, um sie als »Türkinnen« zu verhöhnen.

Hatidža will auf keinen Fall in Bosnien bleiben. Sie hat keine Lust, ihr Leben als Vergewaltigungsopfer zu verbringen, mit einer Geschichte, die ja doch niemand hören will. »Es ist egal, wohin ich gehe, nur weit weg von hier, denn ich bin sicher, daß wir Muslime nach einer gewissen Zeit, vielleicht in zwanzig oder dreißig Jahren, dasselbe noch einmal erleben werden.« Hatidža erinnert sich daran, daß sie in ihrer Kindheit oft von Tschetniks gehört hat. Da wurden Namen genannt wie Pandurević, Džerić oder Šimić. Männer, die diese Namen trugen, haben ihrer Großmutter dasselbe angetan, was Hatidža in Kula erleiden mußte. An ein friedliches Zusammenleben kann sie nicht mehr glauben. Sie hat Angst. Hat Hatidža denn kein Vertrauen, daß diese Männer eines Tages als Kriegsverbrecher bestraft werden? »Natürlich sollten sie bestraft werden, aber wenn es eine Gerechtigkeit gäbe, dann müßten wir Frauen die Gelegenheit bekommen, ihnen das heimzuzahlen, was sie uns angetan haben.« Hatidža glaubt, daß sie dazu in der Lage wäre. Als sie zu Medica kommt, sind für sie alle Serben Verbrecher. Wenn sie damals im Lager ein Maschinengewehr gehabt hätte, hätte sie alle niedergemäht, sagt sie. Auch wenn der Haß später verblaßt, läßt sie der Gedanke an Rache nie wirklich los. Ihr Körper erinnert sie daran. Er ist mit Psoriasis bedeckt, einem Exzem, das nach der zweiten Vergewaltigung in Kula auftrat und auch in der geschützten Umgebung von Medica nicht vergehen will.

Hatidža wird von Alpträumen gequält. Immer wieder drängen sich Bilder aus dem Lager zwischen ihre Gedanken. Besonders schlimm war die Vergewaltigung einer Vierzehnjährigen, bei der die Mutter des Mädchens gezwungen wurde zuzuschauen. Die Frauen dachten, sie würde an einem Herzschlag sterben, so sehr litt sie, als die Männer über ihre Tochter herfielen. Auch die Vergewaltigung einer Fünfundsechzigjährigen mußten sich die Frauen ansehen. Zuvor war ihr Sohn getötet und auf ein Kreuz genagelt weggeschafft worden. Die alte Frau hat die Tortur nicht überlebt.

5

In Köln gibt es Konflikte. Klaus-Peter bleibt durch seinen direkten Draht zu Monika weiterhin ein wesentlicher Ansprechpartner, leitet Faxe und Anrufe an Gabi Mischkowski und die anderen weiter. Immer wieder werden von der Unterstützerinnengruppe Aufgaben an ihn delegiert, bis hin zum Auftrag, die Ziele von Medica für die Darstellung nach außen schriftlich zusammenzufassen. Gleichzeitig spürt Klaus-Peter, daß er als Mann stört. Die Problematik eines Mannes in einem feministischen Projekt wird jedoch nicht offen thematisiert, sondern nur hinter vorgehaltener Hand besprochen. Einzelne Frauen gehen eindeutig auf Distanz zu ihm, andere verhalten sich ambivalent, schätzen die von ihm geleistete Arbeit, »vergessen« aber, ihn zu wichtigen Treffen einzuladen.

Seit Februar ist klar, daß ein Verein mit einem eigenen Konto gegründet werden muß. Es ist nicht leicht, zwischen den Frauen in Essen und in Köln eine gemeinsame Basis zu finden, denn auch unter den gestreßten Unterstützerinnen gibt es Konkurrenz und Kompetenzstreitigkeiten. Schließlich einigen sie sich auf einen Statutenentwurf, der Männer als Mitglieder ausschließt. Am 14. März schreibt Klaus-Peter einen gekränkten Brief an die »Mitkoordinatorinnen«:

> Ich habe mich entschlossen, unter diesen Bedingungen nicht weiter an dem Projekt mitzuarbeiten. Es würde meinen innersten Bestrebungen nach Emanzipation widersprechen, in Verhältnissen zu arbeiten, in denen ich nur Pflichten (Verantwortung), aber keine Rechte wahrnehmen kann! Ich habe mit den patriarchalischen Strukturen innerhalb des WDR schon genügend zu kämpfen, und die Situation mit meiner unehelichen Tochter (Pflichten, aber keine Rechte) reicht mir völlig!...

Karin Schüler, die dafür gesorgt hat, daß die ersten 250 000 DM des »Hilfsfonds« an Medica gehen, und die nunmehr von der

»sehr euphorischen, wenn auch noch etwas diffusen« Monika und ihrem Projekt so überzeugt ist, daß sie Medica auch weiterhin inhaltlich und organisatorisch begleiten will, ist anfangs gegen jede Einbeziehung von Männern. Als Feministin erwartet sie von Klaus-Peter die Bereitschaft, sich zurückzunehmen und auf die Ausübung von Rechten zu verzichten. Monika befürwortet eine Sonderregelung für Klaus-Peter. Schließlich stimmt Karin einem Kompromißvorschlag zu, der Männern die Möglichkeit einräumt, Mitglied mit Stimmrecht zu werden, während der Vorstand Frauen vorbehalten bleibt. Sie weiß, daß Klaus-Peter sich auch durch diese Ausgrenzung verletzt fühlen wird, will ihm diese Kränkung aber nicht ersparen. Die beschlossenen Vereinsstatuten von Medica e.V. sehen einen kleinen geschäftsführenden Vorstand sowie aktive Mitglieder und Fördermitglieder vor. Als Monika 1994 aus Bosnien zurückkehrt, stellt Klaus-Peter seine aktive Mitarbeit im Verein ein.

Die Medica-Unterstützerinnen geraten durch die eskalierende Kriegssituation und Monikas Hilferufe aus Zenica in einen Sog, der sie überfordert. Keine der Frauen aus Monikas Freundinnenkreis ist bereit, Verantwortung im Verein zu übernehmen, geschweige denn, in den Vorstand zu gehen. Sie fühlen sich überdies zu wenig von Monika beachtet und gleichzeitig moralisch unter Druck gesetzt. Diese Frustration geben sie an Gabi weiter, die keine Familie hat und das Privileg eines Jobs ohne feste Zeiteinteilung genießt, was ihr ermöglicht, auf die wachsenden praktischen Erfordernisse des Projekts mit der Übernahme von immer mehr Arbeit zu reagieren. Erst allmählich merkt sie, daß sie sich im Kellerbüro im Haus ihrer Eltern mehr aufgehalst hat, als sie alleine bewältigen kann. Als sie die Zenicianerin Amna ohne Gruppenbeschluß als bezahlte Kraft einstellt, gibt es Ärger.

Streit entzündet sich immer wieder am Geld. Gabi Hess, die das Medica-Konto bei der Evangelischen Frauenhilfe Essen verwaltet, ist erschrocken über die finanzielle Dimension, die das Projekt annimmt. Klaus-Peter, Gabi und Monika sind der

Meinung, das Geld müsse dann ausgegeben werden, wenn es benötigt wird. Gabi Hess sieht sich schon mit einem Bein im Knast und wirft dem Mann Klaus-Peter vor, die Frauen in finanziellen Dingen bevormunden zu wollen. Diesem gelingt es nicht, sich aus der Medica-Arbeit zurückzuziehen. Er steht häufiger als die anderen mit Monika in Kontakt, die ihm aus dem Krieg Aufträge zuschreit. Er fürchtet, daß das Projekt sich in eine von Monika nicht gewünschte Richtung entwickeln könnte. Monika wiederum ist keineswegs so sakrosankt, wie es ihr untadeliger Ruf heute nahezulegen scheint. Bestellt sie nicht zuviel, sorgen sich die Unterstützerinnen in Essen, ist das nicht alles eine Schuhnummer zu groß? Das geländegängige Fahrzeug zum Beispiel, das Monika anfordert. Wenn sich der Streß zuspitzt, kann es schon vorkommen, daß sie als eine chaotische und manische Person beschimpft wird, die keine Grenzen setzen kann und in ihrem Größenwahn ganz Bosnien versorgen will.

Klaus-Peter hat niemand, mit dem er sich über seine konfliktreiche Rolle aussprechen kann. Geeignet sind weder Monika, die ihm am Telefon vom Granatenbeschuß erzählt und nicht mehr in der Lage ist, sich auf die deutsche Realität einzustellen, noch seine männlichen Freunde, bei denen er hämische Frauenfeindlichkeit befürchten muß.

6

Knapp vor Ostern reist die Vizepräsidentin des Deutschen Ärztinnenbundes, Dr. Ute Otten, durch Bosnien, besucht Zenica, Vitez, Busovača und Travnik, um sich über die Lage der Flüchtlinge zu informieren und das Medica-Projekt in Augenschein zu nehmen. Der Deutsche Ärztinnenbund hat die Erstausstattung von Medica mit Medikamenten organisiert und will sich auch um die weitere Bestandssicherung kümmern.

In Visoko, einer Stadt mit 40 000 Einwohnern auf dem Weg von Zenica nach Sarajevo, die unter schwerem Beschuß durch die bosnischen Serben steht, ist eine 35jährige Deutschlehrerin Dr. Ottens Dolmetscherin. Selena Tufek springt immer wieder ein, wenn es etwas zu übersetzen gibt. Selenas Mann Jasmin ist Arzt und arbeitet an der Front. Nie weiß sie, wo er sich gerade befindet und wann er wiederkommen wird. Sowohl ihre als auch Jasmins Eltern sind in Sarajevo eingeschlossen. Telefonkontakt gibt es keinen. Wenn Selena Schritte an der Wohnungstür hört, fürchtet sie immer das Schlimmste: die Nachricht vom Tod ihres Mannes.

Die Frontlinie zu den bosnischen Serben liegt 500 Meter vom Stadtzentrum entfernt. Die Stadt wird andauernd beschossen, Hunderte von Granaten täglich und manchmal auch Raketen. Nie kann man wissen, wann der nächste Beschuß kommt. An manchen Tagen ist die Stadt gespenstisch menschenleer. Es gibt keine einzige Straße, die nicht von Heckenschützen einsehbar ist. Sich in der Nähe von Fenstern aufzuhalten ist gefährlich. Manche Leute werden beim Essen von einer Granate zerfetzt, andere an der Schreibmaschine. Die Opfer sind meistens Frauen, Kinder und alte Leute. Selenas Töchter Aida und Tjana schlafen in der fensterlosen Speisekammer. Tagsüber halten sie sich im Flur auf, der durch Holztüren von den Fenstern in Küche, Kinderzimmer und Wohnzimmer abgeschirmt ist. Manchmal ist die Schule monatelang geschlossen. Dann gibt Selena den beiden Kindern im Flur Deutschunterricht. Bei Kriegsende sprechen sie fließend Deutsch.

Selena ist bereits über Medica informiert, sie hat den Aufruf im Radio gehört. Ihr Treffen mit Monika verfehlt seine Wirkung nicht: Selena ist sofort Feuer und Flamme. Sie verliest den Medica-Aufruf in Visoko TV, informiert die Kommune über das Projekt und hängt einen Hinweis auf das Zentrum an das Schwarze Brett des Rathauses. Auch in den drei Flüchtlingscamps von Visoko und Umgebung hängt sie Informationen über Medica aus. Ihr Aktivismus hilft ihr, sich von den Schrekkensszenarien abzulenken, die ihr durch den Kopf gehen, sobald die Kriegslage sie zur Untätigkeit verurteilt.

Als Dr. Otten in Visoko die Klinik aufsucht, wissen die Ärzte bereits Bescheid, obwohl Medica erst vor wenigen Tagen eröffnet wurde. Ute Otten ist von Medica beeindruckt. Ihr gefallen die hellen weißgetünchten Räume mit den blauen Vorhängen, die eine frische, freundliche Atmosphäre verbreiten. Nach ihrer Rückfahrt verfaßt sie am 20. April einen Bericht:

> Zur Zeit sind außer Dr. Monika Hauser 21 Frauen im Zentrum Medica Zenica beschäftigt, 8 Frauen in Vollzeit, 14 Frauen in Teilzeit. Außer einer Ärztin für Allgemeinmedizin arbeiten alle Ärztinnen wie auch die Psychologinnen in Teilzeit im Zentrum und sind gleichzeitig im Krankenhaus oder in anderen Einrichtungen beschäftigt. … Notwendig sind Begleitung und Supervision der Mitarbeiterinnen des Zentrums sowie Verständnis für einzelne der Frauen, die möglicherweise nur wegen der relativ guten Arbeitsbedingungen mitarbeiten. Es ist – so empfand ich es – noch kein Team aus den Mitarbeiterinnen entstanden. Mir erschien Frau Dr. Hausers Position noch zu stark, als daß die anderen Frauen Führungsanteile übernehmen könnten. … Sollte Frau Dr. Hauser das Projekt früher verlassen (verlassen müssen) als geplant, dann ist meines Erachtens eine Ärztin mit Einfühlungsvermögen und Führungskraft zur Stabilisierung des Teams erforderlich. …

Ottens Auftrag ist es auch, den Medica-Mitarbeiterinnen und den Verwaltungs- und Gesundheitsbehörden die breite Unterstützung des Projekts in Deutschland nahezubringen sowie die Akzeptanz von Medica in Bosnien auszuloten. Fazit: Die einzige Persönlichkeit in Zenica, die sich Medica gegenüber skeptisch äußert, ist der Franziskanerpater Stipan Radić von der St. Ilija Gemeinde. Er befürchtet die Stigmatisierung der Frauen und will zusammen mit *Cap Anamur* eine Beratungsstelle für Männer und Frauen einrichten, aus der am Ende nichts wird. Später wird er seine Haltung revidieren, was zu einer konstruktiven Zusammenarbeit mit Medica führt.

Karin Schüler erhält von Otten einen handschriftlichen Bericht über die Lage in Zentralbosnien:

> Die bereits während meiner Anwesenheit sporadischen Schießereien zwischen Kroaten und Moslems sind im Raum Travnik/Vitez voll entbrannt. Nach dem Vance-Owen-Plan geht es den Kroaten darum, die Regionen 8 (Mostar) und 10 (Travnik) abzusichern, die Zufahrtswege unter ihre Kontrolle zu bekommen und die regionalen Verwaltungen (so nicht schon geschehen wie in Vitez und Busovača) zu besetzen. ... Noch haben die Kämpfe Zenica selbst nicht erfaßt, bis auf die üblichen Schießereien mit einzelnen Toten. Ich fürchte aber, daß, falls die Kämpfe um die Stadt viele Opfer fordern, das Zentrum Medica Zenica mit Verwundeten belegt werden könnte.
>
> Meine Besorgnis gilt also Monika Hauser. Nach meinen Recherchen vor Ort gehe ich davon aus, daß Person und Projekt von den moslemischen Behörden respektiert werden, nicht ganz so sicher bin ich bei den kroatischen. ... Nur wenn es gelingt, das Zentrum Medica Zenica in Ruhe arbeiten zu lassen, damit seine Mitarbeiterinnen zu einem Team zusammenwachsen, kann dieses Projekt die Basis für weitere Projekte dieser Art werden. Ich hoffe, der Krieg zerschlägt die zarte Pflanze nicht!

7

15. April 1993. Das von Mate Boban, dem »Präsidenten« der selbsternannten kroatischen Republik *Herceg Bosna* in der westlichen Herzegowina, an die Moslems gestellte Ultimatum, in den Gebieten, die nach dem Vance-Owen-Plan kroatisch dominierte Kantone werden sollen, die Waffen abzugeben, läuft ab. Seither

kämpfen die bislang offiziell verbündeten HVO-Einheiten der bosnischen Kroaten und die bosnische Regierungsarmee gegeneinander. Die heftigen Straßenkämpfe um das in einem ehemaligen Hotel untergebrachte HVO-Hauptquartier in der Kleinstadt Vitez, 25 Kilometer von Zenica entfernt, kosten zweihundert Soldaten das Leben. Die radikalen Kroatenverbände wollen die mehrheitlich muslimisch bewohnte Region um Zenica und Vitez und im Süden entlang des Flußlaufes der Neretva »ethnisch säubern« und ihrem Staat *Herceg Bosna* einverleiben.

16. April. Im muslimischen Dorf Ahmići im Lašva-Tal zwischen Zenica und Vitez fallen 103 Menschen einem Massaker zum Opfer. Mit Ausnahme eines einzigen kroatischen Hauses brennt die Spezialeinheit der HVO unter dem Kommandanten Darijo Kordić die meisten Häuser bis auf die Grundmauern ab. Die Moschee wird fachmännisch gesprengt. Viele Menschen verbrennen bei lebendigem Leib. Die Überlebenden der vierhundert Bewohnerinnen und Bewohner des Dorfes fliehen vor der HVO-Soldateska nach Zenica.

Die Medica-Frauen erfahren von dem Massaker am nächsten Tag durch einen Fernsehbeitrag der BBC. Im Film sieht man das Kamerateam zusammen mit Offizieren des britischen Unprofor-Bataillons (BritBat). Ein HVO-Jeep kommt angefahren. »Who did it? Who did it?« schreien die Briten. Der Fahrer grinst und gibt Gas.

Am 16. April beschießt die HVO Stari Vitez (Alt-Vitez), die Altstadt des Industriestädtchens Vitez, in der überwiegend Moslems leben. Die kroatische Regionalverwaltung von Vitez steht in enger Kooperation mit den ebenso radikalen, kroatisch beherrschten Städten West-Mostar, Kiseljak und Busovača. Schon zu Winterbeginn 1992 gab es in Vitez Schikanen gegen Moslems. Viele verloren ihre Arbeitsstelle.

Im Januar 1993, als sich Monika das erste Mal in Zenica aufhält, überträgt das Fernsehen aus Vitez eine Versammlung der kroatisch-nationalistischen Partei HDZ. Vor laufender Kamera wird das Verschwinden der Moslems aus Vitez gefordert. »Was ist los mit euch?« fragt Monika, als plötzlich alle verstummen und wie erstarrt dasitzen. »Der Krieg kommt nach Zentralbosnien«, antworten die erschrockenen Frauen. Monika hat das damals noch nicht richtig begriffen.

Trotz dieser Vorwarnung sind die 1500 Menschen, die im etwa einen Quadratkilometer großen Stari Vitez leben, nicht auf Krieg vorbereitet. Benommen sammeln sie sich in den Kellern, wo sie in der Folge elf Monate ausharren. Männer, die über Waffen verfügen, versuchen die zum Getto gewordene Altstadt zu verteidigen. So gut es geht, beschießen sie die HVO, die Stari Vitez von den umliegenden Stadtteilen aus mit Sperrfeuer belegt. Dies alles spielt sich unter den Augen der Friedenstruppe der Vereinten Nationen ab. Die britische UNO-Basis befindet sich am Rande von Vitez in einem adaptierten Einfamilienhaus. Einmal monatlich dürfen zehn Lkw mit Hilfsgütern nach Stari Vitez. Den Inhalt von fünf davon behält die HVO für sich. Unprofor wird außerdem erlaubt, die bis zur Unkenntlichkeit verkohlten Leichen des Ahmići-Massakers nach Stari Vitez zu bringen, damit die Bewohner sie begraben können.

Die Namenlosen finden ihre letzte Ruhestätte direkt an der Frontlinie, in einer Wiese, die Alt-Vitez von Neu-Vitez trennt. Unter ständigem HVO-Beschuß legen die Belagerten in zwei parallelen Reihen anonyme Gräber an, in die sie schmale Holzlatten stecken. Sie sind von 1 bis 99 numeriert, nur an wenigen Gräbern steht ein Name. Wenn man die Bewohner später fragen wird, woher sie die Kraft nahmen, fast ein Jahr durchzuhalten, antworten sie: »Immer wenn wir keine Kraft mehr hatten, haben wir an die Gräber gedacht und uns gesagt: Wir wollen nicht so enden wie die Menschen von Ahmići.«

In den Dörfern um Vitez, die von den Kroaten überwältigt wurden, sind Mörserstellungen aufgebaut. Die 155-mm-Geschütze schießen vom Dorf Mosunj aus ab dem 18. April auf Zenica, die einzige bosnische Großstadt, die bisher vom Krieg verschont geblieben ist.

Montag, 19. April 1993. Sechs Granaten explodieren zu Mittag im Zentrum von Zenica, gleich neben dem größten Warenhaus der Stadt. 13 Tote, 33 Verletzte. Danach rufen HVO-Soldaten bei der Polizei von Zenica an: »Na, hat es euch jetzt gereicht?« Monika schreibt in ihr Tagebuch:

> 1. Tag der Granatierung. Im Moment ist es so, daß ich noch Stärke verbreite in der allgemeinen Panik. Ich sorge mit dafür, daß Schutzräume in unserem Haus eingerichtet werden, und versuche vor allem die Flüchtlingsfrauen aus Sarajevo zu beruhigen. Sie sind völlig panisch, denn sie wissen, was das alles bedeuten kann. Wir sind mit Lebensmittelversorgung und Notlager beschäftigt und hören nebenbei im Radio von der ständig steigenden Zahl der Toten von heute mittag. Sechs Granaten direkt auf den Hauptplatz, keine dreihundert Meter von hier, haben ein Blutbad angerichtet. Das erste Mal Granaten direkt in Zenica. Es kam die letzten Tage immer näher, und doch hat niemand geglaubt, daß es tatsächlich wahr wird. Aber warum sollte Zenica als einzige Stadt verschont bleiben? Nach internen Kämpfen in der HVO letzte Woche ist es jetzt klar, daß sich HVO und Tschetniks für ein Stück ihrer gemeinsamen Vernichtungsarbeit verbündet haben, was von Tuđman sicher abgestritten wird. Sie gehen in den Dörfern nicht anders vor als die Tschetniks. In Busovača ist die Hölle los, wird berichtet. Jablanica und Mostar werden beschossen. In den vergangenen Tagen sind viele Menschen in Sarajevo und Srebrenica gestorben. Was muß noch alles passieren, bis die internationale Gemeinschaft es nicht mehr schafft, wegzuschauen?

Unprofor beruft eine Notversammlung ein: Bevor es ernst wird, sollen die Internationalen evakuiert werden. Monika wird angerufen und aufgefordert, zu ihrer eigenen Sicherheit Zenica umgehend zu verlassen. »Wie kann ich Zenica jetzt verlassen?« antwortet sie entrüstet. »Ich werde gebraucht! Ich bin doch nicht hierher gekommen, um zu gehen, wenn es schwierig wird.« Einige Wochen lang ist Monika die einzige Internationale, die sich in Zenica aufhält. Das erhöht noch die Verehrung, die ihr von den bosnischen Mitarbeiterinnen entgegengebracht wird.

Monika wohnt in Zemiras Wohnung im ersten Stock eines Plattenbauhochhauses. Nachts, wenn Alarm ist, hören sie, wie die Menschen aus den oberen Stockwerken in den Schutzkeller laufen. Sie beschließen, in der Wohnung zu bleiben, obwohl die Angst in den ersten Nächten unter Granatenbeschuß noch groß ist. Die Einschläge sind sehr nah zu hören. Später entwickeln die Frauen das bekannte Sarajevosyndrom. Die Granaten werden zu einem Teil ihres Alltags. Wenn das Essen im Zentrum gerade heiß ist, lassen sie es nicht kalt werden, nur weil gerade Alarm ist. Bloß die Kinder und die Patientinnen schicken sie hinunter ins Erdgeschoß, nach hinten in die Apotheke, wo es keine Fenster gibt. Auch wenn ein wichtiges Telefongespräch angekündigt ist, bleibt Monika trotz Alarm lieber oben, als stundenlang auf einen neuen Anruf zu warten. Allmählich entwickelt sie ein Gespür dafür, wann die Einschläge so nah sind, daß es gefährlich werden könnte.

8

Die in Vitez geborene Medica-Psychiaterin Kadrija Šabić-Haračić lebt in ständiger Angst um ihre alten Eltern. Sie sind in Stari Vitez eingeschlossen. Manchmal wird sie vom Militärposten angerufen, der über Funk Nachrichten aus dem belagerten Getto empfangen hat. Die 41jährige, die ihre Arbeitszeit zwischen dem Krankenhaus und Medica aufteilt, ist mit einem renommierten Chirurgen verheiratet, hat drei Töchter und wirkt stets etwas verschlossen. Über ihre Angst um die Eltern spricht sie selten. Jede einzelne im Team hat ihre eigenen Sorgen. Wenn es ruhig ist in Vitez, wird sie unruhig. Dann weiß sie, daß nichts geschieht, um ihre Familie zu befreien. Sehnsüchtig wartet sie auf den Beginn einer Offensive. Aber da sitzt ihr gegenüber die Psychologin Edita mit ihrem müden Blick, grauhaarig, obwohl noch keine vierzig, Mutter von drei Kindern und Witwe, ihr Mann erst kürzlich gestorben. Sie ist eine gute Kollegin und warmherzige Freundin, gemeinsam entwickeln sie mit wenig Vorwissen therapeutische Behandlungsmethoden für die traumatisierten Frauen. Edita ist Kroatin, gehört also jener nationalen Gruppe an, die Kadrijas Eltern in Stari Vitez nach dem Leben trachtet. In den Kämpfen, denen sie entgegenfiebert, könnten Kroatinnen getötet werden, vielleicht solche wie Edita. Kadrija kann den Konflikt nicht lösen. Die Säulen der Überzeugungen, auf denen ihr Leben einst sicher ruhte, sind ins Wanken geraten. Immerhin gelingt es den Psychologinnen noch am ehesten, Spannungen dieser Art im Team zu besprechen.

Über Funk kann man in Zenica erfahren, in welcher Straße von Stari Vitez Verletzte liegen. Und kann nichts tun. Die Flüchtlinge aus Vitez wissen, wie es »drinnen« aussieht. Gleich neben der Moschee ist eine Garage, in der eine Behelfsambulanz eingerichtet wurde. Der Chirurg, der dort während der gesamten Blockade ausharrt, hat kein Operationsbesteck. Aus Automechanikteilen hat er sich ein Drainage-Gerät gebaut, um Menschen mit einem Lungenschuß das Blut abzupumpen. Aber er kann nicht operieren. Er kann den Menschen beim Verbluten nur noch die Hand halten. Und immer wieder brüllt es von der anderen Seite über Megaphon zu ihnen herüber: »Ergebt euch doch endlich, ihr Schweine! Macht uns nicht so viel Mühe!« Doch je verzweifelter ihre Lage, desto stärker der Durchhaltewille der Eingeschlossenen.

Gegen Ende April binden HVO-Soldaten einen muslimischen Flüchtling an das Steuer eines mit Benzin gefüllten Tankwagens, starten den Wagen und lassen ihn in ein muslimisches Haus gleich hinter der Frontlinie donnern. Die Explosion ist gigantisch, das Haus wird vollkommen zerstört. Im Keller leben Frauen. Die bosnischen Soldaten, die im Hauseingang stehen, werden durch die Explosion zerfetzt in den Keller geschleudert. Als die Frauen den Tankwagen auf ihr Haus zufahren hören, denken sie erst an eine Befreiung durch Unprofor. Die BritBats kommen aber erst hinterher und evakuieren einige Frauen in ihren zwei Kilometer entfernten Stützpunkt.

9

22. April 1993. Mit Hilfe der Juristin Jasminka Džumhur, die Medica in rechtlichen Fragen berät, wird Medica Zenica als eigenständiger, von Deutschland unabhängiger Frauenverein registriert. Vorstandsvorsitzende ist Zemira Hašić. Prinzipiell sollen alle gespendeten Einrichtungen und Sachgüter automatisch in das Vermögen des bosnischen Vereins übergehen, doch erscheint es wegen der Kriegssituation angebracht, größere Zuwendungen im deutschen Eigentum zu belassen, um es vor Requirierungen durch die verschiedenen Seiten zu schützen. Der Mitgliedsbeitrag im Verein ist ein Buch als Grundstock für eine künftige Bibliothek.

Monika ringt mit UNHCR um die *Blue Card*, vorerst nur für sich selbst. Endlich kommt aus Zagreb das Okay. Der Plastikausweis macht eine Nichtregierungsorganisation (NGO) zu einem *Complementary Partner*, einer »ergänzenden« Partnerorganisation der UNO, und ist mit dem Anspruch auf humanitäre Unterstützung verbunden: Nahrungsmittel, Diesel und Mitfahrgelegenheit in gepanzerten Fahrzeugen.

10

Bald wird klar, daß eine zweite Gynäkologin eingestellt werden muß. Zu vielfältig sind Monikas Aufgaben als Leiterin des Zentrums. In manchen Fällen ist es einer Patientin auch nicht zuzumuten, nur über eine Dolmetscherin mit ihrer Ärztin zu sprechen. In Zenica ist keine geeignete Ärztin aufzutreiben. Zufällig hat die erste Patientin, die in Medica behandelt wird, einen von einer Gynäkologin im Krankenhaus von Kakanj ausgestellten Ultraschallbefund. Die 40jährige Dr. Amira Frljak hat schon über die Medien von der Ärztin aus Deutschland gehört. Ihre Honorarvorstellung ist immerhin niedriger als die einer Gynäkologin aus Travnik, die Monika aus diesem Grund ablehnen mußte. Dr. Frljak ist keine Feministin, aber kompetent und selbstbewußt. Sie wird eingestellt.

Freitag ist der Tag, an dem die Schwangerschaftsabbrüche durchgeführt werden. Dr. Frljak ist froh, daß es in Bosnien eine liberale Gesetzgebung zum Schwangerschaftsabbruch gibt. Lieber sind ihr zwar Geburten, doch kennt sie die Lage der Frauen in ihrem Land gut genug, um zu wissen, daß sie auch abtreiben würden, wenn es verboten wäre. Daß sich die islamischen Autoritäten bei vergewaltigten Frauen zu einer Befürwortung von Abbrüchen durchgerungen haben, entlastet sie. Die islamische Gemeinde mischt sich im allgemeinen nicht in solche Angelegenheiten ein, doch Vorbehalte bestehen. Gewiß jedoch ist, daß sie sich weit weniger rigid verhält als die katholische Kirche.

Für Monika ist die Arbeit im OP eine wunderbare Erfahrung. Ohne Hierarchie, ohne Chefarzt. Es gibt nur Ärztinnen, Krankenschwestern und Anästesistinnen, jede an ihrem Platz, und alle trachten danach, es der Patientin so angenehm wie möglich zu machen. Eine Frau, die sich auf einen Abbruch vorbereitet, trippelt auf Stöckelschuhen in den Vorraum. Eine andere trägt Turnschuhe. Wie sie gekleidet sind, spielt keine Rolle. Beide müssen die Schuhe draußen stehen lassen, die Schwestern helfen ihnen fürsorglich in den Kittel und heben sie auf die Pritsche. Die Angst, die jede Frau vor einer Abtreibung hat, wird von den Schwestern aufgefangen. Sie unterhalten sich mit der Patientin, scherzen mit ihr. Denn alle wissen, daß kurz vor der Narkose noch einmal die Unsicherheit hochkommt, auch wenn die Entscheidung vorher klar war. Monika hat hier in Zenica ihren ganz persönlichen Traum verwirklicht: eine solidarische Arbeitssituation unter Frauen.

Nachdem ihre anfängliche Begeisterung über das hierarchielose Arbeiten im OP einer realistischeren Wahrnehmung weicht, muß Monika allerdings immer wieder grundsätzliche Gespräche mit den Ärztinnen führen. Sie versucht ihnen zu vermitteln, daß es ihr nicht wie im ehemaligen Jugoslawien (und nicht nur dort) auf die schnelle Abfertigung ankommt, nicht auf Quantität, sondern auf einen qualitativ anderen, sensibleren Umgang mit den Patientinnen. Daß Beschwerden im Unterleib bei Frauen sehr oft psychisch bedingt sind und diese Verbindung von Körper und Seele bei der Untersuchung stets mitberücksichtigt werden muß. Dies sind neue und unbequeme Gedanken für die Ärztinnen, deren gesellschaftliche Stellung in Jugoslawien unantastbar war. Der Standesdünkel der Ärzteschaft verbietet eine Betrachtungsweise, die sich vom rein Körperlichen entfernt. Immer wieder kommt es deshalb auch zu Konflikten mit den Psychologinnen, die in der Wahrnehmung der Ärztinnen nicht wirklich arbeiten, sondern nur herumsitzen und reden.

11

In den ersten Medica-Monaten ist die Telefonverbindung mit dem Ausland ein großes Problem. Wer eine bestimmte Summe Geld als Sicherheit bei der Bank hinterlegt, kann über die Hauptpost telefonieren. Jedes Gespräch wird angemeldet, und dann heißt es warten, fünf, sechs oder auch zehn Stunden, je nachdem, wie viele Voranmeldungen vorliegen. Nachts um drei klingelt dann vielleicht endlich das Telefon. Beide Seiten werden aus dem Tiefschlaf gerissen. Monika legt sich vorsorglich einen Spickzettel ans Telefon. Die Leitungen sind schlecht, man kann sich nur schreiend verständigen.

Später, während der Blockade, ist das Telefonieren ins Ausland nur noch über Satellitentelefon möglich. Über ein solches verfügt ausschließlich *Norwegian People's Aid* (NPA). Manchmal bittet Monika NPA, sie telefonieren zu lassen. Widerwillig lassen die Männer, die ihren Dienst nach Vorschrift verrichten, sie an ihr Telefon, ermahnen sie jedoch schon nach kurzer Zeit, daß ihr Gespräch vom norwegischen Staat bezahlt wird. »Wenn man hier arbeiten will, braucht man eben seine eigene Anlage.« Zu diesem Zeitpunkt ist eine eigene Satellitenanlage für Medica noch unvorstellbarer Luxus.

Mit Beginn des Krieges mit den bosnischen Kroaten wird die Kommunikation nur noch schlimmer. Die Telefonleitungen werden andauernd von der HVO gekappt. Die Wartezeiten verlängern sich. Dann stellt sich der Glücksfall in der Person von Muhamed Štaljo ein. Der Telekommunikationsingenieur Muhamed ist blind und arbeitete vor dem Krieg beim Post- und Telegraphenamt in Zagreb in verantwortlicher Position. Mit Beginn des Krieges kehrt er nach Bosnien zurück und stellt seine Fähigkeit der bosnischen Armee zur Verfügung. Und er hilft den Bosniern, deren Verwandte in aller Welt sich um die in Zenica Eingeschlossenen sorgen. In Zusammenarbeit mit einem Bosnier in Dortmund baut Muhamed in seiner winzigen Wohnung ein äußerst effektives Telekommunikationssystem auf. Mit Spendengeldern von Bosniern aus aller Welt werden Mobiltelefone und Zwischenverstärker angeschafft. Muhameds Wohnung sieht aus wie eine Telefonzentrale.

Und dann ist da noch der Berg Smetovi, eigentlich militärisches Sperrgebiet. Vom Smetovi aus läßt es sich hervorragend telefonieren. »Wir fahren morgen um drei auf den Smetovi«, verständigt Muhamed Monika, und sie bereitet ihre Anrufe vor. Als es wärmer wird, fährt Monika in Dijanas Yugo mit einer Decke und belegten Broten im Konvoi mit Muhamed auf den Berg, vorbei an Polizei- und Armeeposten. Unter ihnen die atemberaubend schöne Bergwelt Bosniens. Sie breiten die Decke aus, und während sie ihre Brote kauen, baut Muhamed seine Mobiltelefonanlage auf dem Auto auf. Nach Tagen der Kommunikationslosigkeit ist die Aussicht auf Nachricht von draußen ein großes Abenteuer.

Nicht immer müssen sie auf den Smetovi fahren. Manchmal gelingt es Muhamed auch, eine Verbindung zu Monika nach Hause zu schalten, oder sie besucht ihn in seiner Wohnung. »Ach, die Liebe«, scherzt er, wenn Monika ihn um einen Anruf mit Dringlichkeitsstufe eins bittet.

12

14. Mai 1993. Nunmehr Inhaberin einer *Blue Card*, kann Monika nach Deutschland reisen, ein Privileg, für das so mancher Bosnier sein letztes Hemd hergeben würde. Anmeldung drei Tage vorher bei UNHCR und mehrmalige Bestätigung durch beide Seiten. Es gibt immer eine Warteliste. Angetan mit kugelsicherer Weste und blauem UNO-Helm geht es dann entweder im *Hardskin*, einem gepanzerten Jeep, oder direkt im UNHCR-Panzer in die feindliche HVO-Hochburg Kiseljak. Die Fahrt im Panzer ist eine unheimliche Erfahrung. Wie ein vertrauensseliger Fötus im Mutterleib wird man in einer dunklen Höhle von einem Ort zum anderen befördert, begleitet vom dumpfen Dröhnen des gewaltigen Motors. Die Beleuchtung ist spärlich, gerade ausreichend, um die anderen Passagiere zu erkennen. Will man wissen, was sich draußen abspielt, kann der Soldat Auskunft geben, der seinen Kopf oben aus der Luke steckt und von dem nur die bestiefelten Füße zu sehen sind. Zu hören sind Schüsse, und man weiß, daß es außerhalb Kinder gibt, mit zartem Fleisch und brechbaren Knochen. *Softskin* – aber das ist nur die Bezeichnung für ein ungepanzertes Fahrzeug.

Das UNO-Hauptquartier von Kiseljak befindet sich in einem ehemaligen Sporthotel, dem besten im einstigen Jugoslawien. Die angeregte militärische Männerstimmung in der Soldatenmensa ist eine Sache, eine andere sind die Lebensmittel, die in großen Mengen unbeaufsichtigt auf Paletten herumstehen. Mandarinen, Joghurt und Schokolade, die es in Zenica kaum noch gibt, wandern bei jeder Reise in alle verfügbaren Taschen, um bei Medica unter großem Hallo an die Kinder verteilt zu werden. Im UNO-Hauptquartier heißt es warten auf den Flug, der nur bei gutem Wetter angetreten wird. Noch ist es schwer, sich vorzustellen, schon tags darauf in Deutschland zu sein.

Im Hubschrauber haben sieben oder acht Leute Platz. Es ist bekannt, daß sie gelegentlich beschossen werden. Monika denkt nur daran, daß sie in zwanzig Minuten »draußen« sein wird. Sie fliegt über ein Gebiet, in dem Grauenhaftes passiert. Sie fliegt nach draußen in die Sicherheit, zu ihrem Liebsten nach Köln, während die Menschen dort unten eingesperrt sind im ethnischen Furor.

Dann die Ankunft in Split. Die Luft ist lau, die Palmen an der Strandpromenade rascheln im Wind, das pralle Obst an den Marktständen, die bunten Farben. Abends das glitzernde Lichtermeer, das sich in den Wellen des Hafens bricht. Menschen, die gut gekleidet und bei bester Laune durch die Straßen flanieren. Ist es erst einen Tag her, seit Monika in der stromlosen Finsternis von Zenica von der Pionirska an den Hauswänden entlang nach Hause huschte? Die plötzliche Änderung der Realität wirkt wie ein Schock. Monika kann ihre Wut auf die Kroaten, alle Kroaten, nicht unterdrücken. Sie scheinen nicht zur Kenntnis zu nehmen, daß hundert Kilometer von ihrer Stadt entfernt gemordet und sadistisch vergewaltigt wird. Es ist doch erst vor kurzem ihr eigenes Land gewesen, alle haben sie Sarajevo gekannt, hatten muslimische Freunde.

Am nächsten Tag die Ankunft in Düsseldorf. Doch Split hat den Kulturschock bereits abgefangen.

13

Die deutsche Unterstützerinnengruppe veranstaltet eine Krisensitzung. Zwei Welten prallen aufeinander. Monika hat kein Verständnis für ihre Essener Freundinnen, die die objektive Notwendigkeit ihres Engagements nicht zu begreifen scheinen und sich nur der Freundin zuliebe für Medica engagieren. Es wird von »Spenden für Monika« gesprochen, für die als Gegenleistung Freundschaft und Anerkennung erwartet wird – die ausbleibt. Eine nach der anderen springt ab. Gabi Hess beschreibt in einem Filmbericht des Bayerischen Fernsehens den moralischen Druck, den Monika ausübt:

> Persönliche Grenzen hat sie damals nicht verstanden, weil sie sagte, da unten werden unglaublich viele Frauen mißhandelt, vergewaltigt, da sterben Kinder und Frauen in den Lagern, die brauchen Hilfe. Und ich sage, ich brauche heute abend ein Essen mit meinem Mann zu Hause, in Ruhe. Oder ich muß mal wieder schlafen. Sie sagt: Die schlafen da auch nicht!

14

In Bonn trifft Monika den Leiter des Humanitären Stabs im Auswärtigen Amt, Klaus Holderbaum. Sie erzählt ihm von der Blockade von Zenica und von der HVO. Holderbaum schaut sie ungläubig an. Es kommen die üblichen Argumente von den Bosniern, die auch keine Engel sind. Es ist nicht möglich, die Aggressoren beim Namen zu nennen. Trotzdem ist Holderbaum willens, Medica zu fördern. Es entspinnt sich ein absurder Dialog:

»Frau Hauser, was brauchen Sie denn?«

»Ein gepanzertes Fahrzeug wäre nicht schlecht, so eins wie es die EU-Monitore haben.«

»Die sind leider ein bißchen zu teuer, aber ich kann Ihnen richtige Panzer anbieten, von der NVA.«

»Der Dieselverbrauch dürfte da vielleicht etwas groß sein, das würde uns doch einigermaßen überfordern.«

»Tja, da müssen wir mal gucken, was wir da mit UNHCR-Diesel machen können …«

Monika besteht darauf, daß sie keinen Panzer haben will. Am Ende einigen sie sich auf eine Satellitentelefonanlage.

15

29. Mai 1993. Der gebraucht gekaufte rote Jeep der Marke *Nissan Patrol* wird von zwei Fotografen nach Split überstellt. Monika und Karin Schüler treffen am nächsten Tag mit dem Flugzeug in Split ein. Der Wagen ist so vollgepackt mit Labormaterialien, Lebensmitteln, Medikamenten, Batterien, Lampen und anderen Sachen, die in Zenica nicht mehr erhältlich sind, daß sich die Hecktür kaum schließen läßt. Teures Prunkstück ist die vom Auswärtigen Amt bezahlte Satellitentelefonanlage, das Tor zur Außenwelt. Auf dem Dach des Jeeps eine zusammenklappbare Satellitenschüssel für das Fernsehgerät. Geplant ist, sich in Tomislavgrad einem UN-Konvoi anzuschließen, doch der Medica-Wagen ist so überladen, daß er mit dessen Tempo nicht mithalten kann. Sicherheitshalber deckt sich Monika in Kroatien mit vier Stangen Zigaretten ein, in Bosnien-Herzegowina begehrtes Tauschmittel und manchmal lebensrettend.

Die Fahrt führt die Fotografen und Karin Schüler in den bosnischen Kriegsalltag ein. Über neun Stunden sitzen sie eingeklemmt und gründlich eingestaubt zwischen den mitgeführten Gegenständen. Gleich nach Split beginnen die ersten Militärkontrollen. Kroatische Armee, bosnisch-kroatische HVO, bosnische Armee, alle Uniformen sehen gleich aus. Irgendwann hört Karin auf, die Checkpoints zu zählen. 40 Kilometer der rund 120-Kilometer-Strecke sind Schotterstraße. Um das neue Krisengebiet herum hat Unprofor eine »Umgehungsstraße« gebaut, ein notdürftig befestigter und verbreiterter Waldweg. Es fällt schwer, die Anmut der friedlichen bosnischen Landschaft mit Krieg zu verbinden. Doch schon bald die ersten Dörfer. Häuser mit ausgebrannten Fensterhöhlen und eingebrochenen Dächern, geplündert bis auf die letzte Steckdose, in einem Dorf ein eingestürzter Kirchtum, im anderen ein abgeknicktes Minarett. Dazwischen kleine zur Selbstversorgung der Zurückgebliebenen angelegte Gärten. Nur selten ein Mensch.

In der Nähe von Gornji Vakuf, nach ungefähr zwei Drittel

des Weges, hat die sogenannte Fischweiher-Gang ihr Revier. Anhalten. Der Kommandant, einer der Kroaten, die es bei Ausbruch des Krieges aus Kanada in die alte Heimat zog, spricht sie in perfektem Englisch so höflich an, daß es im ersten Augenblick niemand einfällt, es könne sich um einen Überfall handeln. Um Gottes willen, die Satellitenanlage, die Prostaglandine, schießt es Monika durch den Kopf. Und so nebenbei, daß sie am Körper fast 80 000 D-Mark verteilt hat, ganz zu schweigen von den vielen Briefen mit Geld, die ihr Bosnier für ihre Familien in Zenica mitgegeben haben. In welcher Gefahr sie sich befinden, realisiert sie jedoch erst, als es fast schon wieder vorbei ist. Irgend jemand zückt das Papier mit dem Stempel des Auswärtigen Amtes, in dem wer immer aufgefordert wird, Monika Hauser pfleglich zu behandeln. Ein Dokument, das kriminelle Wegelagerer kaum beeindrucken dürfte. Monika merkt gerade noch, daß einer der Männer um den Wagen streicht.

»Die haben eine Satellitenanlage dabei und ganz viele Pakete mit Medikamenten!«

»Wir brauchen das alles für unser internationales Frauen-Therapiezentrum.«

International ist das Zauberwort, um sich die üblichen Sprüche zu ersparen, daß Moslems keine Medikamente brauchen, sondern eine Kugel in den Bauch. Am Ende können sie losfahren, ohne daß ihnen auch nur ein einziges Kekspaket entwendet wird. Normalerweise kann man froh sein, mit dem Leben davonzukommen. Andere humanitäre Organisationen werden andauernd bestohlen. Ist es der Frauenbonus? Die angstfreie Klarheit ohne jede Unterwürfigkeit, mit der Monika den hartgesottenen Männern begegnet?

Bei Novi Travnik dasselbe noch einmal. HVO-Kontrolle. Anhalten. »Medikamente abladen!« Monika versucht es mit derselben Nummer, zahlt dem HVO-Mann seine Arroganz mit derselben Münze heim. Diesmal kommt sie nicht an. Auf der anderen Straßenseite steht ein Unprofor-Wagen und beobachtet die Szene, wie üblich ohne einzugreifen.

»Wenn Sie uns Schwierigkeiten machen, geh ich rüber«, droht Monika und schickt sich an, die Straße zu überqueren.

»Haut ab.«

16

Die Frauen stürzen auf Monika zu, streicheln sie, nehmen sie in den Arm, wischen sich die Tränen von den Wangen. »Du bist da!« In der Zeit der Blockade erinnern Menschen, die von draußen hereinkommen, daran, daß die Welt die Eingeschlossenen nicht gänzlich vergessen hat. Auch Karin Schüler ist gerührt. Unbeachtet steht sie neben den Fotografen und beobachtet die Szene. Sie ist fremd, gehört nicht dazu.

Voller Aufregung wird ausgeladen und ausgepackt. Karin sieht, daß das Projekt bereits über eine gut funktionierende innere Struktur verfügt. Die Frauen wissen genau, wo was hingehört, eine schleppt Sachen in die Ambulanz, die andere läuft ins Lager, die dritte ins Büro im Obergeschoß. Im Nu ist alles verstaut. Dann wird das Telefon aufgebaut, eine wichtige Erfahrung für die Medica-Frauen. Telekom-Techniker haben es Monika in Köln gezeigt. Mit dem Kompaß richtet sie die Satellitenschüssel auf dem Balkon an der Hinterseite des Hauses zum Satelliten hin aus. Es klappt. Monika wählt die erste Nummer: Klaus-Peter. Es ist ein historischer Augenblick. Das Projekt kann nun selbstbestimmt mit der Welt Verbindung aufnehmen und von draußen angerufen werden. In ganz Bosnien gibt es zu diesem Zeitpunkt vielleicht vier Anlagen dieser Art, die an die 30 000 DM kosten.

Am nächsten Tag ist Bajram. Als Gott Abraham aufforderte, seinen Sohn zu opfern, widerfährt ihm die Gnade, statt des Sohnes ein Tier opfern zu dürfen. Seitdem schächten muslimische Familien zu diesem Fest einen Hammel. Das Tier wird geopfert, ein Drittel für die Armen, ein Drittel für Verwandte, ein Drittel für die Familie. Karin Schüler fährt mit einigen Mitarbeiterinnen nach Puhovac, dem 18 Kilometer entfernten idyllischen Dorf, in dem die Theologin Zilka und ihre Familie wohnen. Die Männer sind so gläubig, daß sie sich weigern, den Frauen die Hand zu schütteln. Die Sonne scheint, Schäfchenwolken spielen am Himmel, die Wiesen blühen, es riecht nach Minze und Thymian. Und in diesem Land ist Krieg, sagt sich Karin immer wieder ungläubig. Während sie auf der Wiese bei Kaffee und Tee sitzen, hören sie in der Ferne vier Granateneinschläge. Zenica? Nein, es kann nicht Zenica sein.

In die Stadt zurückgekehrt, erfahren sie, daß eine Granate in unmittelbarer Nähe des Zentrums eingeschlagen hat. Eine Mitarbeiterin läuft mit der Sofortbildkamera hin, um den Schaden zu fotografieren. Ein Mensch soll getötet worden sein.

Wenige Tage nach Karin Schülers Abreise wird die zentrale Wasserleitung von Zenica in Gefechten zwischen Einheiten der HVO und der bosnischen Armee zerstört. Der dem Medica-Zentrum nächstgelegene Wasserhahn ist an der kleinen Brücke, dort, wo die Menschen auf dem ärmlichen Markt immer mehr Gegenstände ihrer persönlichen Habe verkaufen, um sich auf dem Schwarzmarkt Mehl und Öl leisten zu können. Dort stehen die Medica-Frauen Schlange um Wasser. Es ist kein Trinkwasser, und alle erkranken an Durchfall. Selbst Monika, die es sich verbietet, krank zu sein, muß einige Tage das Bett hüten.

17

Mit der neuen Satellitentelefonanlage wird vieles einfacher, aber sogleich stellt sich ein neues Problem ein: Allmählich spricht sich die Telefonnummer von Medica in der ganzen Welt herum. Von überall her versuchen Bosnier, die Nummer zu erreichen, um ein paar Worte mit ihren Verwandten zu wechseln. Der Aufenthaltsraum für die Krankenschwestern, in dem das Telefon steht, wird zur Telefonzentrale. Wenn ein Anruf hereinkommt, rufen die Medica-Mitarbeiterinnen mit dem anderen Telefon die lokale Nummer an und halten die beiden Telefonhörer gegeneinander. Die Hörqualität ist entsprechend, die beiden müssen einander zuschreien und verstehen auch dann nur einen Bruchteil. Später wird ein Umschaltkasten eingebaut, um eine direkte Verbindung herstellen zu können. Den Telefonierenden wird ein Zeitlimit von fünf Minuten gesetzt, es warten andere, und der Telefondienst raubt den Krankenschwestern Zeit und Kraft. Dann kann es vorkommen, daß die miteinander Verbundenen fünf Minuten lang nur weinen. Meistens wollen die Leute aus Zenica wissen, wie es draußen ist. Die Verwandten aus Melbourne wiederum sind so aufgeregt, daß sie gar nicht sprechen können. Und schon sind die fünf Minuten um. Mit der Zeit lernen auch die Bewohnerinnen, die Anlage zu bedienen, um das Personal zu entlasten.

Manchmal darf auch angerufen werden, was sehr teuer ist. Eine Medica-Patientin mit zwei Kindern, die das Lager Trnopolje überlebt hat, hat seit zwei Jahren nichts von ihrem Mann gehört, der in das Lager Manjača verschleppt wurde. Eigentlich hat sie nicht mehr damit gerechnet, ihn jemals wiederzusehen. Eines Tages erfährt sie, daß das Internationale Rote Kreuz ihm geholfen haben soll, nach Spanien zu entkommen. Irgendwie gelingt es den Medica-Mitarbeiterinnen, die Telefonnummer des Flüchtlingsheims in einer spanischen Stadt ausfindig zu machen. Eine Stunde sitzt die Patientin wie erstarrt vor dem Telefon, bis sie sich stark genug fühlt, die Nummer zu wählen. Dann ist tatsächlich ihr Mann am Apparat. Die Frau bricht in Tränen aus und bringt kein Wort heraus. Aber nun weiß sie, daß er am Leben ist.

Grenzen zu ziehen fällt schwer, denn jeder Anruf ist wichtig. Doch die Satellitentelefonrechnungen wachsen ins Astronomische. Die Buchhalterin, die später in Köln eingestellt wird, ist entsetzt. Als der Arbeitsaufwand immer größer wird, wird gebeten, nur noch abends anzurufen. Doch ehe sich diese Nachricht in der Welt herumspricht, vergeht eine Menge Zeit. Drei oder vier Monate halten die Medica-Frauen durch. Als der Dienst solche Ausmaße annimmt, daß Monika weder telefonieren noch angerufen werden kann, beantragt sie in Frankfurt eine neue Nummer, die geheimgehalten wird.

Zunehmend wird Medica mit Aufträgen unterschiedlicher Art überschüttet. Am Morgen warten vor dem Büro Dutzende Menschen geduldig, um ihre Wünsche vorzubringen. Der eine hat einen kranken Vater, für den Verwandte in Hamburg Medikamente gekauft haben. Wie können diese nach Zenica gelangen? Die andere hat ein Kind, das schwer krank ist und dringend zur Operation nach Deutschland muß. Für wieder eine andere Person liegt in Stuttgart ein Brief mit 1000 Mark bereit, der nach Zenica gebracht werden muß. Eine Frau weiß nicht, ob ihre Verwandten sich wirklich in Gelsenkirchen aufhalten. Kann Klaus-Peter die Telefonnummer herausfinden und dort anrufen? Alte Verbindungen werden aktiviert: Wir haben vor dem Krieg Kontakt gehabt mit dem Volleyballklub von Oberhausen, kann er uns Geld für Lebensmittel schicken?

Manchmal sind die Forderungen unerfüllbar.

18

Medica erreichen immer mehr Nachrichten von der Übernahme der serbischen Kriegsstrategie durch die bosnischen Kroaten. Dörfer, Stadtteile und Häuser, die in deren Einflußbereich liegen, werden von HVO-Einheiten systematisch durchkämmt und ausgeraubt. Die Männer werden ermordet oder verschleppt, die Mütter vor den Augen ihrer Kinder vergewaltigt. Jüngere Frauen werden mit ihren Kindern als Sex- und Haushaltssklavinnen in Privathäusern festgehalten.

UNHCR, Unprofor, IKRK und die Monitore der Europäischen Union in ihren weißen Uniformen lehnen den beantragten Begleitschutz ab. Monika ist verzweifelt. Sie ist nach Bosnien gekommen, um Frauen zu helfen, die von bosnischen Serben vergewaltigt wurden, und auf einmal ist sie mitten in einem anderen Krieg und kann nichts für Frauen tun, denen dasselbe zwanzig Kilometer von Medica entfernt durch bosnische Kroaten angetan wird. Damals, im Frühjahr und Sommer 1992, wußte die Welt noch nichts davon, jetzt vollzieht es sich VOR DEN AUGEN DER UNO-TRUPPEN, die kein Mandat haben, Zivilistinnen zu schützen. Es ist unerträglich.

Monika kontaktiert einen Kroaten, den Ute Otten auf ihrer Reise kennengelernt und ihr empfohlen hat. Flüchtlinge haben Monika von einem Bungalow an der Straße zwischen Vitez und Busovača erzählt. Die HVO-Männer, die dort Frauen gefangenhalten und vergewaltigen, nennen sich *Jokeri*. Der Kroate, der aus Sicherheitsgründen anonym bleiben muß, gibt vor, nicht zu wissen, was im Bungalow vor sich geht. Aber er ist bereit zu helfen. Zuerst sorgt er dafür, daß man nicht auf die Medica-Frauen schießt, wenn sie bei ihren Vitez-Fahrten an dem berüchtigten Haus vorbeikommen, ein beliebtes Freizeitvergnügen der *Jokeri*. Die Frauen wissen, daß die Männer am Massaker von Ahmići teilgenommen haben, sie tragen den Tod im Gesicht. Mit überhöhter Geschwindigkeit brettern sie am Bungalow vorbei, der nach Ende des Krieges abgebrannt wird.

Während UNHCR nur mit gepanzerten Fahrzeugen ins HVO-Gebiet fährt, riskieren es Monika und die beiden Medica-Mitarbeiterinnen A und B mit dem roten Jeep mit Kölner Exportnummer. Es ist selbstmörderisch. Zenica wird beschossen, die Landschaft vor Vitez ist vermint. Überall treiben sich rivalisierende HVO-Gangs herum. Ausschließlich an das Ziel denken wird zu einer wirksamen Überlebenstaktik. Und irgendwelchen Quatsch reden, um sich abzulenken. Am HVO-Checkpoint trinkt B den angebotenen Kaffee, wechselt ein paar kumpelhafte Worte, und sie werden durchgewunken. In dieser ersten Zeit weiß die HVO noch nicht ausreichend über Medica und Monika Bescheid.

Um innerhalb von etwa drei Monaten auf eigene Faust sechs Frauen herauszuholen, die an vereinbarten Treffpunkten auf sie warten, müssen die Medica-Mitarbeiterinnen viele Fahrten nach Vitez hinter sich bringen. In Vitez tauschen sie auch Post aus, bringen Briefe von Flüchtlingen aus dem hungernden Zenica und holen Pakete für sie ab. Die anderen Medica-Mitarbeiterinnen sind verärgert über diese gefährlichen Ausflüge. Sie fürchten um Monikas Leben.

Einmal hören die drei auf dem Rückweg nach einer Kurve von der kroatischen Seite her das zischende Geräusch von Granaten. Direkt neben der von Schlaglöchern durchfurchten Straße sieht A aus dem Augenwinkel einen Lkw voller Dynamit. Als sie in Zenica ankommen, zittert sie am ganzen Leib und legt den Kopf auf Monikas Knie. Monika scheint keine Angst zu haben: »Mir passiert nichts. Ich habe noch so viel zu tun.«

Der Kroate hat einen Freund, dessen Schwester von Nachbarn vergewaltigt wurde. Er hat sie bei Freunden untergebracht. Monika sei die einzige, die ihr helfen könne, macht er Nura Hoffnung und vereinbart einen Treffpunkt. Sie soll vor dem Haus auf den Medica-Wagen warten und ganz schnell einsteigen. Nura weiß bis heute nicht, an welcher Adresse sie sich versteckt hielt. Von ihrem Fenster aus kann sie beobachten, wie der Medica-Jeep um die Ecke biegt. Sie läuft mit ihrem Gepäck hinunter.

»Beeil dich!«

Die Medica-Frauen ziehen sie ins Auto. Zu viel Gepäck! Alles geht blitzschnell. Es ist wie in einem Film. A gibt Gas. Sie müssen an dem Bungalow vorbeifahren. Der Kroate fährt als Begleitschutz hinterher. Die Frauen im Auto sind nervös. Die *Jokeri* halten sie an. B gibt den Soldaten ein Päckchen Zigaretten und verdeckt Nura mit dem Rücken. Als sie den HVO-Checkpoint hinter sich lassen, streichelt Monika Nura. »Hab keine Angst, es ist vorbei.«

Nuras Gedanken überstürzen sich. Daß sie gerettet ist, erscheint ihr wie ein Wunder. Aber sie hat Angst um ihren Bruder. Er könnte Schwierigkeiten bekommen, wenn die Kroaten erfahren, daß sie geflüchtet ist. Wird er es schaffen, aus Vitez herauszukommen?

Die letzte, die Medica im Sommer 1993 aus Vitez holen kann, ist Munira. Ihr Mann ging zu Beginn der Kämpfe nach Stari

Vitez, um mit den anderen Männern das Getto zu verteidigen. Wäre er geblieben, hätte er nicht überlebt. Die Frauen und Kinder hingegen, dachten die Männer, könnten in Neu-Vitez eine Chance haben, durch Unprofor evakuiert zu werden. Statt dessen werden sie, wie Munira, von HVO-Soldaten abgeholt und in Privathäuser verschleppt. Zwanzig Tage lang wird Munira mit ihren beiden Kindern in einem Haus festgehalten. Über das, was dort geschah, will sie nicht sprechen. »Es war das Schlimmste in meinem Leben.«

B preist Medica als »Hotelunterkunft« an. Munira kann es nicht glauben, es ist ihr aber auch egal, sie will nur heraus aus Vitez. Und den Alptraum möglichst schnell vergessen. Am Ende ist es dann wirklich so, wie B versprochen hat. Munira empfindet Monika als sorgende Mutter. Die stille Frau hat Fürsorge nötig. Sie selbst und ihre jüngere Tochter stehen unter Schock. Das gemeinsame Leben mit den anderen Frauen im Medica-Zentrum, von denen jede Schreckliches erlebt und tote Verwandte zu beklagen hat, hat eine beruhigende Wirkung. Über das, was hinter ihnen liegt, sprechen sie nicht miteinander, jede hat ihre Geschichte tief in sich vergraben. Doch der Alltag in geschützter Atmosphäre läßt so etwas wie Normalität entstehen.

In Zenica kostet der Liter Diesel auf dem Schwarzmarkt 25 Mark. Medica braucht Diesel für den Generator. In Vitez kostet der Liter an der Tankstelle zwei Mark. B pumpt HVO-Offiziere um Diesel an.

»Gibt es in eurem Frauentherapiezentrum auch kroatische Frauen?«

»Na klar.«

Mit einem Bon für zwanzig Liter Diesel kehrt sie zurück.

Bei ihrer letzten Fahrt nach Vitez wollen A und B ihre Diesel-Bons einlösen. Eigentlich hatten sie vor, in die Stadt hineinzufahren, halten aber dann an einer Tankstelle außerhalb. »Weißt du, daß sie nach dir suchen?« fragt der HVO-Mann B an der Tankstelle. Er hat Angst. A ist alarmiert.

»Schnell, steig ein!«

»Nein, wir brauchen diesen Diesel!«

Der Tankstellensoldat stellt ihnen in höchster Erregung fünf Kanister zu je zwanzig Liter in den Wagen und zischt zwischen den Zähnen: »Haut ab, sonst hat euer letztes Stündlein geschlagen!«

Sie springen in den Jeep und rasen davon. Vor ihnen fährt ein Wagen voller HVO-Soldaten, die sich lange Zeit nicht überholen lassen. Dann endlich der bosnische Kontrollpunkt. Im nächsten Dorf halten sie an. A braucht einen Drink. Ihre Knie sind weich.

»Schluß! Das war das letzte Mal!«

19

In der ersten Juniwoche unternimmt eine Delegation von Bündnis 90/Die Grünen, darunter die Bremer Bürgerschaftsabgeordnete Marieluise Beck, in Begleitung des *taz*-Korrespondenten Erich Rathfelder eine Reise nach Split, Zenica und Zagreb. Bei der Rückreise kommen die Deutschen an einer Schlange von etlichen hundert Lastwagen mit Lebensmitteln und Hilfsgütern vorbei, die auf der berüchtigten Strecke zwischen Prozor und Gornji Vakuf festgehalten werden. Die drei bosnischen Fahrer eines Konvois aus Bremen brechen in Tränen aus, als sie der Bremerin begegnen. Seit vier Wochen warten sie auf die Weiterfahrt. An dieser Sperre stehen sie schon 16 Stunden, ohne Wasser, Nahrung, Information. Sie haben sich einem Konvoi von etwa 500 Lastwagen angeschlossen, der von der Stadt Tuzla organisiert wurde. Sie haben in Metković bei humanitären Organisationen Lebensmittel und Hilfsgüter abgeholt und warten nun auf die Rückfahrt nach Tuzla. Die Delegation vereinbart einen Termin beim Führer von *Herceg Bosna*. Mate Boban macht klar, daß er zwar gern bereit sei, den Konvoi passieren zu lassen, aber leider nicht für dessen Sicherheit garantieren könne. Die deutschen Politiker verstehen die Drohung und verständigen Unprofor.

Das für die zu passierende Region zuständige BritBat ist zwar gerne bereit, sich nach Kräften um Begleitschutz zu bemühen, hat aber kein Mandat, einheimische Fahrer zu schützen.

Das weitere Schicksal des Konvois können die Parlamentarierinnen und Parlamentarier dann in der Presse nachlesen: Er wird bei Novi Travnik angehalten, 30 Fahrer werden von HVO-Milizen ermordet, viele Fahrzeuge geplündert und die Lastwagen konfisziert. Etwa die Hälfte der Lkw kommt durch. Die drei Fahrer des Bremer Transports werden mißhandelt, kommen aber mit dem Leben davon. Ihre Lastwagen gehen in das Eigentum der HVO über.

20

Das Massaker von Ahmići und die brutale Aushungerungsstrategie der HVO führen in der bosnischen Armee zu einer psychologischen Wende. Nun gehen auch ihre Einheiten dazu über, die serbische und kroatische Bevölkerung aus Dörfern in der Umgebung von Travnik zu vertreiben. Es setzt sich die Meinung durch, daß die bislang praktizierte Politik der relativen Humanität den Bosniern nur Verachtung eingebracht habe. »Nur wenn wir mit gleichen Mitteln antworten, werden sie uns akzeptieren«, erklärt der Herausgeber der Zeitung *Slobodna Bosna* (Freies Bosnien). In der Umgebung von Zenica kommt es zu Racheakten der radikalislamischen Miliz Moslemische Militärische Kräfte (MOS). Die bosnische Armee distanziert sich. Einige dieser Kriegsverbrecher sind in Haft.

Schon zu Beginn des Krieges, im Frühjahr 1992, richteten bosnische Kroaten und Bosniaken im zentralbosnischen Čelebići bei Konjić ein Folterlager ein. Den vier Angeklagten, die sich seit dem 10. März 1997 vor dem Internationalen Kriegsverbrechertribunal verantworten müssen, werden Mord, Folter, Vergewaltigung und andere Formen unmenschlicher Behandlung bosnisch-serbischer Männer und Frauen vorgeworfen. Nachdem im Prozeß gegen den bosnischen Serben Dušan Tadić die Anklage wegen Vergewaltigung zurückgezogen werden mußte, weil die einzige Zeugin nicht zur Aussage bereit war, ist der Čelebići-Prozeß der erste, in dem Angeklagte wegen sexueller Gewalt vor Gericht stehen.

21

22. Juni 1993. »Seit einigen Tagen ›schützen‹ uns Nato-Flugzeuge«, berichtet Monika nach Köln. »Sie donnern im Tiefflug über die Stadt. Für die Kinder ist das am schlimmsten. Die drehen völlig durch.«

24. Juni. Nach UNHCR-Angaben reichen die Nahrungsmittelreserven noch bis zum 15. Juli. Seit fast zwei Monaten gibt es in Zenica weder Strom noch Wasser. 90 Prozent der Bevölkerung hungert. Aufgrund der einseitigen Ernährung seit dem vergangenen Sommer ist das Immunsystem der Menschen geschwächt, immer mehr Infektionskrankheiten brechen aus. Es gibt in der Stadt kaum noch Medikamente, Vitamine und Kindernahrung. »Wozu brauchen wir ein Frauenkrankenhaus?« wird Monika auf der Straße von verzweifelten Menschen zugerufen. »Wir verhungern!«

6. Juli. Kaum aus Bosnien zurückgekehrt, findet Marieluise Beck in ihrem Faxgerät einen »Appell an die internationale Staatengemeinschaft«. Die »Frauen von Zenica« fordern, »unter allen Umständen die Blockade der Zufahrtsstraßen nach Mittelbosnien zu durchbrechen. Die Kommunikationssperre muß beendet werden. Eine weitere Blockade der Lebensmitteltransporte, der Strom- und Wasserversorgung führt unweigerlich in die Katastrophe.« Dem Appell angefügt sind 80 Seiten mit 1360 Unterschriften von Frauen aus Zenica, die von Medica über Radio aufgefordert wurden, sich dem Hilferuf anzuschließen.

10./11. Juli. Die Stadt Goražde, fünf Wochen zuvor vom UN-Sicherheitsrat zur »Schutzzone« erklärt, erlebt einen der schlimmsten Angriffe seit Beginn der Belagerung durch die bosnischen Serben. 75 Tote. In Sarajevo fordert ein serbischer Artillerieangriff auf eine muslimische Trauerfeier acht Tote und zahlreiche Schwerverletzte. Philippe Morillon, der Oberkommandierende General der UNO-Truppen, droht mit dem Abzug der 8 000 Unprofor-Soldaten aus Bosnien-Herzegowina. Er habe sich »einer Katastrophe noch nie so nahe gefühlt«. In Bosnien drohe die »totale Anarchie«.

Mit dem Mut der Verzweiflung verfassen die Medica-Frauen einen »Aufruf zur Toleranz«: In Bosnien-Herzegowina haben die Menschen seit Jahrtausenden zusammengelebt, das Geflecht der Familien- und Freundschaftsbande, die Vermischung der bosnischen Kultur und Tradition würden stärker sein als der Druck nach ethnischer Trennung. Sie beschuldigen die »gleichgültige Politik Europas und der Vereinten Nationen« der Mitverantwortung für das Sterben in Bosnien:

> Im Namen unserer Kinder, im Namen unserer Zukunft also, rufen wir alle Verantwortlichen und jede und jeden einzelnen von uns zu Vernunft und Toleranz auf, zu einem menschlichen und nachbarschaftlichen Verständnis füreinander. Dies ist die einzige Chance auf eine lebendige Zukunft.

Der Aufruf sollte bei einer öffentlichen Kundgebung in Zenica verlesen werden. Die Demonstration kann wegen des Beschußrisikos nicht stattfinden. Sodann sollte der Appell über den Rundfunk verbreitet werden. Aber auch in Zenica beginnen extremistische Strömungen an Boden zu gewinnen. Ein solches Bekenntnis zu einem multiethnischen Zusammenleben könnte in der gegenwärtigen angespannten Lage lebensgefährlich sein.

Mit einem Aktivismus ohnegleichen gehen die Medica-Frauen gegen ihre Angst an. Seit dem 20. Juli gibt es Medica 2, drei idyllisch gelegene Häuser am hügeligen Stadtrand von Zenica. Die Deutsche Caritas unterstützt das Projekt mit monatlich 5000 DM. In Visoko bereitet sich die Deutschlehrerin Selena Tufek trotz andauernden Granatenbeschusses auf die Öffnung von Medica 3 vor, einem Landhaus auf der Kuppe eines Hügels mit angeschlossener kleiner Landwirtschaft. Medica 2 soll als betreutes Wohnprojekt etwa 30 Frauen und Mädchen aufnehmen, die sich in Medica 1 körperlich und seelisch einigermaßen erholt haben. Zilha Hadžihajdić und Nuna Zvizdić übernehmen die Leitung.

Zilha, die von allen nur »*Teta* (Tante) Zilha« genannt wird, ist für den Job wie geschaffen. Als die Flüchtlinge nach Zenica zu strömen begannen, hat sie sich entschieden zu helfen. An Wochenenden lädt sie Frauen mit Kindern in ihre Wohnung ein, damit sie sich in ihrem Badezimmer duschen können. Helfen heißt für die Lehrerin auch, weiterzugeben, was sie weiß. »Wissen ist etwas, was einem niemand nehmen kann.« Also gibt sie den Team-Frauen ebenso wie den Patientinnen Deutschunterricht. Noch bis September 1993 arbeitet sie weiter in der Schule und eilt nach Schulschluß auch bei Alarm unverzüglich in die Pionirska, weil sie weiß, daß die Frauen im Eßzimmer mit ihren Heften auf sie warten. Als sie die Hausleitung von Medica 2 übernimmt, ist sie erstmals bereit, Geld für ihre Arbeit anzunehmen.

Die Ökonomin Nuna Zvizdić, selbst Flüchtling aus Sarajevo, ist für die Finanzen zuständig. Die Nähe zu Monika, die sie sich so sehr wünscht, ist wegen der Sprachbarriere nicht herstellbar. Es schmerzt Nuna, daß Frauen, die gut Deutsch oder Englisch sprechen, die Chance haben, mehr Zeit mit ihr zu verbringen.

22

Derweil bemühen sich die Psychologinnen seit April um ein ruhiges Klima im Haus. Neben der Einzel- und Gruppentherapie für die stationären Patientinnen bieten sie zweimal wöchentlich eine ambulante psychologisch-psychiatrische Beratung für alle Frauen an.

Für die Psychiaterin Kadrija Šabić-Haračić ist das Medica-Projekt eine professionelle Herausforderung. In ihrer 15jährigen Arbeit an der psychiatrischen Abteilung des Krankenhauses galt ihr besonderes Interesse immer schon den Frauen. Zu ihrem Entsetzen erfuhr sie, daß auch in ihrer Abteilung Patientinnen vom medizinischen Personal vergewaltigt worden waren. Es wurde jedoch alles unternommen, um die Vorfälle unter den Teppich zu kehren. Kadrija nahm den Kampf auf, blieb aber allein mit ihrem Problem. Niemand sonst schien Anstoß zu nehmen an den Verhältnissen im Krankenhaus. Schließlich verließ sie die psychiatrische Abteilung und spezialisierte sich auf Elektroencephalographie. Eine Flucht in die klinische Neurologie. Doch ihr damaliges Versagen blieb ihr wie ein Stachel im Fleisch. So ist es kein Zufall, daß sich Kadrija neben ihrem Hauptberuf an der Klinik dreimal wöchentlich für vier Stunden bei Medica wiederfindet. Im Psycho-Team ist sie für Patientinnen mit psychiatrischen Symptomen und für Patientinnen zuständig, die pharmakotherapeutisch behandelt werden. Sie betreut schwere psychiatrische Fälle und führt bei Bedarf neurologische Untersuchungen bei schwer traumatisierten Frauen und Kindern durch.

Das gesamte Personal des Hauses wird in die therapeutische Arbeit mit den stationären Patientinnen einbezogen. Monika hat die Frauen nicht nur wegen ihrer fachlichen Qualifikation, sondern auch wegen ihrer menschlichen Fähigkeiten ausgewählt. Die Hausleiterin Milenka Sinanović und die Köchinnen müssen lernen, Verständnis, Geduld und Fürsorge für die traumatisierten und oft schwierigen Frauen aufzubringen. Es ist eine Aufgabe, die sie zwar gern übernehmen, aber unterschätzen.

Die 39jährige Nusreta Čatović war vor dem Krieg Chefköchin für eine Schicht im Stahlwerk. Ihr Chef ist einverstanden, daß sie im Rahmen der Kriegsdienstverpflichtung für Medica arbeitet, und beurlaubt sie vorübergehend. Niemand glaubt, daß der gegenwärtige Zustand länger als drei oder vier Monate dauern wird. Monika unterweist Nusreta, daß sie der Schweigepflicht unterliegt und die Frauen auch nicht nach ihren Erlebnissen ausfragen darf. Sie müsse jedoch bereit sein zuzuhören, wenn die Patientinnen das Bedürfnis haben, mit ihr zu sprechen. Nusreta ist froh, sich nützlich machen zu können. Wenn eine Frau aus Deutschland kommt, um in ihrer Heimatstadt etwas Großartiges auf die Beine zu stellen, kann sie wenigstens für die Frauen kochen.

Als Nusreta am 4. April ihren Dienst antritt, ist die Küche bereits fertig eingerichtet. In den folgenden zehn Tagen kommen ständig neue Patientinnen an: Mirzeta aus Foča mit ihren beiden Kindern; Hatidža und ihre Schwester aus Sarajevo; eine 14jährige Schülerin, die von ihrem Stiefvater vergewaltigt wurde und eine schizophrene Mutter hat; und eine junge Maschinenbautechnikerin mit zwei kleinen Kindern, die im Frühjahr 1992 in einem serbischen Konzentrationslager vor den Augen ihrer 6jährigen Tochter vergewaltigt wurde und dann noch einmal von demselben Mann im Sommer in einem Privathaus.

Patientinnen und Hauspersonal lernen einander kennen und gewöhnen sich allmählich aneinander. Erst als die schwereren Fälle ankommen, beginnt Nusreta zu begreifen, wie anstrengend die Tätigkeit sein kann, die sie zusätzlich zu ihrer Arbeit in der Küche leisten muß. Die Patientinnen erzählen Milenka und den Köchinnen ihre Geschichten. Bald beginnen auch sie von den Erlebnissen der Frauen zu träumen. Die Frauen sind oft fordernd und aggressiv mit ihren Kindern, die Kinder sind überempfindlich. Zwei Jahre lang arbeitet Nusreta zwölf Stunden täglich, ohne einen einzigen freien Tag. Mehrmals ersuchen die Frauen des Logistik-Teams um ein Gespräch mit den Psychologinnen, denn sie wissen nicht, wie sie mit den Frauen angemessen umgehen sollen. Doch es kommt nicht dazu, immer wieder gibt es Dringenderes, und die Psychologinnen sind selbst überfordert. Erst Jahre später wird ihnen ein Trauma-Seminar angeboten.

Mit Nusreta und Milenka haben manche der ehemaligen Bewohnerinnen noch drei Jahre später Kontakt. Sie kommen mit ihren Kindern ins Zentrum auf ein Schwätzchen, zeigen die Schulzeugnisse der Kinder und sind stolz darauf, wie sehr sie gewachsen sind. Manche Patientinnen haben zum Hauspersonal besseren Kontakt als zu den Psychologinnen. Diese haben einen großen Raum im stationären Bereich. Der zugezogene blaugraue Vorhang an der Glastür signalisiert: Bitte nicht stören, Therapiesitzung! Milenka glaubt, daß nur Frauen mit großen Problemen die Hürde der Glastür überwinden. Ein Gespräch mit dem Hauspersonal bedeutet eben einfach ein Gespräch unter Frauen, ein Gespräch mit den Psychologinnen dagegen die Auseinandersetzung mit verdrängten Qualen. Doch es fehlt die erforderliche Kontinuität. Die Patientinnen können jederzeit zu den Psychologinnen kommen, sie haben aber keine festen Termine. Rafija Kerić-Delić, eine junge Niederländerin bosnischer Herkunft, die im Sommer 1996 ein sechsmonatiges Praktikum bei Medica antritt, macht die Erfahrung, daß das unverbindliche Hilfsangebot nicht reicht: Von alleine kommen die Bewohnerinnen nicht zu ihr. Als Rafija daraufhin die jungen Frauen in ihren Zimmern besucht, stellt sie fest, daß sie für ein Gespräch dankbar sind, sich aber schämen, selbst darum zu bitten.

23

Im April 1993 beginnen die Psychologinnen nach Einzelgesprächen mit den ersten fünf Patientinnen mit Gruppensitzungen. Zuerst versuchen sie mit neutralen Themen den Widerstand der Frauen, über die Vergewaltigung zu sprechen, zu überwinden. Während der ersten sechs Wochen will keine »davon« reden. Die einzige theoretische Basis, die den für diese Arbeit nicht ausgebildeten Psychologinnen zur Verfügung steht, ist ein Handbuch – »Trotz allem. Wege zur Selbstheilung für sexuell mißbrauchte Frauen« –, in dem dreizehn Phasen der Heilung dargestellt werden. Bald folgen weitere vierzehn Patientinnen. Einige von ihnen sind vor einem Jahr, andere vor ein paar Tagen vergewaltigt und verletzt worden. Sie kommen aus den Flüchtlingsunterkünften der Umgebung, wo sie monatelang ausgeharrt haben, oder sie wurden von Medica-Mitarbeiterinnen erst vor kurzem aus dem HVO-Gebiet herausgeholt.

Es werden zwei Therapiegruppen gebildet, zum einen nach dem Zeitunterschied zwischen der traumatischen Erfahrung und dem Eintreffen im Zentrum, zum anderen nach dem Bildungsniveau. Die Psychologinnen stellen fest, daß die Patientinnen, deren Erlebnis erst kurze Zeit zurückliegt, leichter darüber sprechen können. Wenn die Patientinnen sprechen können, fällt es auch den Psychologinnen leichter, ihre eigenen Widerstände zu überwinden. Heute wissen sie, daß es einen Unterschied gibt zwischen einer akuten Streßreaktion und der posttraumatischen Belastungsstörung, einer dauerhaften und unvermeidlichen psychischen Störung nach einem traumatischen Erlebnis. Die US-amerikanische Psychiaterin Judith Lewis Herman unterteilt die zahlreichen Symptome posttraumatischer Störungen in drei Hauptkategorien:

> »Übererregung«, »Intrusion« [ungewollt sich aufdrängende Erinnerungen und Gedanken an das traumatische Ereignis] und »Konstriktion« [Vermeidung von Situationen, die als bedrohlich empfunden werden, psychische Erstarrung, emotionale Anästhesie]; Übererregung spiegelt die ständige Erwartung einer Gefahr wider, Intrusion die unauslöschliche Prägung durch den traumatischen Augenblick, Konstriktion die Erstarrung als Reaktion auf die Niederlage. ... Traumatische Ereignisse verändern offenkundig das menschliche Nervensystem tiefgreifend.[3]

Die Psychologinnen beobachten auch, wie die Patientinnen eine Hierarchisierung des Erlebten vornehmen. Je größer die Gewalterfahrung, desto mehr »Hausrecht« im Zentrum. Nach den miserablen Verhältnissen in den Flüchtlingscamps ist das Leben in den hellen Medica-Räumen ein Privileg, das es zu verteidigen gilt.

24

1. Juli 1993. Liebster Klaus-Peter,

Gestern abend wieder anstrengende Teamsitzung, aber endlich kamen die schlechten Gefühle B gegenüber (Vitez-Reisen) heraus. Und dann plötzlich stritten die Musliminnen gegeneinander, je nachdem, ob sie Verwandte in Vitez haben oder nicht. So sehr ich mich auch bemühe, Gerüchte aus dem Haus fernzuhalten, schlagen die Emotionen zur Zeit hoch, aber meine Kopfschmerzzeit deshalb (immerhin drei Wochen) ist vorbei. Das meiste ist jetzt ausgesprochen und klarer. – Und wir schaffen Dinge, die UNHCR und IKRK nicht schaffen!

Gestern hatte ich in Visoko ein dramatisches Gespräch mit einem gefolterten Imam aus Kiseljak. Er erzählte von Frauenlagern in K. Habe sofort Fra Stipan angerufen, wir müssen da hin. Jetzt gibt die katholische Kirche dem vertriebenen Imam Obdach. Alles ist möglich (und das auf Initiative einer Feministin!).

Und noch immer geht der Machtkampf hier in Zenica weiter, MOS macht geheime Verhaftungen, manche gut Informierte geben der Stadt noch vier Wochen.

2. Juli. Der Leiter des Zagreber Verbindungsbüros der Deutschen Humanitären Hilfe, Christian Clages, bittet UNHCR, Medica trotz Dieselknappheit in Zenica weiterhin auf der Liste der Partnerorganisationen zu führen und ihre *Blue Card* zu verlängern. Er verweist darauf, daß die deutschen Spender Dr. Hausers Ambulanz schätzen, die Ehefrau des deutschen Außenministers Mitglied des Unterstützerkreises von Medica ist und das Auswärtige Amt Dr. Hauser mit einem Satellitentelefon ausgestattet hat.

Monika unternimmt allerdings nichts, um sich bei UNHCR und Unprofor beliebt zu machen. Jeden Montag gibt es im UNHCR-Gebäude ein *Security Meeting* für die Internationalen.

Monika ist in einem fort wütend, beschwert sich über unterlassene Hilfeleistung: »Wofür sind Sie hier, wofür bekommen Sie 10 000 Mark im Monat?« Sie weigert sich, das an alle Mitglieder humanitärer Organisationen zu ihrem Schutz verteilte Walkie Talkie anzunehmen, will als Ausländerin nicht anders behandelt werden als die Einheimischen. Mit Unprofor will sie nichts zu tun haben. Natürlich weiß sie, daß die internationalen Organisationen in ihrem Handlungsspielraum von den Regierungen abhängig sind, hat selbst über ihre Ohnmacht frustrierte UNO-Soldaten kennengelernt. »Meine Rolle ist es, die humanitären Organisationen zu kritisieren«, erklärt sie, »Ihre Rolle ist es, Ihre Regierungen zu kritisieren.« Monika ist auch die einzige, die zu den Treffen einheimisches Personal mitbringt. Die Soziologin Nurka Babović, die regelmäßig die Flüchtlingscamps besucht, wird nicht ernst genommen, weil sie keine Fremdsprache spricht. Oft werden die Konvois an falsche Orte dirigiert. Es erfordert genaue Ortskenntnis, um zu wissen, wo Hilfsgüter benötigt werden. Nurka empfiehlt, Konvois nach Kakanj und Zavidovići zu führen. »Ich sagte ihnen, daß in Kakanj die Hepatitis grassiert, aber sie ignorieren mich. Medica hat Lebensmittel in ein Flüchtlingslager in Kakanj gebracht, wo sich noch nie eine internationale Organisation hat blicken lassen.«

Wann immer ein Journalist Monika ein Mikrophon unter die Nase hält, sagt sie alles, was sie weiß und Unprofor, dem Roten Kreuz und den EU-Monitoren vorzuwerfen hat. Die Weltöffentlichkeit kann Monika damit nicht erschüttern. Als sie erfährt, daß im Dorf Duhre, 15 Kilometer von Kiseljak entfernt, Männer verschleppt und Frauen unter Hausarrest gehalten werden, geht sie zum Internationalen Komitee vom Roten Kreuz.

»Wir können nicht allen Hinweisen nachgehen.«

»Eine Frau in Duhre ist schwer verletzt! Ich will hinfahren! Geben Sie mir Begleitschutz!«

»Einer Privatperson?!« Amüsiertes Lächeln.

Schließlich kann sie das Rote Kreuz dazu überreden, eine Delegation nach Duhre zu schicken. »Keine besonderen Vorkommnisse«, melden die IKRK-Leute bei ihrer Rückkehr. »Alles in Ordnung.«

Monika ist fassungslos. Sie sammelt weiter Informationen über Duhre, einem einst moslemischen Dorf umringt von kroatischen Ortschaften. Alles deutet darauf hin, daß dort gefoltert und vergewaltigt wird. An einem Haus soll sogar an der Eingangstür ein Schild mit dem Wort »Bordell« angebracht worden sein.

Im Herbst erfährt Monika die Geschichte von der anderen Seite. Biljana kommt mit ihren beiden Kindern nach Zenica. Biljana ist eine mutige ehemalige Mitarbeiterin des lokalen Roten Kreuzes von Fojnica, einem hübschen Ort in den Bergen westlich von Visoko. Sie war eine der Kontaktfrauen im Informationsnetz, das Medica in der Region aufzubauen versuchte. Um die Nahrungsmittellage in entlegenen Ortschaften zu erkunden, durchstreifte sie als Expertin für geheime Pfade auch dort die Wälder, wo selbst die bosnische Armee nicht hinging. Sie reiste alleine mit ihrem Jeep und überquerte die Frontlinien zu Fuß. So erfuhr sie viel über die Kriegssituation in den verschiedenen Regionen Zentralbosniens und ließ sich die Geschichten der Flüchtlinge erzählen. Seit der Einnahme eines Teils von Fojnica durch Einheiten der HVO ist die einem multiethnischen Bosnien verpflichtete Kroatin – und somit Verräterin – spurlos verschwunden. Sie wurde nach Duhre verschleppt und dort gefoltert, um aus ihr Informationen herauszupressen.

Dann eines Tages kommt eine IKRK-Delegation. »Wehe, du sprichst Englisch mit denen, wir haben deine Söhne!« droht der HVO-Kommandant. Da versucht Biljana als einzige andere Möglichkeit, der Delegation vorzuschlagen, durch das ganze Dorf zu gehen, um sich nach der Lage der Musliminnen zu erkundigen. Nach den internationalen Regeln hätte die HVO dies zulassen müssen. Doch dazu kommt es nicht: »Tut uns leid, wir haben keine Zeit. Wir müssen nach Zenica zu einem Meeting.« Danach wird Biljana zusammen mit anderen nach Fojnica zurückgebracht und in einem Lager interniert.

25

Als Monika, weiß im Gesicht, von dem Treffen wiederkommt, bei dem die IKRK-Delegationschefin ihr sagte, in Duhre sei »alles in Ordnung«, ist Michaela Schumacher bereits eingetroffen. Monika zittert am ganzen Leib, ballt die Fäuste und möchte am liebsten laut schreien vor hilfloser Wut. Michaela, die erste Supervisorin, die von »draußen« nach Zenica kommt, sieht eine niedergeschlagene Frau, der es schwer fällt, mit ihrer Ohnmacht zurechtzukommen. Doch nachdem Monika ihre Geschichte losgeworden ist, geht sie »wie ein kleiner Motor« unverzüglich zur Tagesordnung über. Depressionen kann sie sich nicht leisten.

26

So etwas wie den Holocaust darf es nie wieder geben. Mit diesem Leitgedanken ist die Kölner Supervisorin Michaela Schumacher großgeworden. Als Karin Schüler sie fragt, ob sie bereit sei, sich für einige Wochen den verschiedenen Medica-Teams als Supervisorin zur Verfügung zu stellen, sucht sie nach einer Ausrede. Keine Sprachkenntnisse. »Es ist keine Frage des Könnens, sondern eine Frage der Entscheidung«, kontert Karin mit eisiger Klarheit. Damit hat sie bei Michaela den richtigen Ton gefunden. Sie kann nicht andauernd gegen Rassismus und Faschismus anreden und kneifen, wenn Handeln von ihr erwartet wird.

Also fährt Michaela – angetan mit bleierner Panzerweste und Helm – mit ihrer Kollegin Ursula Irion-Hauff nach Zenica.

Schon zwei Tage später bittet eine der Psychologinnen Michaela und Ursula, bei einem Erstgespräch dabeizusein. Nach deutschem Therapieverständnis ist es unüblich, an einem Anamnesegespräch zwei fremde Menschen teilnehmen zu lassen, die noch dazu einer Dolmetscherin bedürfen. Michaela teilt der Psychologin ihre Irritation über diesen Mangel an Diskretion mit, diese besteht jedoch darauf. Als sie – auf Michaelas Drängen hin – die junge Frau fragt, nickt diese und murmelt etwas von »die Welt muß es wissen«. Michaela spürt ihre Verzweiflung, ihre Aggression und den Auftrag, den sie ihnen indirekt erteilt. Das Unbehagen bleibt bestehen, aber Michaela beschließt, das Angebot als einen großen Vertrauensbeweis anzunehmen. Sie setzen sich etwas abseits, aber so, daß die junge Frau sie sehen kann. Was Michaela zu hören bekommt, wühlt sie so auf, daß sie andauernd mitschreiben muß, um überhaupt weiter zuhören zu können. Nie wieder wird sie bei Fallbesprechungen in der Supervision eine so präzise Darstellung bekommen. Sie führt mitten ins Thema hinein, desillusioniert grundlegend und macht klar, wofür und wogegen sie sich entschieden hat.

Ein Fall von vielen

Die 17jährige Frau, ich nenne sie Sanela, sitzt mit vorgebeugtem Oberkörper, das Gesicht ist in den Schoß gerichtet. Wiederholt durchzuckt ein leichtes Beben ihren Körper wie ein Schüttelfrost. Ihre Hände bewegen sich unruhig, so als ob sie sich wüsche. Ihre Beine stehen geschlossen nebeneinander, die Knie sind leicht angezogen. Obgleich sie während des Erzählens immer wieder versucht, die Beine mit ihrem langen Rock zu bedecken, sind ihre geschwollenen, verbundenen Füße zu sehen. Während des Sprechens hebt sie manchmal den Kopf. Ihr Gesicht ist bleich und angespannt, von Anstrengung gezeichnet, die Kiefer sind aufeinandergepreßt. Ihr Blick wechselt zwischen Starrheit und hektischen Hin- und Herbewegungen. Zwischendurch starrt sie angstvoll auf die Tür, als erwarte sie von dort eine Gefahr, eine Bedrohung.

Die Psychologin bietet ihr Kaffee oder Tee an, Sanela lehnt ab. Vorsichtig beginnt die Psychologin das Gespräch, nimmt Bezug auf ihre gestrige Ankunft, fragt, wie es ihr seither bei Medica ergangen ist. Sanela antwortet kurz und knapp, ihre Verletzungen seien behandelt worden, sie habe sich satt gegessen, aber danach übergeben, und in der Nacht habe sie kaum geschlafen, sei mehrfach kurz eingenickt, dann aber aufgeschreckt und habe geschaut, wo sie sei.

Die Psychologin erklärt ihr, daß Medica eine Zufluchtsstätte für kriegstraumatisierte und vergewaltigte Frauen und ihre Kinder sei. Mit gesenktem Kopf hört Sanela zu, bei dem Wort Vergewaltigung geht ein Zittern durch ihren Körper, ihre Hände krallen sich ineinander. Vorsichtig fragt die Psychologin, ob Sanela ihr erzählen mag, wie sie zu Medica gekommen sei und was sie auf der Flucht erlebt habe. Sanela nickt und beginnt stockend, nach Worten suchend, zu erzählen.

Alle im Dorf wußten um die Bedrohung. Eines Tages kamen Soldaten ins Dorf, sie trugen die Uniform der Tschetniks, aber alle vermuteten, daß es HVO-Soldaten waren. Hektisch verließen die Menschen das Dorf. Sanela wäre gerne mit ihnen gegangen, da sie sich alle kannten und zusammenhalten würden. Jedoch war ihr das nicht möglich, ihre Mutter – *sie ringt nach Luft, Tränen laufen ihr die Wangen hinunter, ihr Blick geht in die Ferne, dann berichtet sie tonlos weiter* – sei krank gewesen, sie hätte das Tempo nicht durchhalten können, sie hätte die Flucht verlangsamt und die Flüchtenden in Gefahr gebracht. Die Mutter bat sie, mit den anderen zu gehen. Aber Sanela wollte sie nicht allein zurücklassen, sie den Soldaten ausliefern. Sie wußte von anderen Orten, was die Soldaten mit den Zurückgelassenen taten. So raffte sie das Notwendigste zusammen und flüchtete mit der Mutter und anderen in ein nahegelegenes Dorf, das sie unbemerkt erreichten. Dort fanden sie – die Mutter, eine Tante und zwei weitere Frauen – Unterschlupf in einem Haus, in dem sich schon andere Frauen und Kinder versteckten. Ein alter Mann »bewachte und beschützte« sie. Für eine Weile waren sie in Sicherheit. Eines Abends kam ein Soldat, er bedrohte den alten Mann mit dem Gewehr am Hals und erzwang sich Zutritt ins Haus. Alle versteckten sich im Keller, hinter Türen, Möbeln, in Ecken, unter Decken und Kleidern. Der Soldat ging mit entsichertem Gewehr durch die Räume. Er entdeckte Sanela, nahm sie wie ein Karnickel am Nacken und zog sie aus dem Versteck. Ihre Mutter wollte für sie gehen, da lachte der Soldat nur. Dann wollte sie mitkommen, auch das ließ er nicht zu. Er suchte noch weitere Mädchen und Frauen aus und brachte sie – mit dem Abzug des Gewehrs spielend – zu einem Wagen, der draußen wartete.

Brutal wurden sie hineingestoßen, durften nicht aus den Fenstern schauen. Sie wurden in ein Haus gebracht, in dem sich mehrere Soldaten befanden. Hier wurden sie in einem Zimmer auf den Boden geworfen, und der Soldat, der Sanela geholt hatte, und vier weitere stürzten sich auf sie und vergewaltigten sie, erzwangen unter Waffengewalt Genital-, Anal- und Oralverkehr von ihr – zum Teil gleichzeitig – und einiges mehr. Als sie sich dabei erbrach, schlugen sie sie zusammen. Irgendwann wurden sie und die anderen dann wieder in »ihr« Haus zurückgebracht. Dieses wurde von Stund an von Soldaten bewacht, so daß niemand entkommen konnte. Sanela fühlte sich beschmutzt, versuchte sich vor der Mutter zu verbergen, ihr nicht unter die Augen zu treten. Sie wollte nur noch sterben, schämte sich und fühlte sich schuldig. Alle im Haus waren sprachlos, Mutter und Tante versuchten, Sanela zu beruhigen, redeten ihr zu, doch sie konnte ihre Worte nicht verstehen, sie erschienen ihr weit weg. Immer wieder schoben sich die Bilder des Schreckens in den Vordergrund, und sie hörte sich selber schreien. In der Nacht versuchte sie, sich die Pulsadern aufzuschneiden, doch die anderen hielten sie mit Gewalt davon ab. Vor Scham und Schuldgefühlen schwieg sie, fragte sich immer wieder, was sie getan habe, um mit dieser Schändung bestraft zu werden.

Sanela wurde noch mehrfach in dieses Haus geholt und vergewaltigt. Irgendwann spürte sie nichts mehr und wartete nur noch auf die Rückfahrt. Eines Tages ließ sie sich, als der Jeep anhielt, herausfallen und lief in die Dunkelheit hinein, so lange bis sie nicht mehr konnte. Irgendwie hörte sie von Medica, und irgendwie ist sie nun nach tagelanger Flucht hier. Aus Angst vor den Soldaten zog sie fast nur in der Nacht weiter, und jetzt macht sie sich Vorwürfe, daß sie die Mutter und die Tante im Stich gelassen hat. *Bis hier erzählt sie die Geschehnisse, als seien sie nicht ihr, sondern einer anderen passiert. Jetzt schüttelt sich ihr Körper, sie weint und schluchzt, versucht, ihr Gesicht zu verbergen, während sie sich selbst vorwirft, beschmutzt und schuldig zu sein.*

Wir sind stumm, die Psychologin versucht, mit den Fingerspitzen ihre Hand zu berühren, Sanela zieht die Hand zurück. Die Psychologin spricht Sanela an, sagt, daß sie ihr alles glaube und nachempfinden könne, wie schlecht, beschmutzt und ekelig sie sich fühle, daß sie aber schuldlos sei, die Soldaten hätten sie gezwungen, ihr mit dem Gewehr gedroht, so daß sie sich in Todesgefahr befand.

Langsam richtet Sanela sich auf und erzählt. Ihrer Mutter hat sie nie erzählen können, was die Soldaten mit ihr getan haben. Die Mutter wußte es von den anderen Frauen. Sie hat sich sehr bemüht, ihr gut zu sein, aber auch sie ist verstummt. Sanela beginnt wieder zu weinen. Sie macht sich Vorwürfe, die Mutter im Stich gelassen zu haben, aber sie hatte keine Kraft zurückzukehren. Andere Flüchtlinge sagten ihr auch, daß es keinen Weg zurück gebe, und haben sie ein Stück mitgenommen.

Nach einer Pause erfragt die Psychologin einige persönliche Daten. Sanela antwortet wie ein Computer. (Ich halte es kaum aus, interveniere aber auch nicht.) Als sie gefragt wird, ob die Vergewaltigung ihr erster Sexualkontakt gewesen sei, reißt sie die Augen auf, schaut ungläubig und antwortet: »Ja, was denken Sie von mir!« Sie habe zwar einen Freund gehabt, sei aber gläubige Muslimin, habe sich nie zuvor von einem Mann berühren lassen, und jetzt sei sie so dreckig, so beschmutzt und ekelig, daß ihr Freund und ihr Vater sie sicherlich verstoßen würden. Sie sackt in sich zusammen und schluchzt tränenlos. Die Psychlogin redet länger beruhigend auf sie ein. Dann beendet sie das Gespräch und vereinbart mit Sanela ein erneutes Treffen.[4]

27

Sanelas Geschichte ist »gut« ausgegangen. Sie findet ihre Mutter wieder und schließt neue Freundschaften. Medica ermöglicht ihr eine Friseurinnenlehre, die sie im Sommer 1995 abschließt. Die Therapie, die sie bekommt, ist angesichts dessen, was sie hinter sich hat, allerdings bescheiden.

Expertinnen aus Westeuropa stehen der Verwendung des Begriffes »therapeutische Begleitung« im Kontext des Krieges skeptisch gegenüber. Was die Medica-Psychologinnen in den ersten Jahren leisten können, ist Krisenintervention. Geboten wird den traumatisierten Frauen ein »relativer Schutz vor Retraumatisierung und/oder totaler Verdrängung des Traumas, jedoch keine Psychotherapie im klassischen Sinne, geschweige denn eine Traumatherapie«.[5] Geboten wird die Möglichkeit frauensolidarischer Gespräche mit Psychologinnen, Hauspersonal und Mitbewohnerinnen, die ähnliches erlebt haben. Kontinuität als grundlegendes Prinzip jeder therapeutischen Begleitung wird nur begrenzt ermöglicht. Einzelgespräche mit den traumatisierten Frauen und Mädchen werden in den ersten Jahren immer nur dann geführt, wenn sie den Eindruck erwecken, daß es ihnen schlecht geht, oder wenn die Hausleiterinnen den Psychologinnen Verhaltensschwankungen melden. Unter deutschen Bedingungen wäre das inakzeptabel, unter den Kriegsbedingungen in Bosnien ist dieses Wenige schon ein großartiges Angebot.

Die Supervisorinnen Michaela Schumacher und Ursula Irion-Hauff, die im Sommer 1993 nach Zenica kommen, müssen erst einmal erklären, was aus fachlicher Sicht Trauma und Traumatisierung bedeuten und welche Phänomene sie begleiten: Daß das Schlimmste zuerst ausgeblendet wird, daß die menschliche Psyche weiterarbeitet und dabei einige Dinge verliert, die später eingefügt werden können. Daß das unterschiedliche Erzählen einer Geschichte niemals »Lüge« ist, sondern nur ein versetztes Wahrnehmen der Wahrheit. Daß es die Aufgabe der Psychologinnen ist, die Versatzstücke der Erinnerung wahrzunehmen, festzuhalten und den Klientinnen zur Chronologie zu verhelfen. Daß der traumatisierte Mensch nicht überleben würde, wenn seine Psyche alles gleichzeitig präsent hätte, daß aber in Müdigkeits- und Erschöpfungsphasen und besonders in der Nacht, wenn der Kontakt zum Unbewußten durchlässiger ist, alles wieder hochkommt. Bis hin zu Alltagssituationen, in denen zum Beispiel Kinder mitten im Spiel erstarren, das Blut aus ihrem Gesicht weicht und sie plötzlich aussehen wie alte Menschen. Man weiß nicht, was sie denken oder sehen, man weiß nur: Es ist ein »Flashback«. Die Zerstörung des Urvertrauens und aller Grundüberzeugungen durch das traumatische Ereignis, so die Schweizer Psychologin Ursula Wirtz, kann zu einem »totalen Zusammenbruch der psychischen Strukturen, im Extremfall sogar zu einer psychotischen Dekomposition der Persönlichkeit« führen.[6]

Stück für Stück bringen die Expertinnen aus dem Ausland englisch- und deutschsprachige Fachliteratur mit, die von den bosnischen Psychologinnen mühsam durchgearbeitet und auszugsweise schriftlich übersetzt wird. Nach diversen Weiterbildungsseminaren wissen sie drei Jahre später weit mehr als im Kriegsjahr 1993. »Erinnerungen an traumatische Erlebnisse sind zerstückelt, es gibt keinen logischen Ablauf, die Emotionen sind von den Bildern getrennt und verursachen eine Kette von Erinnerungen«, erklärt die Psychologin Edita Ostojić und schildert ein Beispiel: Eine Frau war während eines Beschusses mit ihrer

Tochter im Keller. Als die Granate einschlug, warf sie sich auf die Tochter, um sie zu schützen, wurde aber durch den Druck hochgeschleudert. Die Tochter wurde getroffen und starb blutüberströmt in den Armen ihrer Mutter. Zwei Jahre später schält die Mutter im Medica-Zentrum eine Blutorange. Plötzlich wirft sie sie voller Entsetzen weg. »Die rote Farbe hat eine Kette von Gefühlen ausgelöst, und plötzlich war sie mitten im Geschehen von damals. Im Therapieprozeß versuchen wir, die Erinnerung in Bilder, Gefühle, Gerüche zu sammeln. Dann kann sie in die Vergangenheit zurückweichen und als normale Erinnerung abgelegt werden. Dann ist Trauer über den Verlust möglich. Manchmal leistet die Patientin Widerstand gegen diesen Prozeß, weil sie fürchtet, die Größe des Erlebten damit zu verkleinern.«

Mittlerweile vermitteln die Psychologinnen ihr gewonnenes praktisches und theoretisches Wissen weiter, leiten von der Weltgesundheitsorganisation organisierte Seminare und schulen semiprofessionelle Frauen in anderen Orten Bosniens.

Bemerkenswert ist, daß die Psychologinnen ohne Kenntnis der westlichen therapeutischen Schulen in ihrer Arbeit Methoden aus der Gestalttherapie selbst entdecken, wie etwa die Stuhl- und Kissenarbeit. »Wir haben durch Erfahrung gelernt«, erzählt Marijana Senjak, »und durch die Seminare und Fachartikel hat das, was wir erfahren und praktiziert haben, einen Namen bekommen. Das hat uns entspannt.« Dennoch ist die Einführung der Psychologinnen in die Traumaarbeit nicht einfach, weil sich alle Mitarbeiterinnen selbst in einer traumatisierenden Situation befinden, in der es schwer ist, die eigene Stabilität zu wahren. Was aus der in Deutschland geplanten Supervision wird, ist eine Mischung aus supervisorischer, feministisch aufklärender und fortbildender Arbeit. Nichts ist so, wie es – laut Lehrbuch – sein sollte. Zum Beispiel der pünktliche Beginn:

> Wie sollen Menschen pünktlich beginnen, wenn unklar ist, ob der Weg frei und wegen der Gefahr eines Beschusses ein Umweg zu machen ist; wenn es plötzlich mal

Strom und Wasser gibt; wenn am offiziellen Arbeitsplatz – Arbeitspflicht im Krieg – Unerwartetes passiert?

Die »störungsfreie« Supervisionszeit:

Wie sollen Menschen störungsfrei arbeiten, wenn das rote Telefon klingelt, der langersehnte Konvoi, preislich erschwinglicher Diesel, dringend benötigte Medikamente avisiert werden oder neue Schreckensnachrichten eintreffen?

Die Supervision von außen:

Wie soll eine »objektive« Supervision von außen passieren, wenn die Supervisorin im Zentrum mitlebt, ißt, trinkt, von den Tagesgeschehnissen ebenso betroffen und in sie verstrickt ist, bei anfallenden Arbeiten mitanpackt, keine Rückzugsmöglichkeit hat; wenn die Supervisorin ein Hoffnungssymbol ist, daß die Welt draußen die Eingekesselten noch nicht vergessen hat, ihr Kommen der deutliche Beweis, daß es noch irgendeinen Trampelpfad aus dem Enklavengetto hinaus gibt; wenn allen Staff-Mitgliedern nur eine Supervisorin für Einzel- und Gruppenarbeit zur Verfügung steht?[7]

Erst später erkennt Michaela Schumacher, daß unsere individualistische Sicht auf die Psyche für Menschen, die marxistische Psychologie gelernt haben, eine neue und nicht immer gleich einsichtige Denkwelt eröffnet. Im ehemaligen Jugoslawien wurde fast ausschließlich verhaltenstherapeutisch und psychiatrisch gearbeitet. Die Arbeit von Psychologinnen und Psychologen beschränkte sich vorwiegend auf die Integration von Sozialversagern. In ihrer Ausbildung bekam keine der Psychologinnen Wissen über direkte Therapiearbeit vermittelt. In Zagreb und Belgrad konnten zwar therapeutische Techniken erlernt werden, nicht jedoch im Rahmen einer regulären Therapieausbildung. Marijana Senjak ist die einzige im Team, die schon vor Medica psychotherapeutisch gearbeitet hat - ehrenamtlich bei den *Anonymen Alkoholikern*. Die heute 36jährige absolvierte ihr Studium in Zagreb. An der Universität erhielt sie das methodologische Rüstzeug für eine Forschungstätigkeit im sozialen und psychologischen Bereich ebenso wie Grundwissen über Patho- und Neuropsychologie, wenn auch mit Daten aus den 50er Jahren. Die neuen Ansätze in der Psychotherapie erreichten weder Zagreb noch Belgrad. Psychoanalyse wurde als Persönlichkeitstheorie unterrichtet, nicht als therapeutische Ausbildung.

»Ich habe schon gemerkt, wie schwer zugänglich unser individualistisches Konzept war«, erinnert sich Michaela, »aber ich habe das Ausmaß der Schwierigkeiten dennoch unterschätzt. Du gehst mit deinen Denk- und Interpretationsmustern in eine andere Kultur und erlebst Irritationen.« Irritationen erleben auch die Bosnierinnen. Der Begriff »Supervision« ist ihnen völlig unbekannt. »Michaela wollte uns verstehen, sie wollte helfen«, sagt Zilha. »Aber die kulturellen Unterschiede sind so stark. Michaela konnte uns nicht verstehen, wir verstehen uns ja oft auch untereinander nicht. Sie ist eine Fachfrau mit einer eigenen professionellen Tradition, und sie erwartete hier etwas ähnliches.« Ist diese Erwartung legitim? Kritik an den deutschen Helferinnen läßt die stets auf Harmonie bedachte Zilha nicht zu. »Es ist nicht obligatorisch, über uns Bescheid zu wissen, wir sind ein so kleines entlegenes Land. Außerdem haben wir uns im Krieg auch verändert.«

Marijana wünscht sich Vertrauen in ihre Fähigkeit, auf der Grundlage ihrer Erfahrungen Lösungen zu finden. Inquisitorische Fragen wie »Wer ist verantwortlich?« und »Wer hat Schuld?« erzeugen Druck. »Ich habe einmal einen Witz gemacht: Wenn ich den Deutschen sage, ›Schickt mir einen Elefanten‹, dann müssen sie annehmen, daß ich dafür einen guten Grund habe! Im Laufe von drei Jahren haben wir gelernt, mit welchen Frauen wir arbeiten können und mit welchen nicht. Am Anfang war uns jede Form von Ausbildung willkommen, jetzt kennen wir uns besser aus und können aussuchen. Aber ich habe auch gelernt: Was immer ich lerne, ist nützlich, und wenn es nur ein einziger Satz ist.«

Edita spricht von Leuten, die nach Bosnien kommen, »um ihre eigenen Probleme zu bewältigen«, ohne Namen zu nennen.

> Das Grundprinzip muß sein, keine Dankbarkeit zu erwarten. Wenn das nicht bewußt ist, kommt es zu Übertragungen, die mit Ersatzgefühlen befriedigt werden müssen. Diese Leute werden im Laufe der Zeit zu einer Belastung. Unsere Bedürfnisse waren damals riesig. Alles, was uns ablenkte, wurde als störend empfunden. Wir hatten keine Geduld. Wenn die Frauen von draußen zu hohe Erwartungen an uns stellen, kommt es zu Mißverständnissen.

Michaela glaubt, einige ihrer eigenen Mißverständnisse heute erklären zu können. Hinter dem für sie damals nicht durchschaubaren Verschweigen oder Vorenthalten wichtiger Informationen (»was ich anfänglich als Mißtrauen, später dann als Verlogenheit, Hinterhältigkeit, Unwahrhaftigkeit bzw. fehlendes Unrechtsbewußtsein interpretierte«) vermeint sie »Doppeldenk« zu erkennen: »ein Sowohl-als-auch-Denken und -Fühlen, eine Diffusität und Mehrdeutigkeit, die als Widerstands-, Anpassungs- und/oder Überlebensstrategie habituell geworden sind«. [8] Neben der subjektiven Wahrnehmung der inneren und äußeren Wirklichkeit ahnt sie einen dritten Umgang mit der Wirklichkeit im Kollektiv, eine Zwischenebene, von der aus alter Tradition Fremde, Vorgesetzte, Personen in Schlüsselrollen nichts zu wissen brauchen. Nicht weil man es ihnen verschweigen will, sondern weil diese Personen sich dafür nicht zuständig fühlen. Auf dieser Zwischenebene wurden im jugoslawischen Sozialismus die Alltagsdinge geregelt, »wie Geschwister Dinge untereinander regeln, die die Erwachsenen nichts angehen«. Dazu kommt, daß

Bosnien in seiner wechselhaften Geschichte fast immer von fremden Mächten beherrscht wurde. Ein tiefes Mißtrauen gegen Eindringlinge von außen bildete die historische Grundlage des Überlebens der eigenen Kultur. Aus Michaelas Perspektive wären für eine solidarische Zusammenarbeit zusätzliche Informationen notwendig gewesen, »wir haben aber auch nicht die richtigen Fragen gestellt«.

Den deutschen Therapeutinnen ist aufgefallen, daß die Bosnierinnen sehr rasch kollektive Rituale entwickeln. Bei der Aufforderung zum Tanz im Rahmen einer Entspannungsübung etwa entsteht ein Rundtanz. In Bosnien ist das Gruppenbewußtsein wesentlich ausgeprägter als hierzulande, psychologisch formuliert: »Die Interdependenz genießt mehr Aufmerksamkeit als die individuelle Autonomie.« Lassen sich die westlichen Therapieformen, die allesamt von einem gedachten autonomen Subjekt ausgehen, überhaupt auf die historisch gewachsenen gesellschaftlichen Verhältnisse in Bosnien übertragen? Michaela Schumacher versucht eine Antwort:

> Unser therapeutischer und supervisorischer Prozeß bewegt sich zwischen den beiden Elementen: Wie weit ist die Autonomie zu stärken und wie weit die Interdependenz, die Bezogenheit? In der Gruppe war zwar in Bosnien die Bezogenheit zentral, in der Zweiersituation gab es diesen autonomen Anteil aber sehr wohl auch. Da stellt sich mir die Frage: Gibt es etwas, das die Frauen hindert, die Autonomie in der Gruppe deutlicher zu zeigen, oder ist es ihre klare Entscheidung, sie nicht zu zeigen? Ich habe die Antwort darauf noch nicht gefunden. Klar ist mir, daß die ausländischen Therapeutinnen diese Prozesse genau beobachten müssen und sie nicht gleich negativ bewerten dürfen. In Deutschland geht die Bezogenheit immer mehr verloren. Welche Gefährlichkeit und Menschenverachtung steckt in einer Autonomie, die immer mehr zu einer Autarkie wird! Mit welcher Berechti-

gung sage ich: So darf das nicht sein, das Individuum wird hier vom Kollektiv unterdrückt? Möglicherweise steckt in unserer übereilten Abwertung auch unsere eigene Angst vor Identitätsverlust. Ich habe es als sehr produktiv erlebt, über alle individuellen Aspekte hinweg Dinge gemeinsam zu unternehmen – zu tanzen, zu feiern oder Krisen gemeinsam durchzustehen. Dieses Bloßstellen vor Publikum, was bei uns oft passiert, findet in Bosnien nicht statt. Das wird im Zwiegespräch ausgetragen. In der Gruppe geht man dann wieder höflich und zivil miteinander um. Ich frage mich, ob nicht wir auf dem falschen Pferd sitzen. Ich mußte lernen zu begreifen, daß diese beiden Realitäten nebeneinander bestehen können.

Die Kluft zwischen den feministischen deutschen Expertinnen und den bosnischen Psychologinnen ist wohl dort am größten, wo es um die Familie geht. Daß die Bosnierinnen der Wiederherstellung der Familie in der Therapie einen hohen Stellenwert einräumen, bedauert die Kölner Psychotherapeutin Sabine Scheffler, die seit Beginn des Krieges Fortbildungsseminare mit kroatischen und bosnischen Psychologinnen durchführt: »Sie wollen den Krieg ungeschehen machen, das heißt, sie können den Spielraum, den sie durch das Chaos des Krieges gewonnen haben, nicht nutzen und kehren jetzt zur Familienorientierung zurück. Das ist zwar eine persönliche Notwendigkeit, die aber politisch nicht hinterfragt wird.«

Der emanzipatorische Effekt dessen, was Medica in Bosnien angestoßen hat, sieht in der Tat bescheidener aus. Eine Schwierigkeit bei der therapeutischen Arbeit in Bosnien ist, so Marijana,

daß unsere Frauen nicht daran gewöhnt sind, darüber nachzudenken, wie sie sich fühlen. Niemand hat sie je danach gefragt. Wir sprechen mit ihnen über Gefühle und daß es schon ein erster Schritt ist, ihren Gefühlen einen Namen zu geben. Zuerst mußten wir lernen, die

> professionelle Sprache durch Alltagssprache zu ersetzen. Wir überprüfen uns da auch gegenseitig. Im Team diskutieren wir über Übungen, ob wir nicht etwas finden können, das ihnen vertraut ist. Zum Beispiel Äpfel vom Baum pflücken, Kartoffeln aus der Erde graben, wie eine Henne laufen. Das entspannt, vermittelt der Frau ein Gefühl für ihren Körper, macht Spaß und gibt Energie.

Marijana, die mit ihren sanften braunen Augen immer ein wenig besorgt dreinschaut, spricht mit Wärme von den Frauen, die sie betreut und deren Mut ihr selbst Kraft gibt. Es ist gerade die traditionelle bosnische Familienorientierung gewesen, die vielen von ihnen ein Überleben überhaupt ermöglicht hat. Da ist die zahnlose 52jährige Frau mit dem Kopftuch, deren Sohn vermißt ist. Sie wurde vergewaltigt, weil sie ihren Mann schützen wollte, und kann deshalb damit so tapfer umgehen. Im Medica-Zentrum greift sie begütigend ein, wenn unter den jungen Mädchen Konflikte auftauchen, schlichtet wie eine Mutter oder Großmutter. Viele der jungen Mädchen haben Angst vor Männern, wollen nie heiraten. Die bosnischen Therapeutinnen sind froh, wenn die Mädchen von ihren Familien so weit unterstützt werden, daß sie diese Abwehr allmählich überwinden. Wenn nötig, werden auch die Ehemänner in das therapeutische Gespräch einbezogen. Marijana:

> Eine verheiratete vergewaltigte Frau kam ins Zentrum und sagte, ihr Mann wüßte es nicht. Sie habe Angst, es ihm zu sagen, fürchte sich aber auch davor, sich zu verplappern. Auch jemand anderer könnte es ihm erzählen. Was soll sie tun? Dann fand sie eine Lösung: »Ich werde ihm sagen, daß die Vergewaltigung mein und das Leben unserer Kinder gerettet hat.« Das konnte der Ehemann akzeptieren, denn er hat im Lager, wo er gefoltert wurde, eine ähnliche Erfahrung gemacht. Auch er konnte sich nicht verteidigen. So haben sie sich verstanden.

28

Sommer 1993. In Deutschland hat Gabi Mischkowski nolens volens das Gros der Medica-Arbeit nach Köln verlagert. Immer noch sieht sie sich als bloße Unterstützerin, will eigentlich ein Buch schreiben, kann sich aber nicht entziehen. Wenn sie gebraucht wird, fällt es der zurückhaltenden Intellektuellen schwer, nein zu sagen. Aus Zenica kommen Hilferufe. Granatenbeschuß. Notsituation. Lebensmittel kommen nicht durch. Tut etwas! Es wird immer klarer, daß das Projekt weiter ihrer Mitarbeit bedarf. Die auf das Konto der Evangelischen Frauenhilfe Essen eingezahlten Spenden steigen. Dort läuft das Telefon heiß, die Frauen sind fast nur noch mit Medica beschäftigt. Anfang Juli wird endlich der Verein Medica e.V. gegründet. Gabi übernimmt den Vorsitz.

Als die zu verwaltende Geldmenge des gemeinnützigen Vereins immer größer wird, samt der öffentlichen Förderung durch zwei Ministerien, bekommt Gabi es mit der Angst zu tun. Karin Schüler spricht in Bonn eine eben arbeitslos gewordene Buchhalterin auf eine mögliche Mitarbeit bei Medica an. Elke Schell-Fischer kommt zum Einstellungsgespräch nach Köln und gerät unversehens in eine ihr fremde Welt. Karin, Monika und Gabi sitzen auf dem Boden und trinken Tee. Bisher hat Elke in der Industrie gearbeitet. Mit einem Frauenprojekt hatte sie noch nie zu tun. Sie will es wagen und wird die erste bezahlte Angestellte des Vereins.

Im Kellerbüro von Gabis Eltern gibt es keine Regale, die Ordner stehen auf dem Fußboden. Junge ehrenamtliche Mitarbeiterinnen helfen, schaffen aber manchmal ein »kreatives Chaos«. Es gibt Tage, an denen keine da ist, an anderen Tagen wieder treten sie sich in dem kleinen Raum gegenseitig auf die Füße. Was für ein Kindergarten, denkt Elke Schell-Fischer und möchte nicht nur einmal alles hinschmeißen. Die Teamsitzungen finden abends statt, nach der regulären Arbeit. Elke verlangt einen eigenen Schreibtisch, denn sobald sie aufsteht, sitzt schon eine andere an ihrem Platz. So kann man nicht arbeiten, klagt sie, doch Gabi hält am Prinzip der Ehrenamtlichkeit fest. Monika faxt »Ich brauche Geld«, die Schatzmeisterin sagt »Es geht nicht«. Elke beißt die Zähne zusammen, dieser Job wird nicht länger als ein halbes Jahr dauern, darauf stellt sie sich ein.

Draußen vor der Tür stehen Bosnier und weinen. Die Aus- und Einreisen von Monika und anderen Medica-Mitarbeiterinnen von und nach Zenica haben sich in der bosnischen Gemeinde in Deutschland wie ein Lauffeuer herumgesprochen. Mit ein paar Briefen fing es an. Später kommen ganze Familien, manchmal von weither, bringen Briefe mit Geld für ihre Verwandten im Krieg. Wir machen es, versprechen die Medica-Frauen, aber wir können keine Garantie übernehmen. Ja, ja, natürlich, die Bosnier schwören heilige Eide. Nachher kommen die Beschwerden. Der Onkel sagt, im Brief sei kein Geld gewesen. Zur eigenen Absicherung muß jeder Brief erfaßt werden, dann die ungeduldigen Anrufe, ob denn der Brief schon weg sei. Für Elke ist das alles reichlich ungewohnt. Die Tränen, der Anblick der ärmlichen, aber überaus hartnäckigen Flüchtlinge, das Besorgen von Verpackungskartons, die Fahrten zum Flughafen. Zu ihrer eigentlichen Arbeit kommt sie kaum. Doch der vergrößerte Handlungsspielraum macht Spaß. Früher durfte sie nur die Anordnungen anderer ausführen.

29

Im August werden die Hilferufe aus Zenica schriller. Zuladen ist nicht mehr möglich, die Konvois nehmen nichts mehr mit, wir verhungern! An der kroatischen Küste sind die Lager voll, auch große Konvois kommen selten durch. Man muß der HVO, die sich ihren Wegzoll einbehält, genaue Ladelisten vorlegen, und die Konvoi-Führer haben keine Lust, kleine Initiativen mitzuversorgen, zumal deren Hilfsgüter meistens nicht ordentlich auf Paletten gelagert sind.

Die Medica-Mitarbeiterin Zlata Gafić und Ralph Kirsch vom Kasseler Ökumenischen Netz (ÖN) haben fast gleichzeitig die Idee eines eigenen Konvois. Medica Köln stellt gemeinsam mit ÖN einen entsprechenden Antrag beim Auswärtigen Amt. Einen Konvoi ins Kriegsgebiet aufzubauen, ist kein Kinderspiel. Medica und ÖN beantragen eine halbe Million und bekommen eine Anschubfinanzierung von 250 000 DM bewilligt. Ralph Kirsch wird in der kroatischen Grenzstadt Metković alles aufbauen: Büro, Lager, Schlafräume für die Fahrer.

Gabi wird zur Hauptverbindungsfrau in Deutschland. Als Vorstandsfrau hat sie zwar die Veranwortung, kann aber vorerst nur ausführen, was Ralph und Zlata vorgeben. Wir brauchen erfahrene Fahrer. Da in der zu passierenden Region BritBats stationiert sind, sollen es Briten sein, am besten ehemalige Soldaten. Es müssen Lkw besorgt werden. Wir haben in Zenica Laster mit Allradantrieb, meldet Zlata, der Winter steht vor der Tür. Anfangs ist auch ein Tankwagen für den Transport von Diesel vorgesehen, wird sogar vom Auswärtigen Amt genehmigt. Dann kugelsichere Westen und Helme sowie eine Funkanlage, die in Australien bestellt werden muß. Handfunkgeräte für die Verbindung der Konvoi-Fahrer untereinander. Es wird an vier bis sechs Laster gedacht. Mit einem Jeep vorne, in dem der Konvoi-Führer und der Dolmetscher sitzen, und einem Jeep hinten. Es müssen immer genügend Jeeps vorhanden sein, damit im Notfall alle Fahrer damit wegfahren können. Ein Name ist auch schon gefunden: *Logistic Service*. LS soll auch Zuladungen für andere NGOs übernehmen.

Ralph Kirsch kommt nach Köln und geht mit Gabi zum Auswärtigen Amt. Gabi ist beeindruckt. Er hat sich bei anderen Konvois genau informiert. Die Einrichtungen in Metković stehen bereit. Ralph und Zlata haben sich für einen erfahrenen britischen Konvoi-Führer entschieden, der allerdings darauf besteht, seine eigene Mannschaft zusammenzustellen. »Auf meine Jungs muß ich mich hundertprozentig verlassen können.« Sie lassen sich ihre Arbeit hoch bezahlen. Lloyds, die einzige Versicherung der Welt, die bereit ist, Konvois dieser Art zu versichern, ebenso. Die fünf »Jungs«, die Gabi am Ende zu Gesicht bekommt, sind ehemalige Soldaten, zwei von ihnen Söldner, die an jedem Krieg teilgenommen haben, gegen den sie in ihrem Leben demonstriert hat, von den Falkland-Inseln bis Afghanistan. Sympathisch sind sie nicht gerade, doch ihr Kriegsgeschäft verstehen sie. Bei Gefahr hätte Gabi ihnen blind vertraut. Manchmal reibt sie sich die Augen: Merkwürdig, diese neuen Partner in einem feministischen Projekt!

Im Oktober fliegen Gabi und Ralph von Split mit einem US-amerikanischen Militärfrachtflugzeug nach Sarejevo. Wegen der Ungewißheit von Abflug und Ankunft trägt diese Fluglinie den Beinamen »Maybe-Airlines«. In zwei große Kisten verpackt haben sie eine Codan-Anlage dabei für den Funkkontakt des Konvois zwischen den Basisstationen in Metković und Zenica. Von Sarajevo geht es mit dem Unprofor-Pendelpanzer nach Kiseljak. Ein Konvoi-Führer ist bereit, die Kisten für sie nach Zenica mitzunehmen, ein Wagnis, denn schließlich handelt es sich um militärisch-technisches Gerät, das nicht ins Kriegsgebiet eingeführt werden darf. Die Kisten passieren den serbischen Checkpoint, die Anlage wird installiert, der Konvoi kann rollen. Medica hat nur noch Nahrung für eine Woche.

Die Lebensmittel werden von der Beschaffungsstelle des Deutschen Roten Kreuzes besorgt und über den Freihafen Rotterdam nach Metković ins Zwischenlager gebracht. Die Strecke von Metković nach Zenica ist sehr gefährlich, die Fahrer tragen Flakjackets und Helme. Welche Armee angreift, wäre nie zu ermitteln, Lebensmittel brauchen alle. Zwischen Gornji Vakuf und Prozor bekommt der Konvoi Unprofor-Begleitschutz, ein Panzer hinten, ein Panzer vorne.

Der erste Konvoi schafft es, auch wenn einer der Lastwagen unterwegs auf der Strecke bleibt. Es wird nicht der einzige sein. Der erste große Fehler wird deutlich: Die gemieteten Lkw sind ungeeignet für die steilen, vereisten bosnischen Straßen voller Schlaglöcher. Als die für LS eingestellte Sekretärin Hana Vuković und einer der Konvoi-Fahrer den zusammengebrochenen Lastwagen holen, wird ihnen der rote *Nissan* gestohlen. Hana kommt mit einem gehörigen Schreck davon. Der Jeep steht direkt vor dem BritBat-Quartier in Vitez, ein HVO-Milize springt in den Wagen und fährt mit Hana davon. Nach wenigen Minuten läßt er sie aussteigen. Die Blauhelme unternehmen nichts. In Vitez kann man den Jeep immer noch als Fahrzeug der HVO-Militärpolizei herumfahren sehen, grün und weiß lackiert wie deutsche Polizeifahrzeuge. 1997 taucht er dann in Deutschland auf, wie die Medica-Frauen durch eine Anfrage der deutschen Polizei erfahren.

Die Ankunft von Lebensmitteln in Zenica ist ein großes Ereignis. Der Hunger-Winter hat begonnen. Wenn ein Transport in der Stadt ankommt, springen Kinder mit Messern auf die Fahrzeuge und schlitzen die Planen auf. Medica muß sowohl für das Zentrum als auch für das im Atombunker untergebrachte Warenlager bewaffnete Nachtwächter einstellen. Trotzdem wird aus dem Lager gestohlen. Die Bezahlung der lokalen Firmen und des lokalen Personals erfolgt teilweise in Naturalien. Die Hälfte jedes Konvois geht für die Begleichung offener Rechnungen und Löhne auf. Als bei einem LS-Konvoi mit Zuladungen für andere Organisationen ausgerechnet der Lkw mit den Medica-Sachen unterwegs liegenbleibt, ist Monika außer sich. Den ganzen Tag hat sie geschuftet, um die für die Fahrer angemietete Wohnung mit Matratzen auszustatten und die Verpflegung zu organisieren, und jetzt ist nichts für Medica dabei. »Ich komme mir vor wie eine Idiotin«, faxt sie voller Zorn nach Köln. Zlata steht unter großem Druck. Wenn LS nichts mitbringt, kann sie den Lagerarbeitern den Lebensmittel-Anteil ihres Lohns nicht ausbezahlen. Sie fürchtet um ihr Leben und wird psychisch immer labiler.

Die LS-Fahrer sind mit allen Wassern gewaschen. Auf die HVO-Tricks fallen sie nicht herein. Die Kroaten kriechen an den Checkpoints in die Lastwagen und lassen ganz nebenbei eine Pistole fallen. Da sind ja Waffen drin! Und schon ist die ganze

Ladung beschlagnahmt. So widerfährt es einem Konvoi der Caritas. Man muß sofort hinterherkriechen, um ihnen keine Chance zu lassen. Die Briten haben aber noch ganz andere Pläne, als einem Frauenprojekt Kindernahrung und Damenbinden zu bringen. Gerüchte kursieren. Es ist ein offenes Geheimnis, daß alle humanitären Konvois schmuggeln, Menschen, Rauschgift, Waffen. Sich mit dem Verkauf von Zigaretten und Kaffee zu bereichern, ist wohl noch das Harmloseste. Im kroatischen Metković geht vor dem LS-Büro ein Auto in die Luft, Drohungen werden ausgesprochen. Als einer der wenigen privaten Konvois schafft es *Logistic Service* kurz vor Weihnachten noch einmal, die berüchtigte Strecke zwischen Gornji Vakuf und Vitez unbeschadet zu bewältigen. Doch als die Gerüchte sich verdichten, beschließen Medica und ÖN, die Briten kurzerhand zu entlassen. Sie müssen ihre UNHCR-Karten abgeben und werden ins Flugzeug gesetzt. ÖN betreibt das Projekt mit anderen Fahrern noch eine Weile weiter, besorgt sich neue Lkw.

Die Medica-Frauen gestehen sich ein, daß für die Organisation eines Konvoi-Unternehmens im Krieg der gute Wille allein nicht reicht. Eigentlich hatten sie ja auch etwas ganz anderes vor: »die Seelen der Frauen zu flicken«, wie Monika es in einer ihrer Reden formuliert.

Immerhin ist *Logistic Service* der Anlaß für das Auswärtige Amt, den »Deutschen Konvoi« zu finanzieren, der vom Diakonischen Werk und anderen großen Dachorganisationen betrieben wird. »Nachdem die Durchführung privater Hilfsaktionen für die Hungernden in Bosnien an politischer Naivität und Leichtsinn scheiterte, wollen jetzt erfahrene deutsche Hilfswerke einen Konvoi organisieren«, schreibt die Berliner *tageszeitung* am 25. Januar 1994. Zwei Jahre lang fährt von da an der Deutsche Konvoi unter großen Schwierigkeiten von der Adriaküste ins Inland und übernimmt auch Zuladungen für Medica.

30

Gabi Mischkowski lernt Kirsten Wienberg, eine schlaksige 26jährige mit langem aschblonden Haar, im Herbst 1993 bei einem NGO-Treffen in Freiburg kennen. Gabi ist nach dem Ausstieg von Medica aus dem LS-Projekt auf der Suche nach einer Frau, die die Medica-Interessen in Metković wahrnimmt. Sie soll Lobby-Arbeit machen, Einfuhrgenehmigungen einholen und mit humanitären Organisationen und Konvoi-Leadern über Zuladungen für Medica verhandeln. Kein leichter Job für eine Frau in Desperado City. Schon einmal ist im alten LS-Büro eingebrochen worden. Die ersten sechs Handfunkgeräte, ein Computer und eine Kiste voller Briefe mit Geld für Leute in Zenica wurden gestohlen. Und an der Wand stand geschrieben: »Moslems raus!« Die Polizei nahm den Vorgang auf. Danach fehlten die restlichen Handfunkgeräte, die beim Einbruch übersehen worden waren. Nach heftigen Protesten wurden sie zurückgegeben.

Kirsten Wienbergs Eltern hatten früher eine Spedition. Sie weiß, worauf es ankommt. Im Rahmen der *Bosnienhilfe Ostfriesland* bringt sie mit ihrem bosnischen Freund seit Dezember 1992 in Emden gesammelte Spenden von Jablanica aus nach Mostar. Sie ist vertraut mit den Kriegsbedingungen, kennt den UNHCR-Leiter von Metković und Verantwortliche auf der HVO-Seite. Sie sagt zu, für drei Monate nach Kroatien zu gehen. Daraus wird eine jahrelange Medica-Mitarbeit.

Es wird Januar 1994, ehe die Vorarbeiten in Metković abgeschlossen sind und Kirsten ihren Job antreten kann. Metković, eine kleine Stadt an der Adriaküste etwa zwei Autostunden von Split entfernt, starrt vor Waffen und Männern. Das herzegowinische Hinterland mit Mostar als Zentrum ist ein einziges Mafia-Eldorado. Viele sind in dieser Zeit schwerreich geworden. Nach dem Washingtoner Abkommen ziehen sie die Uniform aus und den Anzug an. Neben Soldaten, Geschäftemachern und dem Personal der internationalen Organisationen sammeln sich in

Metković aber auch Abenteurer aller Art und ebenso wohlmeinende wie hilflose Menschen, die der Krieg angespült hat.

Meditrans, wie das neue Medica-Unternehmen genannt wird, organisiert Zulademöglichkeiten für Medica in Zenica, für die Schwesterorganisation *Vive Žene* in Tuzla sowie für andere Frauenprojekte in Bosnien-Herzegowina und verhandelt in Absprache mit UNHCR über Transportgenehmigungen. Kirsten klärt mit UNHCR, HVO und dem Zoll, welche Waren befördert werden können und welche nicht, erledigt die Zollformalitäten und kontrolliert die Ladungen. *Meditrans* ist aber auch Anlaufstelle in Kroatien für Frauen, die nach Bosnien reisen wollen oder aus Bosnien kommen. Kirsten hilft bei der Visabeschaffung und organisiert Plätze in Konvois.

Dann schlägt die Soziologin Nurka Babović Alarm. Es muß in Zenica viel mehr humanitäre Hilfe verteilt werden, die Leute verhungern! Täglich stehen vor der Medica-Tür Trauben hungernder und frierender Menschen und danken mit Tränen in den Augen für einen Kanten Brot, ein Kilo Mehl, eine Dose Thunfisch. Medica richtet in Zenica eine Nahrungsmittelverteilungsstelle für besonders benachteiligte Menschen ein, die von den großen humanitären Organisationen nicht erfaßt werden. Bis April 1994 werden auf diese Weise 130 Tonnen Lebensmittel verteilt. Und einmal in der Woche erhalten die Patientinnen und Patienten wechselnder Abteilungen des Krankenhauses statt der üblichen Wassersuppe ein Mittagessen aus der Medica-Küche. Die Nahrung wird von Initiativen gespendet, *Meditrans* organisiert die Lieferung und meldet den weiteren Bedarf nach Deutschland. Am 5. Februar kommen die ersten 20 Tonnen mit einem norwegischen Konvoi in Zenica an. Die Freude ist kaum zu beschreiben. Einen Tag und die halbe Nacht arbeiten die Frauen, um die Waren auf die drei Medica-Häuser zu verteilen.

Alle, die kommen und gehen, nehmen Geld mit, große Summen aus Deutschland für das Projekt, und Briefe mit Geld für die Menschen in Zenica. Die Briefe bereiten den größten Ärger. Da schreibt einer in seinem Brief »Ich schicke Dir 1000 Mark«, und in Wirklichkeit sind nur 500 enthalten. Ein anderer kündigt einen an Medica übergebenen Brief mit Geld an, der niemals ankommt, weil er niemals abgegeben wurde. Das Geld wird in der Unterwäsche, in den Schuhen und unter der Bleiplatte des Flakjackets der Reisenden verstaut. Monika hat eine Jacke, in deren Futter die Medica-Schneiderinnen Dutzende von kleinen Taschen für den Transport der Briefe genäht haben. Unprofor unterstützt die von den bosnischen Serben verhängte Kommunikationssperre, indem sie jeder ein- und ausreisenden Person nicht mehr als sechs Briefe mitzunehmen genehmigt. Leibesvisitationen gibt es allerdings keine. Auf diese Weise transferiert Medica Hunderttausende von Deutschmark. Über Radio Zenica wird bekanntgegeben, daß die Briefe eingetroffen sind. Im Büro sitzen dann mehrere Mitarbeiterinnen mit endlosen Listen, suchen die Namen der Empfängerinnen und Empfänger, lassen sie die Briefe vor ihren Augen öffnen und den Empfang quittieren. Für den Fall von Handgreiflichkeiten ist ein Polizist abgestellt. »In der Zeit vom 9.11.1993 bis 12.1.1994«, schreibt die Büroleiterin des Medica-Frauenvereins in ihrem ersten Jahresbericht, »haben wir 496 Briefe ausgehändigt und etwa 500 geschickt.« Der Dienst wird bis Frühjahr 1994 fortgesetzt. Es ist Monika vorgeworfen worden, mit diesem Service den Schwarzmarkt bedient zu haben. Doch die Unterstützung aus Deutschland ist für viele die einzige Überlebenschance. Manche Menschen, die diese Möglichkeit nicht haben, stürzen sich von Hochhäusern in die Tiefe.

Für die Medica-Dolmetscherin Rada Stakić-Domuz, die ab Mai 1994 als Übersetzerin für Medica arbeitet, ist der Hunger die schlimmste Erfahrung des Krieges. »Der Hunger war ein Schock. Ich habe mich geschämt, hier in diesem Land zu leben.« Rada, die sich heute als Serbin verstehen muß, ist mit ihrem Mann Saša, einem Juristen und Musiker, und ihren beiden Schulkindern in Zenica geblieben, während viele serbische Familien zu Kriegsbeginn weggingen.

Ich erinnere mich an den Februar 1994, jede halbe Stunde schlug eine Granate ein, kein Strom, kein Gramm Mehl im Haus, Mehl kostete auf dem Schwarzmarkt 30 D-Mark. Saša, was sollen wir tun? Saša saß neben unserem improvisierten Holzofen, hielt den Kopf zwischen den Händen und schwieg. Es gab immer Bohnen, Linsen und Reis. Man kann nicht immer Bohnen essen, wir sind nicht in Afrika, wir sind nicht gewohnt, von einer Schale Reis am Tag zu leben. Es war so erniedrigend, als ob ich es verdient hätte. Und die Männer schämten sich, ihre Familien nicht rechtzeitig ins Ausland gebracht zu haben. Jetzt sind wir stolz, hiergeblieben zu sein.

Kirsten fährt manchmal in einem Konvoi mit nach Zenica, kleinere Mengen transportiert sie selbst im Jeep. Auch nach dem Washingtoner Abkommen, das durch die Gründung einer prekären Föderation zwischen Bosniaken und bosnischen Kroaten den Krieg im Krieg im März 1994 formell beendet, ist Kirstens Tätigkeit in Metković weiterhin notwendig. Die Konvois werden nach wie vor nicht durchgelassen. Offiziell gibt es für die Humanitären zwar Bewegungsfreiheit durch das Föderationsgebiet, doch dafür läßt sich die HVO immer neue Schikanen einfallen. Andauernd werden neue Gesetze erlassen, die Wegzölle von 10, 15 oder 20 Prozent vorsehen, jeden Tag müssen neue Genehmigungen eingeholt werden.

Ab Frühjahr 1994 sind die harten Auseinandersetzungen zwar vorbei, »Vorfälle« auf dem Weg von und nach Zenica gibt es aber noch genügend. Doch nur selten hält Kirsten inne, um sich zu fragen, ob ihr eigentlich bewußt ist, welches persönliche Risiko sie eingeht. Nicht einmal versichert ist sie. Es fehlt die Zeit, darüber nachzudenken. »Du funktionierst einfach.« Und wenn es sinnvoll erscheint, würde sie es wieder machen. Niemand würde die blasse junge Frau mit der sich chaotisch überstürzenden Sprache für eine Märtyrerin halten. Ihre Augen blitzen, wenn sie sich in einer typischen Geste mit der Hand durchs Haar fährt und das Gesicht in einer Mischung aus Erschöpfung, gespielter Verzweiflung und Abenteuerlust zu einer komischen Grimasse verzieht. Dann lacht sie verschmitzt. Ja, es hat auch Spaß gemacht.

Allerdings wohl erst nachher. Wenn es glimpflich ausgegangen ist. Wie einmal an einem HVO-Checkpoint mitten im Niemandsland. Die Männer sind fürchterlich betrunken. Mit im Wagen ist eine junge Medica-Mitarbeiterin. Gerade noch rechtzeitig dreht sie ihre Blue Card zum Körper, um ihren muslimischen Namen zu verbergen. Die Bemerkungen von betrunkenen Soldaten im Krieg beim Anblick zweier junger Frauen im Jeep sind leicht auszudenken, der Kontrollpunkt ist mit Pin-ups vollgehängt. Sie geben Kirsten unmißverständlich zu verstehen, daß sie keine Chance hat durchzukommen. »Wir bringen dich um.« Sie versucht, über Funk UNHCR zu erreichen. »Das ist eine NGO-Angelegenheit, da können wir nichts machen.« Am Ende werden sie unversehrt durchgelassen, müssen allerdings eine Kirsten unbekannte Strecke nehmen, auf der es sich nur im Schrittempo fahren läßt. Kurz zuvor ist Kirsten von einer bosnischen Medica-Mitarbeiterin gewarnt worden, daß die HVO den roten Jeep im Visier hat. Vor Mostar gibt es eine Stelle, die regelmäßig von den bosnischen Serben beschossen wird. UNHCR gibt die Vorschrift aus, die Strecke nur in Dreiergruppen oder in einem Konvoi mit sehr großem Sicherheitsabstand zu befahren. Gibt es ein besseres Ziel als einen roten Jeep in einer Gruppe weißer UNO-Fahrzeuge? Der Beschuß kommt an dieser Stelle zwar von der anderen kriegführenden Partei, doch Kirsten gibt trotzdem lieber Gas und rast alleine durch.

31

Winter 1993. Monika ist schwanger. Alle sind mit ihr glücklich. Die Schwangerschaft ist für das gesamte Projekt ein Symbol der Hoffnung, »unser bosnisches Kind«. Körperlich geht es ihr gut, seelisch fühlt sie sich stark.

Im Dezember eskalieren Hungersnot und Krieg. Die Folgen des LS-Debakels wirken nach. Monika macht weiter wie bisher. Als sie einmal unterwegs von Medica 2 zu Medica 1 ist, geht der Alarm los, und gleich darauf beginnt der Beschuß. Sie drückt sich in einen Hauseingang und klingelt an der Tür. Niemand öffnet. Da bittet sie ihr Kind um Verzeihung.

Die ersten Kontraktionen nimmt sie als Signale nicht wahr. Als sie darauf aufmerksam wird, ist es zu spät. Die Schwangerschaft ist in der 20. Woche.

32

24. Dezember 1993. Michaela Schumacher braucht drei Tage, um von Sarajevo nach Visoko zu gelangen, eine Strecke, die man fast zu Fuß zurücklegen könnte. Es ist ihr zweiter Aufenthalt in Bosnien. Sie wird von Nuna, Dijana und Momo abgeholt, mit dem Dijana seit kurzem verheiratet ist und der nun als Fahrer für Medica arbeitet. Die freudige Begrüßung bleibt aus. Die drei sitzen mit Totenmienen im Wagen. »Monika, Monika«, stammelt Dijana mit tränenerstickter Stimme.

»Was ist los, so redet doch!«

Nuna und Momo fangen an zu weinen. Endlich, kurz bevor sie die Pionirksa erreichen, erfährt Michaela, was los ist: »Monika hat Wehen.«

Monika liegt oben im Zimmer allein, hat wehenhemmende Medikamente eingenommen. Michaela verbringt die Nacht bei ihr, schläft zwischendurch vor Erschöpfung ein, redet im Schlaf. Ab und zu schaut eine Ärztin herein. »Hallo, Moni, alles in Ordnung?« Am nächsten Tag werden die Wehen schlimmer. Die Krankenschwestern und Bewohnerinnen sind wie benommen. Klamm sitzen sie im Aufenthaltsraum und beten. Die Ärztinnen bemühen sich weiter um fröhlichen Optimismus. »Hört auf mit diesen Sprüchen«, schnauzt Michaela die Anästhesistin an. »Monika ist Fachfrau. Die weiß, was los ist.«

33

Momo fährt Zilha und Michaela zu Medica 2. Als die Bewohnerinnen von der Fehlgeburt erfahren, brechen sie in Wehklagen aus, weinen und schreien. Für die stets kontrollierte und jetzt völlig sprachlos gewordene Michaela ist dieser Gefühlsausbruch fremd und beängstigend, gleichzeitig aber auch erlösend. Endlich dürfen Gefühle ausgedrückt werden, andere tun es für sie.

Zilha beauftragt die Nachtwächter, einen Sarg zu zimmern. An Monikas Lieblingsplatz am Abhang hinter dem Haus, wo die Sonne immer so schön auf die Pflanzen scheint, soll die Grabstätte sein. Michaela muß die Trauerrede halten. Sie findet in ihrem Portemonnaie ein Schutzgebet vom Heiligen Franz, das ihr ein wohlmeinender Mensch vor der Abreise mitgegeben hat.

34

Am Tag der Fehlgeburt wird in Deutschland bekanntgegeben, daß Monika Hauser von den ARD-Tagesthemen zur »Frau des Jahres« ernannt wurde. Im Kölner Büro laufen die Telefone heiß. »Dr. Hauser ist krank«, werden die Journalisten abgewimmelt.

Klaus-Peter verpaßt am Frankfurter Militärflughafen den Flug, kommt mit einem Tag Verspätung in Bosnien an, wird von Michaela in Kiseljak abgeholt. Von dort geht es mit dem gepanzerten Jeep nach Zenica. Am HVO-Kontrollpunkt will er durch das Heckfenster fotografieren, steigt aus, um es sauber zu wischen. Michaela flippt aus. Paranoid, denkt Klaus-Peter. Weit und breit ist keine Granate zu hören.

In Zenica werden sie am UNHCR-Gebäude abgesetzt. Das Gepäck steht auf der Straße. Plötzlich ist eine Tasche weg, ausgerechnet die mit den Medikamenten und Ersatzteilen. Als sich herumspricht, daß es eine Medica-Tasche ist, die entwendet wurde, steht sie nach einigen Stunden vor der Tür des Zentrums. Der Dieb bleibt unerkannt.

30. Dezember 1993. Monika muß im Studio der BBC in Vitez den ARD-Tagesthemen ein Interview geben. Grundlage der verliehenen Ehrung war ein ARD-Porträt des BBC-Journalisten Robert Adams. Als er von dem Preis erfährt, ruft er Monika von Split aus an: »Das ist das erste Mal in meinem Leben, daß meine Arbeit etwas bewirkt hat.« Er holt Monika, Klaus-Peter und Michaela ab. Mit Unprofor-Begleitschutz fahren sie nach Vitez. Im BBC-Studio, in dem die Satellitenschaltung nach Hamburg durchgestellt wird, hört man von draußen Schießereien. Monika ist körperlich und seelisch am Ende. In dem Gespräch mit Sabine Christiansen trägt sie einen hellen Pullover und hat einen bunten Schal elegant um den Hals geschlungen, dazu ihre baumelnden Ohrringe. Ihr Gesicht jedoch ist blaß, die Augen haben jeden Glanz verloren. Ihre Antworten sind knapp und präzise. Sie teilt mit, daß sie die Ehrung als ein Zeichen der Solidarität mit den traumatisierten Bosnierinnen und mit der Tragödie des gesamten bosnischen Volkes versteht. Nicht ein einziges Mal lächelt sie.

Monika weiß, warum sie diese Anstrengung noch auf sich nimmt. Im Anschluß an das Interview wird für einige Sekunden die Medica-Kontonummer eingeblendet. In den kommenden Tagen gehen 750 000 DM an Spendengeldern auf das Konto ein.

Nach dem Interview kehrt Monika nach Deutschland zurück.

Viele Mütter

1

Das Jahr 1994 beginnt mit Ärger. In der muslimisch-nationalistischen Zeitung *Lilijan* erscheint unter dem Titel »Falsche Königin entehrter Frauen« ein langer Artikel mit vielen Falschinformationen und einem bösartigen Zungenschlag:

> Die Ärztin Monika Hauser, eine junge Gynäkologin aus Kassel, wurde für das Jahr 1993 zur Ersten Dame Deutschlands ernannt (*gemeint ist die »Frau des Jahres« der ARD-Tagesthemen*). ... Ungefähr 500 Abtreibungen hat Medica bei Frauen durchgeführt, die nicht vergewaltigt worden sind. ... Die Angestellten von Medica werden für bosnische Verhältnisse sehr gut bezahlt, zwischen DM 150,– und 600,–. Eine solche Arbeit beziehungsweise Bezahlung ist ein Privileg, und so sind die Mitarbeiterinnen ihrer Chefin äußerst zugetan. Es gibt allerdings auch Ausnahmen. Auf allen Führungspositionen sitzen kroatische oder serbische Frauen. Kolleginnen von Dr. Hauser, die aus Deutschland kommen, sind Jüdinnen ... Eine Frau, die in Selbstinitiative vergewaltigten Frauen hilft, ... setzt sich persönlich bei der Stadtverwaltung dafür ein, ein Projekt zu gründen, das ähnlich wie Medica arbeitet und in dem ausschließlich moslemische Frauen beschäftigt sein sollen. ... Monika hat Ruhm geerntet für ihre Hilfe für Menschen in Not. ... Viele politische Kreise benutzen Bosnien für ihre persönlichen Werbefeldzüge. So machen es auch einige Literaten, Filmleute, Schauspieler und, warum soll man es nicht sagen, auch einige professionelle Humanisten. Monika Hauser hat ihre Arbeit in Zenica benutzt, um ihre Doktorarbeit der Medizin vorzubereiten.

In dem ziemlich wirren Artikel werden des weiteren nicht nachvollziehbare Bezüge zu Südafrika, Mitterrand, der Caritas, dem britischen UNO-Bataillon und der Gesellschaft für Bedrohte Völker hergestellt. Manche der Informationen stammen eindeutig aus dem Inneren von Medica. Der Journalist bezieht sich auf eine Ärztin, »die wegen ihrer Verbindung zu Medica noch anonym bleiben will«.

Das Machwerk scheint von der regierenden muslimisch-nationalistischen SDA-Partei lanciert worden zu sein, denn gleichzeitig wird eine Demonstration von Kriegsversehrten gegen Medica geplant. Ein solches Frauenprojekt sei ein Luxus, das Gebäude werde zu anderen Zwecken gebraucht. Die Demonstration wird nicht genehmigt. Es kursieren Gerüchte, daß die SDA den Müll von Medica habe untersuchen lassen.

Das Medica-Zenica-Team schreibt eine empörte Entgegnung an die Redaktion, Michaela Schumacher aus Köln eine ausführliche Gegendarstellung in 19 Punkten, in der sie u. a. die Zahl der Abbrüche zwischen April und Dezember 1993 mit circa 100 angibt. Sie verlangt die Veröffentlichung in der nächsten Ausgabe des Blattes. Diesem Wunsch trägt die Zeitung nicht Rechnung, und die Medica-Frauen haben keine Zeit und Energie, die Sache weiter zu verfolgen.

2

2. März 1994. In Washington werden die Grundsatzvereinbarungen für eine kroatisch-muslimische Föderation in Bosnien unterzeichnet. Schon Tage zuvor meldet die UNO eine »deutliche Abnahme« beziehungsweise ein »vollständiges Erliegen« der Kämpfe zwischen bosnischen Kroaten und Bosniaken. Dieser neuerliche Versuch zur Beendigung des Krieges in Bosnien sorgt für Ärger zwischen den USA, Großbritannien und Rußland. Schon im Februar kritisiert der britische EU-Vermittler David Owen, daß es »der wesentliche Nachteil« des US-Plans

sei, »keinen Spielraum für Gebietsaustausch zwischen Serben und Kroaten zu lassen«. Dazu wird allerdings noch Gelegenheit sein.

3

2. April 1994. Zum ersten Jahrestag von Medica finden eine Pressekonferenz und ein Fest statt. Das Medica-Team zieht Bilanz. In Medica 1 wurden in der gynäkologischen Ambulanz durchschnittlich 180 Frauen monatlich medizinisch versorgt, einschließlich Ultraschalluntersuchungen und Abbrüchen. Seit Januar gibt es auch eine allgemeinmedizinische Ambulanz für Frauen mit durchschnittlich 120 Untersuchungen im Monat. In den drei Medica-Häusern leben 150 Frauen und Kinder. Über 4000 Frauen wurden ambulant allgemeinmedizinisch, gynäkologisch, sozialarbeiterisch und psychologisch betreut. Monatlich erhalten etwa 3000 besonders benachteiligte Menschen Lebensmittelpakete.

An der Pressekonferenz wird Monika, die für den ersten Jahrestag aus Deutschland gekommen ist, nach den Kindern gefragt, die nach einer Vergewaltigung geboren wurden:

> Die meisten Frauen, die so hochschwanger waren, daß sie ihre Kinder zur Welt bringen mußten, befinden sich in Tuzla und Umgebung. Aus militärisch-geographischen Gründen sind nicht so viele zu uns nach Zenica gekommen. Im letzten Sommer hat eine dieser Frauen ihr Kind hier bekommen. Sie ist mit dem Kind für eine bestimmte Zeit im Zentrum geblieben und hat ganz bewußt gesagt: Die erste Zeit will ich das Kind hier selbst versorgen, dann gebe ich es zur Adoption frei. Es ist immer eine ganz individuelle Entscheidung, was eine Frau kann und was sie nicht kann. Wir wissen, daß die Dunkelziffer der Frauen, die ihr Kind getötet haben, in der Region Tuzla

recht groß ist. Diese Frauen haben keine professionelle Hilfe bekommen und waren in ihrer Traumatisierung völlig auf sich allein gestellt. Wir können uns vorstellen, wie eine Frau weiterlebt, die ihr Kind töten mußte. Bei uns wohnen auch solche Frauen, die ihr Kind behalten haben. Es gibt Phasen, in denen eine Mutter Aggressionen gegen das Kind entwickelt, weil es sie daran erinnert, was ihr angetan wurde, und Phasen der Zugewandtheit, in denen sie das Kind bejaht und liebt wie jede andere Mutter.

Die Mütter, von denen Monika spricht, wohnen in Medica 2, inmitten einer Gruppe von jungen Frauen, die intuitiv sehr sensibel mit ihren traumatisierten Mitbewohnerinnen umgehen. In den aggressiven Phasen, in denen eine der jungen Mütter das Kind nicht ertragen kann, übernehmen die anderen Frauen für einige Zeit die Betreuung. Gerade in der Kleinkindphase, in der das Kind auf keinen Fall begreifen kann, warum ihm die Fürsorge plötzlich entzogen wird, wird so der dem Kind zugefügte Schaden begrenzt, zumal es sich bei den Ersatzmüttern um Frauen handelt, die auch sonst täglich mit dem Kind zu tun haben. In einem Film des Bayerischen Fernsehens erzählt eine dieser Mütter:

> Als mein Vater das Kind zum ersten Mal sah, sagte er, ihm stünden augenblicklich alle Grausamkeiten vor Augen, die die bosnischen Kroaten uns angetan haben. Die eine Hälfte des Kindes habe er sehr gern, die andere Hälfte aber könne er nicht annehmen. Für mich ist es genauso. Mir ist, als hätte ich zwei Kinder. Manchmal vergesse ich, wessen Kind Enisa ist, dann habe ich sie sehr lieb. Aber manchmal erinnern mich ihre Bewegungen an diesen Mann, dann mag ich sie nicht. Dann denke ich, sie ist das Kind einer anderen Frau.

Zum Fest anläßlich des ersten Jahrestags von Medica Zenica mit Livemusik und allem, was die bosnische Küche an ölgetränkten, salzigen und (sehr) süßen Leckereien aufzubieten hat, kommen viele wichtige Persönlichkeiten der Stadt, darunter der Oberste Imam von Zenica und der Chefarzt der gynäkologischen Abteilung des Krankenhauses. 60 Prozent der Medikamente fehlen im Krankenhaus, klagt Dr. Fikret Šestić, vor allem Narkotika, Antibiotika und Schmerzmittel. Er beobachtet einen starken Anstieg von Erkrankungen an Eierstockkrebs. Šestić arbeitet seit 34 Jahren im Krankenhaus von Zenica und hat in den letzten eineinhalb Jahren mehr Eierstocktumore diagnostiziert als in seiner gesamten bisherigen Laufbahn. »In der ganzen Welt ist noch nie ein solcher Anstieg an Eierstockkrebs beobachtet worden.«

4

Die Blockade wird nach und nach aufgehoben. Der größte Hunger ist vorbei, die Medica-Frauen können sich wieder mehr auf ihr eigentliches Projekt konzentrieren. Schon lange ist das Büro des Medica-Frauenvereins zur allgemeinen Anlaufstelle von Flüchtlingsfrauen auf der Suche nach materieller Hilfe oder sozialem und juristischem Rat geworden. Vier bis fünf junge Frauen stehen zur Verfügung, um die Sorgen der Flüchtlinge anzuhören und praktische Hilfe zu leisten. So bekommen sie Einblick in die Lebenssituationen weiblicher Flüchtlinge. Sie stellen zum Beispiel fest, daß ein Großteil der Flüchtlingsfrauen aus ländlichen Gebieten Analphabetinnen sind, ein Tatbestand, der im früheren Jugoslawien nicht an die große Glocke gehängt wurde. Daraus entsteht die Idee, sich ein Bild über die gesundheitliche, soziale und ökonomische Lage sowohl von Flüchtlingsfrauen als auch von Frauen in Bosnien generell zu verschaffen. Die *Infoteka*, wie diese neue Medica-Einrichtung genannt wird, orientiert sich an der Zagreber Infothek, ein mit E-mail und internationaler feministischer Literatur ausgestattetes feministisches Archiv. Dank internationaler Hilfe wird die *Infoteka* mit Computern bestückt, und die jungen Frauen lernen, auf elektronischem Weg mit der Welt Kontakt aufzunehmen. Das erste E-mail nach draußen ist ein ebenso historischer Augenblick wie der erste Anruf über das Satellitentelefon. Von da an entsteht ein ständig wachsendes Netz an Kontakten mit einzelnen Frauen und Frauengruppen in allen Teilrepubliken des ehemaligen Jugoslawien und in der ganzen Welt.

Die E-mail-Fachfrau der *Infoteka* ist eine bemerkenswerte junge Frau, die seit August 1993 für Medica arbeitet. Selma Hadžihalilović spricht neben ihrer Muttersprache Französisch, Englisch und Deutsch. Als Tochter eines Diplomaten und einer Ärztin lebte sie vier Jahre in Guinea, wo sie eine französische Schule besuchte. Deutsch hat sie in der Schule in Bosnien gelernt, Englisch hat sie sich selbst beigebracht, mit Hilfe von englischen Filmen und Popmusik. Selma hat 1994 ihre Krankenschwesternausbildung mit dem Abitur abgeschlossen. Sie wirkt sehr ernst und immer ein wenig traurig. Ihre Geschichte, die die damals 19jährige im April 1995 während eines Köln-Aufenthalts erzählt, soll stellvertretend für viele junge bosnische Menschen festgehalten werden, denen der Krieg die Jugend geraubt hat:

> Als der Krieg begann, war ich 16. Da wurde man plötzlich innerhalb weniger Monate erwachsen. Ich kann mich noch genau erinnern, wann das war. Der Krieg in Slowenien hatte eben begonnen. Mein kleiner Bruder war damals sechs Jahre alt. Er schnitt gerade ein Stück Brot, als sie im Radio den Anfang des Krieges meldeten. Mein kleiner Bruder legte das Messer nieder und hörte aufmerksam zu. Ich sah ihn an und fing an zu weinen. Warum machte er ein solches Gesicht? Er schaute mich von der Seite an und lächelte, so, als wollte er sagen: Mach dir keine Sorgen, ich werde schon auf dich aufpassen. Es war schockierend, daß ein so kleines Kind schon so viel begriff. Da erkannte ich, daß unser Leben sich von Grund auf ändern würde.

Waren dir deine Eltern damals eine Hilfe?

Ich habe sie nicht darum gebeten. Sie hatten so viele eigene Sorgen. Mein Vater hat Verwandte in Ostbosnien. Wenn er die Nachrichten hörte, saß er nur da und schwieg. Niemand sprach, die Menschen waren bloß traurig. Ihr Entsetzen haben sie tief in ihrem Herzen verschlossen. So wird man also älter, zehn Jahre älter oder auch hundert Jahre. Manchmal komme ich mir vor wie sechzig oder siebzig. Aber wir waren froh, daß die Menschen in meiner Stadt wenigstens normal geblieben sind. Es gab ein paar Extremisten, aber man hat ihnen nicht erlaubt, Menschen zu vertreiben. Zenica ist eine Arbeiterstadt, und alle mußten immer hart arbeiten. Der Überlebenskampf hat die Menschen zusammengeschweißt. Die Leute hatten keine Zeit, sich um Politik zu kümmern. Deshalb war ich so überrascht, als ich sah, wie die Serben anfingen, die Stadt zu verlassen. Es war, als ob jemand ein Messer in mein Herz bohren würde. Warum gingen sie? Und wir hörten, wie sie schlecht über uns sprachen. Dabei hatten wir nichts getan. Sie waren es doch, die weggingen! Sie hatten Angst. Aber wovor hatten sie Angst? Ich habe von meinen Freunden nie eine Erklärung bekommen. Aber meistens waren es ja ihre Eltern, die Bosnien verlassen wollten. Nur von einem Jungen habe ich später noch gehört. Er spielte so gut Ziehharmonika. Jetzt ist er arm und muß in Belgrad in Kneipen für Geld spielen, bei den Betrunkenen. Er war so ein netter ernster Junge. Wenn er in Bosnien geblieben wäre, hätte er seine Schule beenden und an die Universität gehen können, wie wir alle. Es ist schwer, aber wir tun es. Wir müssen nicht in der Nacht in Kneipen Musik machen.

Du bist dann zur Armee gegangen?

Ja, am Anfang war es mir egal, was ich tat, ich wollte nur etwas tun, irgend etwas beitragen, um mein Land zu verteidigen. Okay, sagten sie, du bist jung und du bist ein Mädchen, also kannst du Geschirr spülen. Zwei Tage habe ich das gemacht, dann sagte ich: Basta, ich kann mehr als das! Schließlich besuche ich eine Schwesternschule, da kann ich mich doch in diesem Bereich nützlich machen. Da steckten sie mich in die Unfallabteilung des Krankenhauses. Das ist meine Spezialisierung als Krankenschwester. Eigentlich hätten sie erfahrene Schwestern gebraucht, aber es gab so viele junge Menschen, die helfen wollten. So war es nicht außergewöhnlich, daß sich 14jährige Mädchen um die Verwundeten kümmerten. Gleichzeitig besuchten wir weiter die Schule. Ich mußte einfach etwas tun. Ich konnte nicht passiv zu Hause sitzen und darauf warten, daß meine Mutter und meine Schwester vergewaltigt werden. In einem Ort in der Nähe von Zavidovići kam ich zum ersten Mal mit größeren Armeeaktivitäten in Berührung. Ein Projektil hatte die Muskeln des jungen Mannes an der Brust durchschossen, und alles war voller Blut, es floß nur so aus ihm heraus. Und wir, meine Freundin und ich, wir fragten uns, mein Gott, wo ist denn die Wunde? Wir konnten sie vor lauter Blut nicht sehen. Wir nahmen 20 Bandagen und wickelten sie um ihn herum, aber immer noch verlor er Blut. Dann begann er einzuschlafen. Da fing ich an zu schreien: »Nein, nicht einschlafen!« Wir stoppten schließlich das Blut, und er schlief nicht ein. Jedesmal, wenn er mich nachher sah, packte er mich und tanzte mit mir herum: »Du hast mein Leben gerettet, du hast mein Leben gerettet!«

Du warst sehr jung. Hat dich das alles nicht überfordert?

Ich hatte immer Bauchschmerzen, immer. Ich hatte natürlich Angst, weil ich unerfahren war und nicht wußte, ob ich meine Arbeit richtig machte. Ich durfte mir aber nichts anmerken lassen, denn man mußte ja Zuversicht verströmen. Jetzt habe ich ein Magengeschwür. Aber fast jeder in Bosnien hat ein Magengeschwür. Besonders die Jungen. In den ersten beiden Kriegsjahren nahm ich viele Medikamente, später habe ich aufgehört damit. Wenn ich Schmerzen habe, dann habe ich eben Schmerzen, jetzt im Augenblick habe ich gerade keine. Ich arbeitete in der Notaufnahme, wo die Leute von der Front kamen. Und wir mußten immer die etwas schrägen jungen Mädchen spielen, die stets lächeln und Witze reißen, um die Soldaten abzulenken. Das gehört zur psychologischen Arbeit einer Krankenschwester. Einer meiner schlimmsten Augenblicke war, als ich einmal Nachtdienst hatte. Da war ein junger Mann, der eben von der Narkose aufgewacht war und realisierte, daß er sein Bein verloren hatte. Er wollte ein Medikament, weil er Schmerzen hatte. Er war sehr nervös, schrie herum und fluchte. Ich wollte ihm aber kein Medikament geben, weil er schon genug bekommen hatte, ich wollte nicht, daß er sich den Magen verdirbt. Außerdem wußte ich, daß sein Schmerz nicht von seinem Bein herrührte. Also unterhielt ich mich mit ihm. Er war Fußballer gewesen. Jetzt klagte er, er werde nicht mehr Fußball spielen können. »Okay, du kannst nicht mehr Fußball spielen«, sagte ich, »aber du kannst etwas anderes tun, du kannst deine Schulausbildung beenden, du kannst als Therapeut arbeiten, du kannst anderen einbeinigen Fußballern helfen, kannst ihnen zeigen, wie du es geschafft hast.« Ungefähr drei Stunden haben wir so miteinander gesprochen, und am Ende sagte er: »Seltsam, jetzt habe ich keine Schmerzen mehr.« Dann lächelte er und schlief ein. Danach ging ich in mein Zimmer und heulte. Ich hatte gelächelt und ihm Hoffnung gegeben. Aber was wird wirklich aus ihm werden? Er wird sein Leben lang ein Krüppel bleiben, wird er jemals ein normales Leben führen können? Habe ich ihn angelogen?

Vielleicht wird sich nichts von dem, was ich ihm vorgegaukelt habe, bewahrheiten. Der Gedanke an sein künftiges Leben tat mir weh, so weh. Und dann kommt schon der nächste Verwundete mit der Rettung, und du mußt wieder dein Lächeln aufsetzen. Und du selbst hast niemand, der sich um dich kümmert.

Haben dich deine Eltern nie getröstet?

Die haben auch so genug am Hals. Meine Mutter kümmert sich um kranke Kinder, mein Vater muß seine Verwandten aus Višegrad und Goražde versorgen, die nach und nach als Flüchtlinge nach Zenica gekommen sind. Warum sollte ich sie mit meinen Problemen belasten? Ich war 16, 17, 18, ich war das älteste Kind in der Familie. Ich mußte stärker sein als sie, mußte meiner Mutter und meinem Vater Kraft geben. Es gab einfach niemand, der mich in den Arm nahm und sagte: »Ich liebe dich, du bist süß.« Meine Eltern waren dankbar, daß ich nicht weinte und kämpferisch war. Aber dann mußte ich mit der Arbeit im Krankenhaus aufhören. Ich konnte einfach nicht mehr. Eineinhalb Jahre hatte ich durchgehalten. Am Anfang mochte ich den Job, so komisch das vielleicht klingt. Ich hatte mich schon daran gewöhnt, mit Blut zu arbeiten. Aber einmal sah ich ein 13jähriges Kind, dem beide Beine amputiert worden waren. Als sie den Jungen ins Krankenhaus brachten, hatte er Wundbrand an beiden Beinen. Ich stand bei der Visite neben dem Chirurgen. Plötzlich verließ er den Raum und fing an zu weinen. Was ist los? Der Junge müßte sofort nochmals operiert werden, antwortete er, aber es gibt keine Narkose, also muß er warten. Da entschloß ich mich, nicht mehr weiterzumachen. Wir hatten keine Anästhesie. Die Ärzte mußten Beine nur mit Lokalanästhesie abschneiden. Man kann sich den Schmerz unmöglich vorstellen. Die Patienten fielen in Ohnmacht oder sie schrien oder sie sahen einfach teilnahmslos zu, was mit ihrem Bein geschah. Außerdem hatten wir nie genug zu essen. Den ganzen Winter und Sommer 1993 hindurch. Ich arbeitete 12 Stunden am Tag mit zwei Scheiben Brot und einem Stück Käse. Die anderen Krankenschwestern hatten nichts als das. Ich bekam zu Hause wenigstens ein warmes Mahl von meinen Eltern. Bohnen, Brot und Reis, Tag für Tag. Manchmal träume ich davon. Manchmal nehme ich ein Glas Wasser zur Hand, und plötzlich erinnere ich mich, daß wir damals den ganzen Tag mit einem Liter Wasser auskommen mußten. Manchmal würde ich gerne vergessen, aber ich kann nicht. Dann wieder will ich auf keinen Fall vergessen.

Wie stellst du dir deine Zukunft vor?

Ich habe Träume wie jeder Mensch, aber es ist alles so ungewiß. Wahrscheinlich werde ich weiter für Medica arbeiten und versuchen, mein Studium zu beenden. Ich habe mich für Romanistik eingeschrieben. Meine Eltern haben mir immer eingeschärft, daß ich auf jeden Fall zuerst die Schule beenden muß, um eine persönliche Grundlage zu haben. Davon darf mich auch dieser Krieg nicht abhalten. Wenn Verwundete ohne Beine zur Schule gehen können, um ein neues Leben zu beginnen, dann muß ich es auch können. Ich muß ein neues Leben aufbauen, ein neues Land, alles fängt von vorne an. Ich möchte etwas Nützliches tun, etwas, das sowohl mir als auch den anderen gut tut. Dafür brauche ich Bildung.

Was für ein Land möchtest du denn aufbauen?

Ich möchte ein demokratisches, ungeteiltes, souveränes Land aufbauen, eines, das alle Traditionen der Menschen, die in Bosnien-Herzegowina leben, in sich vereint. Ich träume davon, daß Bosnien eines Tages wie die Schweiz wird. Ja, wir sind dazu fähig! Bei uns gibt es kluge Menschen, herrliche Berge und Flüsse, eine wunderbare Tradition, eine großartige Kultur. Vielleicht werden wir nicht werden wie die Schweiz, das ist unmöglich, aber ich glaube daran, daß mein Land eines Tages sehr, sehr stark wird.

Und was ist mit Banja Luka, das jetzt zur sogenannten Serbischen Republik gehört?

Ja, das ist eine gute Frage. Aber sogar dort, auf der anderen Seite, bei den Aggressoren, gibt es normale Menschen, das hoffe ich wenigstens. Und ich glaube daran, daß jene, die dieses Böse angerichtet haben, bestraft werden und daß die normalen Menschen überleben. Es trifft ja nicht nur uns, es trifft auch sie.

Begreifst du, was geschehen ist?

Niemand begreift es wirklich! Was hätte ich mit 16 schon begreifen können? Sie begannen auf uns zu schießen. Warum? Weil ich Selma heiße? Ist das der Grund? Ist die Farbe meiner Haut irgendwie anders? Bin ich eine moslemische Fundamentalistin? Ich glaube nicht. Ich weiß nicht einmal, was das heißt. Eine Muslimin zu sein heißt für mich eine Kultur und eine Tradition zu haben, die ich von meinen Urururururgroßeltern ererbt habe. Religion bedeutet mir nicht viel, aber wenn es ein großes traditionelles Fest gibt, dann küsse ich meine Cousins und Cousinen, wenn die Tradition es verlangt. So ist unser Leben. Jeder, der kommt, ist mein Freund, wir fragen nicht danach, ob er reich ist oder arm. In dieser bosnischen Tradition möchte ich weiterleben.

Manche fürchten, daß sich Fundamentalismus ausbreiten wird.

Dieses Gerede vom Fundamentalismus in meiner Stadt macht mich unglücklich und wütend. Erstens haben wir das Recht, unsere Traditionen zu leben. Katholiken haben ihre Traditionen, Protestanten haben ihre Traditionen, warum nicht wir? Eine Nation ohne Tradition hat keine Seele und keinen Geist. Und zweitens gibt es dazu noch etwas zu sagen: Nach islamischer Sitte muß eine Frau, wenn sie etwas traditioneller lebt, ihren Kopf 40 Tage lang bedecken, wenn jemand in ihrer Familie stirbt. Wer kann sagen, daß die Frauen mit den Kopftüchern, die wir auf den Straßen sehen, nicht einen Ehemann, einen Sohn, einen Bruder beweinen? Die Leute sehen in den Straßen von Zenica vielleicht zwei junge Frauen mit Kopftuch. Sie machen ein Foto, weil das für sie vielleicht ein ungewohnter Anblick ist. Zwei Frauen gegen Tausende von Frauen und jungen Mädchen in Miniröcken und ausgeschnittenen Kleidern. Die werden aber nicht fotografiert, denn das ist nicht interessant. Und in der Infoteka fragen sie dann die Büroleiterin und mich, was wir sind. Denn man sieht nicht, daß sie Serbin ist oder orthodox, ich Muslimin und mein Freund Katholik. Früher habe ich diese Unterschiede nie bemerkt, eine Moschee war für mich dasselbe wie eine katholische Kirche, und ich hatte immer Freunde mit unterschiedlichen Namen. Unser Präsident ist der Parteivorsitzende der SDA – und was sagt er? Er sagt nicht, daß er sich in Bosnien einen Gottesstaat wünscht. Nein, er sagt, daß alle Nationen zusammenleben sollen. Und ich glaube ihm. Denn in unserer Kultur waren wir immer vermischt. Es gibt dafür auch ein eigenes Wort: Wir sind »Merhametli«, Leute guten Willens. Das bedeutet Großzügigkeit, die Bereitschaft zu verzeihen. So waren wir immer, und so werden wir immer sein. Das klingt vielleicht ein bißchen verrückt, weil wir ja die Angegriffenen sind.

Meinst du, daß die vergewaltigten Frauen auch so denken?

Sie können wahrscheinlich nicht so leicht verzeihen. Wenn ein Tschetnik mich vergewaltigt hätte, würde ich ihn wahrscheinlich töten wollen. Aber würde ich seinetwegen meine orthodoxe Freundin hassen? *Sie* hat mir doch nichts angetan.

Gibt es etwas, was du noch sagen möchtest?

Ich möchte etwas sagen, was den Leuten in Deutschland nicht gefallen wird. Ihr habt ein großartiges Leben, ihr habt Strom und so viele andere Sachen. Aber ich könnte hier nicht leben. Ich denke, daß es noch andere Werte gibt, als ein Auto zu haben und ein Handy, oder mir überlegen zu müssen, was ich heute abend anziehen soll. Das ist doch abwegig! Ja, vor dem Krieg haben wir auch nur solche Probleme gehabt. Der Krieg ist schrecklich, aber er hat mir auch viel Kraft gegeben. Er hat mich gelehrt, daß das Leben selbst der größte und einmaligste Wert ist, den es gibt. Bloß atmen zu können und beide Arme und Beine zu haben. Wenn ich anfange, mir zu überlegen, daß ich, wenn ich nach Bosnien zurückkehre, vielleicht nichts zu essen habe, nichts anzuziehen und nichts zu rauchen, dann könnte ich mich umbringen. Das Leben geht weiter, was kann ich also tun? Wenn ich weine, werden andere auch weinen. Am Ende werden Tausende weinen, und das wird uns zerstören. Also versuche ich, Spaß zu haben.

5

Im März 1994 beginnt Medica Köln mit einer Fundraising-Kampagne für den Medica 1 angeschlossenen Kindergarten *Kekec*, benannt nach einem Jungen aus einem slowenischen Märchen.

Von Anfang an war die Betreuung der Kinder der Medica-Bewohnerinnen integraler Bestandteil des Zentrums. Als immer mehr Flüchtlingskinder von außen aufgenommen werden, wird der Kindergarten zu einem selbständigen Projekt. Seit Oktober 1993 besuchen etwa 40 Kinder den frisch renovierten und reichlich mit Spielzeug ausgestatteten Kindergarten im hinteren Teil des Medica-Haupthauses. Die meisten sind Flüchtlingskinder, deren Mütter in trostlosen Gemeinschaftsunterkünften hausen. In den ersten Tagen sind die Kinder sehr unsicher. Sie verhalten sich mucksmäuschenstill und können es nach den vielen Monaten erzwungenen »Bravseins« unter nervlich zerrütteten Erwachsenen gar nicht glauben, daß sie sich nun wieder wie Kinder benehmen dürfen. Nach und nach beginnen sie, sich einzugewöhnen und allmählich auch, so gut sie können, ihre Gefühle über das Erlebte auszudrücken.

In ihren Spielen nimmt der Krieg eine wichtige Rolle ein. Die Kinder teilen sich auf in Tschetniks, bosnische Armee und die eigene Familie. In ihren Zeichnungen erscheinen Szenarien des Grauens: brennende Häuser, mit Kalaschnikows schießende Männer, Hubschrauber, UNO-Panzer, Rotkreuzfahrzeuge, flüchtende Menschen mit Taschen, um Hilfe schreiende Mütter mit Kindern an der Hand, in einer Blutlache liegende Verletzte, Menschen auf Bahren, die Fahne mit den vier kyrillischen S (»Nur Einigkeit rettet die Serben«) an einem Lastwagen, der mit Männern beladen davonfährt, und die Alte Brücke von Mostar, die in Stücke zerborsten in den Fluß Neretva stürzt. Was haben diese Kinder nicht alles gesehen! Und immer wieder im Hintergrund, zwischen grünen Hügeln hervorlugend, die gelbe Sonne unter blauen Schäfchenwolken. Ein elfjähriges Mädchen zeichnet eine Szene im Flüchtlingscamp. Zwei Personen umarmen einander und weinen. Darüber eine Sprechblase mit einem traurigen Text: »Das ist der Augenblick, an dem sie von einer Verwandten erfährt, daß ihr Vater tot ist.« Ein Junge aus Doboj zeichnet, wie der Vater in einem Tunnel von der Mutter und den Kindern getrennt wird. Aus dem Mund eines bärtigen

Tschetniks kommt eine Sprechblase: »Gebe Gott, daß die Balija verrecken!« Und der kleine Junge in der Zeichnung sagt: »Gebe Gott, daß du krepierst, der du mir meinen Vater genommen hast!« So kann das Kind seine Aggressionen abreagieren. Aus Papiermangel zeichnen die Kinder während des Krieges auf beschriebenen dünnen Blättern und auf Computerausdrucken.

Die junge Erzieherin Kanita Arambašić versucht, den Kindergarten als »glückliche Familie« zu organisieren. Die Eltern können jederzeit kommen, um sich den Betrieb anzusehen oder sich mit den Erzieherinnen über Erziehungsprobleme auszusprechen. Im ehemaligen Jugoslawien, erinnert sich Kanita, ging es in den Kindergärten ganz anders zu. Wie die Psychologinnen müssen sich die Kindergärtnerinnen erst mit neuen Erziehungsmethoden vertraut machen. Fachliteratur in bosnischer Sprache gibt es kaum. »Wenn wir etwas Neues lernen, wenden wir es gleich an.« Der Bedarf an *Kekec*-Plätzen ist riesig. Täglich kommen Mütter und bitten um Aufnahme ihrer Kinder. Schließlich bekommen die Sprößlinge bei Medica auch täglich ein warmes Essen. Doch die Kapazitäten sind begrenzt. Aufgenommen werden neben »Medica-Kindern« nur Flüchtlingskinder und Kinder, in deren Familien es große Probleme gibt. An der Entscheidung über eine Neuaufnahme beteiligen sich auch die Psychologinnen. Das von Michaela Schumacher und der Psychologin Ursula Wirtz angebotene Seminar zur Deutung der Kinderzeichnungen stößt bei den Psychologinnen vorerst auf kein Interesse, doch die Kindergärtnerinnen sind begierig zu lernen. Ende 1995 besucht die Psychologin Mirha Pojskić eine achtwöchige Einführung in Kindertherapie in den USA. Danach unterstützt sie die Kindergärtnerinnen bei der Deutung der Zeichnungen. Ist eine Zeichnung besorgniserregend, spricht sie mit der Mutter. Eventuell geht das Kind dann zu ihr in die Spieltherapie.

In von *Norwegian People's Aid* angebotenen Seminaren lernen die Erzieherinnen, die Kinder im Spiel sowohl zu sensibilisieren als auch rechtzeitig aufzuhören, um eine Retraumatisierung zu verhindern. Manchmal beginnt ein Kind mitten im Spiel zu weinen. Wenn es bereits genügend Zutrauen gefaßt hat, kann es vorkommen, daß es Kanita an der Hand nimmt und sagt: »Kannst du mit mir hinausgehen, ich will dir erzählen, warum ich weine.«

Einer der ersten schweren Fälle im Kindergarten ist ein traumatisierter sechsjähriger Junge aus Vitez. Er wird von der Mutter gebracht, weil er Bettnässer ist, Alpträume und Schlafstörungen hat. In der Flüchtlingsunterkunft, in der er wohnt, sind viele Kinder, die ähnliches erlebt haben und oft darüber sprechen. Mit diesen Kindern will er nicht spielen, bleibt immer im Haus, geht nie in den Hof hinaus. Seine Mutter macht sich Sorgen, wie es sein wird, wenn er zur Schule muß. Im Kindergarten weigert er sich anfangs, zu malen, und spielt nur dann mit den anderen Kindern, wenn die Erzieherinnen dabei sind. Doch allmählich verändert er sich, sagt bei Veranstaltungen sogar Gedichte auf und weint am Freitag, weil der Kindergarten am Wochenende geschlossen hat. Die Mutter kommt vorbei und berichtet Kanita freudestrahlend, daß sie ihr Kind gar nicht wiedererkennt. Die Alpträume und Schlafstörungen sind vorbei, und im Kindergarten hat der Junge sogar lesen und schreiben gelernt. Dann wird er eingeschult. Als Kanita die Mutter später auf der Straße trifft, bedankt sie sich überschwenglich für alles, was Medica für ihren Samel getan hat. Er hat die erste Klasse mit lauter »Sehr gut« abgeschlossen.

Kinder, die in eine andere Stadt oder ins Ausland gehen, schreiben und lassen die anderen Kinder grüßen. Die Briefe werden liebevoll in ein Buch geklebt. Noch lange Zeit erinnern sich die Fortgegangenen an die Namen ihrer Freundinnen und Freunde im Kindergarten. Der kleine Admir etwa, der ein volles Jahr lang die immergleichen Bleistiftzeichnungen mit Panzern und brennenden Häuser anfertigte, schreibt: »Ich werde euch zu meiner Hochzeit einladen.«

Kanita stellt den Kindern eine Frage: »Was würde ich tun, wenn ich einen Zauberstab hätte?« Die Antworten sprechen von der Sehnsucht nach Frieden und einem ganz normalen Kinderleben: »Die ganze Welt wäre schön, alle Menschen würden sich lieben, die Kinder, die getrennt von ihren Eltern leben, würden wieder mit ihren Eltern zusammen sein.« – »Ich würde sämtliche Flüchtlinge in sauberen und komplett eingerichteten Häusern unterbringen.« – »Ich würde aus sämtlichen Waffen Blumen machen.«

6

Im Juni 1994 erhält Monika Hauser den Gustav-Heinemann-Preis. Ihre Rede bei der Preisverleihung in Berlin beginnt sie mit den folgenden Worten: »Am Anfang stand meine Wut: auf die Art, wie die Medien über die traumatisierten Frauen berichteten und sie so ein zweites Mal mißbrauchten.« Als Beispiel des rücksichtslosen Umgangs der Medien mit den Frauen berichtet sie über einen Journalisten des US-Fersehsenders ABC. Er wurde von einem Mitarbeiter des *Dokumentationszentrums zur Erfassung von Kriegsverbrechen und Verbrechen gegen die Menschlichkeit* zu einer Frau begleitet, die in der Nähe von Medica in einem Flüchtlingslager untergebracht war. Sie erklärte sich bereit, ihre Vergewaltigungserfahrung zu erzählen, unter der Bedingung, daß weder ihr Gesicht gezeigt noch ihr Name genannt werde, denn sie hat Verwandte in den USA. Das Interview wurde gedreht, das Gesicht wurde gezeigt, ihr Name wurde genannt. »Die Frau ist bis zum heutigen Tag verstummt. Sie hatte damals gerade mit mir zu sprechen begonnen, ich wollte sie motivieren, zu Medica zu kommen. Danach sagte sie, daß keine Therapie der Welt ihr jemals würde helfen können.«

Der Umgang von Medica mit Journalistinnen und Journalisten ist stets eine Gratwanderung. Einerseits ist das Projekt aus politischen und finanziellen Gründen auf Berichterstattung angewiesen, andererseits können unsensible Journalisten schwere Retraumatisierungen auslösen. Nicht alle Journalisten sind so rücksichtslos wie der ABC-Fernsehmann, doch ihr Zwang, den Medienmarkt zu bedienen, entspricht nur in den seltensten Fällen dem Bedürfnis der Betroffenen nach Diskretion. »Muß man wirklich Tränen sehen und Blut?« fragt Edita Ostojić.

Die Psychologinnen sind als Mittlerinnen zwischen Journalisten und Bewohnerinnnen in einer schwierigen Lage. Manchmal sind die Frauen selbst daran interessiert, vor der Kamera auszusagen. Die Psychologinnen müssen sie schützen, wollen sie aber andererseits auch nicht bevormunden. Die Frauen glauben, daß ein Interview ihnen helfen kann. Sie denken, daß alle ehrlich an ihrem Schicksal interessiert sind, und überschätzen die Wirkung der Medien. Auch ehrlich betroffene Journalistinnen wissen meistens nicht, was die Aussage, die sie einer Frau entlocken, später bewirken kann. Manchmal zwingen sich die Frauen auch aus Pflichtgefühl zu einem Auftritt vor der Kamera. Es wird ihnen zwar jedes Mal erneut eingeschärft, daß sie ausschließlich ihrem eigenen Gefühl folgen sollen, doch das Bedürfnis ist groß, aus Dankbarkeit auch einmal selbst etwas für das Projekt zu tun. Edita weiß nie, ob eine Zusage dem wirklichen Wunsch der Bewohnerin entspricht. Sie versteht, daß die Journalisten der Glaubwürdigkeit ihres Berichts wegen mit den betroffenen Frauen selbst sprechen wollen. »Wir aber fragen: Was hat *sie* davon?«

Bei aller Kritik an den Medien darf allerdings nicht vergessen werden, daß es genau die »sensationslüsternen« Medien waren, die die Öffnung der Todeslager Omarska und Trnopolje erzwangen und die Aufmerksamkeit der Welt auf die Vergewaltigungen lenkten. Dies und das geschärfte Bewußtsein der internationalen Frauenbewegung für die Folgen von Gewalt an Frauen haben ermöglicht, daß Frauen im In- und Ausland schnell wie noch nie reagieren konnten und Vergewaltiger erstmalig in der Geschichte als Kriegsverbrecher vor einem internationalen Tribunal aussagen müssen – vorausgesetzt es finden sich Zeuginnen, die den Mut haben, über das, was ihnen angetan wurde, öffentlich zu sprechen. Während die von der japanischen Armee zur Prostitution gezwungenen Koreanerinnen erst fünf Jahrzehnte später über ihr Leid sprechen können, haben die Bosnierinnen – auch dank Projekten wie Medica – die Chance, sich aktiv in einen gesellschaftlichen Diskussionsprozeß über Gewalt gegen Frauen einzubringen.

7

Medica ist ein multinationales Projekt. Darauf wird stets hingewiesen, darauf ist Medica stolz. Das bedeutet, daß unter den fast siebzig voll- oder teilzeitbeschäftigten Mitarbeiterinnen und Mitarbeitern ungefähr zehn Prozent keine Muslime sind. Das entspricht der veränderten Bevölkerungsstruktur von Zenica. Auch die Patientinnen sind fast ausschließlich Musliminnen. Das ist auf Grund der ethnischen Zusammensetzung der Flüchtlinge in Zenica nicht weiter verwunderlich.

Ethnische Konflikte gibt es offiziell bei Medica nicht. Über dieses größte aller Tabus wird öffentlich und in der Gruppe nicht gesprochen. Wie groß der Rückhalt der Kroatinnen und Serbinnen im Projekt ist, hängt auch wesentlich von ihrer individuellen Persönlichkeitsstruktur und ihrer Stellung im Projekt ab. Die Psychologinnen Edita und Marijana etwa hatten als Katholikinnen keine Probleme. Zlata Gafić hingegen, eine bosnische Kroatin, die heute nicht mehr bei Medica arbeitet, war eine außergewöhnliche Frau mit großer Zivilcourage, die Normen verletzte und auf diese Weise unmöglich Scheinendes möglich machte. Eine solche Hasardeurin, die sich nicht an die Gruppennorm hält, hat es in jeder Frauengruppe schwer. Selbst die Wertschätzung durch Monika konnte Zlata den nötigen Rückhalt im Projekt nicht sichern.

Orthodoxe und Katholikinnen müssen in ihrer Heimatstadt mit einer schleichenden Islamisierung zurechtkommen. Vor dem Krieg kam es äußerst selten vor, daß Leute mit »Salam Aleikum« grüßten und regelmäßig die Moschee besuchten, erzählt die Serbin Dijana Bogdanović halb amüsiert, halb besorgt. Die »Neukomponierten«, wie die Wendehälse in Bosnien genannt werden, hängen ihr Mäntelchen nach dem Wind. Die wenigen Serben, die geblieben sind, fühlen sich manchmal allein. Probleme hatten sie zwar nur zu Beginn des Krieges, aber, so Dijana im April 1994, »es liegt etwas in der Luft«. Damals dachte Dijana daran, wegzugehen aus Bosnien, »denn ich habe das Gefühl, daß sich diese Ereignisse wiederholen könnten. Vielleicht in zehn oder fünfzig Jahren, wer weiß. Ich möchte nicht hier sein, wenn das geschieht.« Drei Jahre später hat sie einen putzmunteren Sohn und denkt nicht daran, Zenica zu verlassen. Im August 1995 kündigt sie bei Medica und findet, ebenso wie ihr Mann Momo, einen besserbezahlten Job bei einer humanitären Organisation.

Eine Zeitlang sind Dijana und Momo die einzigen Serben im Projekt. Die Schwierigkeiten, mit denen sie sich konfrontiert sehen, führen sie auf ihre Nationalität zurück. Als der zweite Medica-Jeep gestohlen wird, wird Momo, der längst nicht mehr bei Medica arbeitet, zur Polizei vorgeladen. Dijana behauptet, jemand aus dem Inneren von Medica habe ihn angezeigt. Und es kursieren Gerüchte, daß Dijana Geld unterschlage. Medica hat dennoch in ihrem Herzen ein warmes Gefühl hinterlassen: »Wir waren Pionierinnen. Es war etwas vollkommen Neues: mein erstes Frauenprojekt. Auch der Kontakt zu den Patientinnen war sehr gut. Wir waren wie Freundinnen.«

Die *Infoteka*-Mitarbeiterin Rada Stakić-Domuz, die von Medica sagt, das Projekt sei ihre »materielle und geistige Rettung« gewesen, denkt viel darüber nach, was es bedeutet, im heutigen Bosnien-Herzegowina Serbin zu sein. Vor dem Krieg war sie Jugoslawin. Manchmal sprach die Mutter von »serbischen Weihnachten«, erwähnte irgendwelche heiligen Tage, doch für die atheistische Tochter hatte das keine Bedeutung. Rada hat Verwandte in Banja Luka, die zu Kriegsbeginn freiwillig dorthin gezogen sind, um »bei ihrem Volk« zu leben. Ihre muslimischen Freundinnen haben Verwandte, die aus Banja Luka verjagt wurden und nun in Zenica leben, unfreiwillig. Das trennt. »Das Wort ›serbisch‹ wurde immer in einem hundertprozentig negativen Kontext verwendet. Ich fühlte mich wie nackt, dachte, daß alle wissen, was ich bin.« Alte Freundschaften verändern sich unmerklich. Rada wird immer seltener eingeladen und lädt auch selbst seltener ein, »als ob ich mich schämte. Dabei bin ich doch hiergeblieben!« Im multinationalen Frauenprojekt Medica wird gerade über diese Probleme nicht gesprochen. Rada nutzt die Anwesenheit von Ausländerinnen, um sich darüber auszutauschen. Vor allem eine große Kränkung kann sie nicht verwinden: Als Radas Eltern in Zavidovići von einer »serbischen Granate« getötet werden, herrscht im Projekt gespenstisches Schweigen. Keine der Mitarbeiterinnen kommt zum Kondolenzbesuch, wie es in Bosnien Sitte ist.

Rada hat zwei Kinder. »Was sind wir?« fragt ihre 12jährige Tochter. In ihrer Klasse sind dreißig Kinder, nur fünf von ihnen sind nicht muslimisch. Neunzig Prozent der Kinder besuchen den islamischen Religionsunterricht. Ist es Zufall, daß die beste Freundin ihrer Tochter Kroatin ist? Wie in Kroatien und Serbien ändert sich auch in Bosnien die einst gemeinsame Sprache. Das »Serbokroatische« oder, je nach Standort, »Kroatoserbische« gilt heute als Kunstprodukt. Einmal fragt ein Mädchen Radas Tochter, warum sie das »h« nicht bosnisch als »ch« ausspricht. »Du sprichst Tschetnik-Sprache«, wirft sie ihr vor. »Es besteht allerdings ein großer Unterschied zwischen den Stadtkindern und den Landkindern, zwischen den einheimischen Kindern und den Flüchtlingskindern«, räumt Rada ein.

Doch die neue Zusammensetzung der Stadt wird sich angesichts der Verhältnisse in Bosnien so bald nicht ändern. Ich versuche Rada zu erklären, daß es sich auch als Minderheit gut leben läßt, daß ich selbst zu jenen drei oder vier Schülerinnen gehörte, die im nach dem Krieg fast hundertprozentig katholischen Österreich den Religionsunterricht nicht besuchte; daß es geistige Freiheit bedeuten kann, einer Minderheit anzugehören. Doch Rada mag nicht Minderheit sein, sie ist in Zenica geblieben, weil sie an ein einheitliches Bosnien glaubte. »Ich habe diese kollektive Erinnerung, eine Minderheit zu sein, nicht. Es verwirrt mich. Früher gab es in Zenica 22 000 Serben, jetzt sind es vielleicht 3 000. Ich fühle mich betrogen!« Für solche »Luxus«-Probleme haben jene, die sich als Opfer eines Genozids am muslimischen Volk verstehen, wenig Verständnis.

»Psychosozial muß man sagen: Das, was draußen passiert, passiert auch drinnen«, erklärt Michaela Schumacher. »Mittels solcher Spiegelungsprozesse konstruieren wir Menschen subjektive Wahrheiten. Du kannst nicht drei Jahre in einer ethnisch aufgeladenen Situation leben und davon nicht tangiert werden, und sei es nur in einem Anpassungsprozeß, um nicht aufzufallen.« Ethnische Konflikte seien immer wieder an die Oberfläche gekommen, erinnert sich Michaela an ihre Supervisionen, in Form von Verdächtigungen, Unterstellungen, Angst vor Verrat. Manchmal war es der Übersetzerin peinlich, und sie fügte entschuldigend hinzu: »Michaela, es ist nicht so gemeint, so redet man einfach hier.«

Im Sommer 1994 werden einige Patientinnen von zwei Mitarbeiterinnen angestiftet, »schlecht über Medica zu sprechen«. Das was sie sagen, wird auf Video aufgenommen. Das Videoband soll dazu dienen, Medica bei der Regierung anzuschwärzen. Später schämt sich eine Patientin und spricht darüber mit Dijana. Diese gibt das Geständnis an die Koordinatorinnen weiter, es werden Nachforschungen angestellt, Zemira und die Mualima Zilka werden entlassen. Sie gründen später gemeinsam die muslimische Frauenorganisation *Brücke*. Das Video selbst hat niemand zu Gesicht bekommen. Zemira Hašić sagt, sie sei mit der überheblichen Behandlung der Patientinnen durch einzelne Mitarbeiterinnen nicht einverstanden gewesen und habe deren Aussagen aufgenommen, um Monika die Unzufriedenheit der Patientinnen zu beweisen. Ob die Videoaufzeichnung einen politischen oder bloß persönlichen Hintergrund hat, ist unklar. Zemira spricht auch von einem politischen Konflikt zwischen ihr und Monika. Zemira habe die Basis von Medica erweitern wollen. Sie wollte nicht ausschließlich mit westlichen Frauen zusammenarbeiten und habe deshalb Kontakt zu muslimischen Frauenorganisationen gesucht. Darauf sei ihr islamischer Fundamentalismus vorgeworfen worden. Fest steht, daß Zemira und Zilka ohne Projektauftrag in die Türkei fuhren, um Kontakt zu türkischen Frauengruppen aufzunehmen.

Später entschuldigen sich die Patientinnen bei Monika. Die Beschuldigungen, die sie zugeben, beziehen sich auf kleine Ärgernisse des Alltags: daß das Wasser, mit dem der Kaffee gemacht wurde, Spülwasser gewesen sei; daß sie für den Kaffee nicht genügend Zucker hatten; daß die Teamfrauen besseres Essen bekamen als sie selbst; daß die Bettwäsche nicht schön genug war; daß es für die Kinder nicht genügend Gesichtscreme gab. Die Empörung über den Mangel an Creme für die Kinder wird mit einer Intensität und Wut vorgetragen, als gelte es, ihre Empörung über die Vergewaltigungen hinauszuschreien. Monika sucht nach einer Erklärung: »Da es keine Möglichkeit gab, sich bei jenen abzureagieren, die ihnen ihr Leid zugefügt haben, haben sie die Zerstörung, die ihnen angetan wurde, an jene weitergereicht, die ihnen geholfen haben. Es war aber auch ein Akt der Selbstzerstörung, denn sie haben mich und die Frauen bei Medica doch geliebt.«

Als Integrationsfigur ist Zilha Hadžihajdić wesentlich dafür verantwortlich, daß Medica auf seine Multinationalität weiterhin stolz sein kann. Keine der wenigen Mitarbeiterinnen, die im Laufe der Jahre das Projekt verlassen haben, denkt mit Groll an ihre Medica-Zeit zurück. Faszinierend bleibt die Eleganz, mit der die alles andere als homogenen Mitarbeiterinnen trotz in Streßsituationen aufblitzendem Nationalismus einander sowohl in der Arbeit als auch im Privatleben freundschaftlich verbunden bleiben. Als zum Beispiel Bewohnerinnen und Mitarbeiterinnen am 26. Dezember 1995 katholische und orthodoxe Weihnachten feiern, nehmen sämtliche Bewohnerinnen an dem Fest teil, obwohl ihnen ihr Leid durch »Christen« zugefügt wurde. »Das zeigt«, schreibt Rada nach Köln, »daß in unserer kollektiven

Erinnerung noch viel von dem positiven ›Stoff‹ geblieben ist, von diesem Reichtum an Religionen und Traditionen, von dieser Buntheit, die das Leben bereichert.«

8

Ein Jahr lang dauerte es, bis der von einer Münsteraner Firma in kostenloser Arbeit in eine gynäkologische Ambulanz umgebaute Kastenwagen durch das Kriegsgebiet nach Zenica gebracht werden kann. Endlich, im Herbst 1994, kommt die von den Medica-Frauen »Marta« genannte Ambulanz an. Seither fährt ein gynäkologisches Team regelmäßig in die Dörfer und Kleinstädte der Umgebung, in denen es keine gynäkologische Versorgung gibt. Die als *Field Officer* eingestellte Biljana sucht die Orte auf, in denen der Einsatz der Ambulanz am dringendsten benötigt wird, und bereitet ihre Ankunft vor, so daß alle Frauen, die sich untersuchen lassen wollen, rechtzeitig informiert sind. Der Andrang ist groß. Viele Frauen haben trotz verschiedenster Krankheiten und Beschwerden seit zwei Jahren keine Ärztin gesehen.

9

Die Entspannung nach dem Ende des militärischen Konflikts in der Umgebung von Zenica und ab dem Friedensvertrag von Dayton in ganz Bosnien läßt in den Kriegsjahren unterdrückte Bedürfnisse wieder zu. Die Mitarbeiterinnen wenden sich ihren vernachlässigten Familien zu. Die Psychiaterin Kadrija zum Beispiel hatte in der Kriegszeit viel Kraft für ihre Arbeit, aber nicht genügend, um sich um ihre Töchter zu kümmern. Der Kontaktverlust in der Familie wird erst offenbar, als die jüngste Tochter beginnt, sich asozial zu benehmen, mit anderen Kindern nicht mehr kommunizieren kann. Und die älteste Tochter, die vor dem Krieg ein Kind war, ist plötzlich eine erwachsene Frau, ohne daß es Kadrija bemerkt hat. »So weit weg war ich von ihr.« Als Ersatz für den Mangel an Zuwendung haben die Töchter ein Kriegstagebuch geführt.

Aber auch um sich selbst müssen sich die Mitarbeiterinnen mehr kümmern. In einem ersten von UNICEF und WHO organisierten Seminar lernen die Medica-Psychologinnen Techniken des Selbstschutzes. Die Auswirkungen ihres eigenen »Burnout« spürt Kadrija ausgerechnet, als sie das Kriegsgebiet verläßt und nach Deutschland fährt. Es ist kurz nach dem Brandanschlag auf eine türkische Familie in Solingen. Kadrija fährt in der Kölner U-Bahn und bekommt plötzlich panische Angst vor einem rassistischen Anschlag. Erst als sie aus ihrem gewohnten Umfeld heraustritt, kommt ihre eigene doppelte Traumatisierung als Betroffene und Helfende zugleich zum Vorschein. Da merkt sie, daß sie Ruhe braucht. Und mit ihr das gesamte Psycho-Team.

10

Als Monika Ende 1993 ihre überwiegende Präsenz in Zenica einstellt, hinterläßt sie ein Vakuum, das sich weniger leicht füllen läßt, als sie es sich ursprünglich vorgestellt hat. Von Anfang an war ihr klar, daß sie kein Hilfsprojekt im klassischen Sinn aufbauen wollte, das zusammenbricht, sobald die jeweilige internationale Organisation ihre Arbeit für abgeschlossen erklärt. »Das widerspricht meiner grundsätzlichen Vorstellung von Hilfe zur Selbsthilfe oder, wie es im Englischen treffender heißt, von *Empowerment*, einer Hilfe also, die keine neuen Abhängigkeitsverhältnisse schafft.«[9] Doch Monika muß erkennen,

> daß es nicht darum gehen kann, zu sagen: Ich helfe euch, und dann gehe ich wieder weg, und nun macht mal schön. Solange Zentralbosnien von der Welt abgeschnitten und der äußere Druck das Team zusammenhielt, traten nur sel-

ten Spannungen auf, was angesichts der Größe des Projekts an sich schon erstaunlich ist. In der entspannteren Situation nach der Blockade beginnt sich das zu ändern. Sympathien und Antipathien und unterschiedliche Meinungen haben nun mehr Raum, um ausgetragen zu werden. – Die Frauen in Zenica sagen oft: Unterstützt uns, helft uns, wir haben solche Projekterfahrungen nicht. Manche sehnen sich nach einer klaren Hierarchie und wollen auch, daß ich nach meinem Gutdünken eine »Chefin« einsetzen soll. Aber das habe ich immer abgelehnt.[10]

Es wird eine Übergangsphase von ein bis zwei Jahren vorgesehen, in denen die Leitung des Gesamtprojekts von Frauen aus Zenica und Köln noch gemeinsam betrieben werden soll.

Wie ein zu schnell gewachsenes Kind stolpert Medica Zenica in die Unabhängigkeit. Die ausländische Autorität in Gestalt von Monika, aber auch von allen anderen, die kurz- und langfristig aus dem reichen Deutschland kommen – Gabi, Kirsten, Michaela –, hat ihre Vorteile, schützt sie doch vor der Auseinandersetzung mit den in der Rangordnung gleichgestellteren einheimischen Frauen. Es ist einfacher, eine Instanz von außen anzurufen, als Konflikte selbst auszutragen, sich eigene Regeln zu schaffen und deren Einhaltung in einem Gruppenprozeß zu überwachen. Dazu kommt, daß die Ausländerinnen die Einhaltung der Regeln letztlich nicht wirklich überprüfen können, weil sie, der Sprache und Kultur nicht mächtig, nicht durchschauen, was hinter den bosnischen Kulissen abläuft. Die einzelnen Teams von Medica Zenica konnten also bisher ziemlich frei agieren, ohne gleichzeitig für das Gesamtprojekt Verantwortung übernehmen zu müssen. Bei Konflikten springen die Ausländerinnen als Schiedsrichterinnen ein und werden, wenn sie sich nicht dagegen wehren, benutzt, um einzelne Team-Frauen gegeneinander auszuspielen. Was die mit lauteren demokratischen Absichten nach Zenica gekommenen Helferinnen überfordert und in schwere Konfliktsituationen bringt.

Die Zusammenarbeit von Medica Zenica und Medica Köln ist angewandte internationale Frauensolidarität, die die Toleranz der nicht-bosnischen Feministinnen manchmal auf eine harte Probe stellt. Es ist nicht leicht, Menschen zur Unabhängigkeit anzustiften und das Ergebnis auch dann zu ertragen, wenn es den eigenen Vorstellungen nicht entspricht. Die Büroleiterin der Infoteka, Duška Andrić-Ruzićić, hat zum Beispiel einen Konflikt mit Monika: Duška möchte die Pille. Monika hält die Pille für ungesund. Duška wehrt sich: »Sind wir ein Frauenprojekt, das die autonome Entscheidung einer Frau respektiert oder nicht? Meine Lust ist mir wichtiger als meine Gesundheit!« Auch Nuna Zvizdić hat einen Konflikt mit Monika: »Für Monika ist es ein feministisches Projekt. Ich aber sagte: *Šefica*, so geht es nicht. Wir brauchen eine Hierarchie. Da wurde sie ganz wild. Seither suchen wir immer noch nach einer Organisation.«

Was ist das für ein Verhältnis zwischen Köln und Zenica? Nur die Medica-Juristin Jasminka Džumhur wagt es, die Dinge beim Namen zu nennen: »Im Prinzip ist es so: Wer zahlt, befiehlt.« Jasminka, deren Meinung keineswegs repräsentativ für alle Medica-Frauen ist, sieht einen Fehler vom Anfang an: »Wir haben gelernt, darauf zu vertrauen, daß Köln alle Probleme lösen wird. Wir haben gelernt, ›Monika hat gesagt‹ zu sagen und später ›Gabi hat gesagt‹. Finanzielle Abhängigkeit und organisatorische Unabhängigkeit – das ist unmöglich.« Die Juristin sieht zwei Möglichkeiten, wie es zu dem organisatorischen Dilemma kommen konnte: »Entweder unsere Abhängigkeit war nicht beabsichtigt: Dann haben uns die Deutschen verwöhnt, und wir haben es ausgenutzt. Und als die Zeit kam, um uns von der Bevormundung zu lösen, taten wir uns schwer. Oder aber unsere Abhängigkeit war beabsichtigt: Es paßte ihnen damals ins Konzept. Sie wollten ein erfolgreiches Projekt und hofften, daß sich die anderen Probleme später lösen würden. Fest steht, daß man uns am Anfang nicht so viel um unsere Meinung gefragt hat. Wenn man einen Fragebogen im Projekt verteilt hätte, wäre zum Beispiel Medica 3 nie zustande gekommen.« Diese Kritik bringt

Jasminka allerdings nicht dazu, sich fortan demokratische Strukturen zu wünschen. Ihre Zukunftsperspektive für Medica bleibt trostlos konventionell: »Wir brauchen eine Person an der Spitze.« Gleichzeitig hat Jasminka genau das Selbstbewußtsein, das sich die Medica-Gründerinnen eigentlich wünschen. Zu Dankbarkeit gegenüber Köln, wie so viele im Projekt, sieht sie sich nicht verpflichtet: »Medica Köln sammelt Geld für Medica Zenica. Wir hängen zusammen. Sie hätten in Deutschland kein Geld, wenn wir hier in Zenica nicht arbeiten würden.«

Zwischen Köln und Zenica kommt es immer wieder zu Spannungen. Die etwa zehn Mitarbeiterinnen – ehrenamtliche, Honorarkräfte und mittlerweile drei ABM-Kräfte – in dem Anfang 1994 bezogenen neuen Medica-Büro in der Kölner Waisenhausgasse wissen zu wenig über die Verhältnisse in Zenica – und umgekehrt. Deshalb wird jede neue Kölner Mitarbeiterin erst einmal nach Zenica geschickt, um die Situation dort verstehen zu lernen. Das löst jedoch neue Probleme aus: Mitarbeiterinnen aus Zenica klagen über die Arroganz der Deutschen. »Jede Frau, die hierher kommt, glaubt, sie kann sich als Chefin aufspielen, nur weil sie aus Deutschland ist«, ärgert sich Selena. Man habe zwar stets versucht, eine gemeinsame Ebene zu finden, sagt Milenka. »Aber ich habe mich immer abhängig gefühlt. Ich konnte wenig entscheiden. Man akzeptiert es einfach, weil man seine Rechte nicht kennt.« Zilha hat eine besonders feine Art, ihre Kritik so auszudrücken, daß es fast schon wie ein Kompliment klingt:

> In Deutschland sind alle Frauen emanzipiert, das gefällt mir. Die jüngsten und die ältesten benehmen sich gleich. Da kommt zum Beispiel eine junge Studentin aus Köln. Sie ist so selbstbewußt, daß wir daneben wie kleine Kinder sind. Ein Beispiel: Ich will ihr die bosnischen Zollbestimmungen erklären. Sie steht in der Tür und sagt: »Ich bin eine Deutsche!« Ich sage, ja, aber vielleicht ist es hier anders als in Deutschland. Da sagt sie: »Ich bin eine

Internationale!« Das hat sie von Kindheit an gelernt: Sie lebt in einem reichen Staat, der von vielen hochgeachtet wird, und so benimmt sie sich dann auch.

Die Frauen des Kölner Teams wiederum fühlen sich in ihrer Arbeit unterschätzt und in ihrer Meinung übergangen. Die Grenzenlosigkeit des Geldflusses von hier nach dort irritiert sie. »Das Eigentliche geschah immer in Zenica«, erinnert sich die Sozialarbeiterin Birgit Abel an das Unbehagen von damals, »wir waren nur die Ausführenden.«

Die erste gemeinsame Medica-Konferenz Ende November 1994 will versuchen, derlei Atmosphärisches offen anzusprechen. Es ist ein gewaltiges Unterfangen. Mehr als fünfzig Mitarbeiterinnen aus Zenica, sieben Mitarbeiterinnen aus Köln und etwa 25 Bewohnerinnen ackern sich drei Tage lang durch einen Wust von Problemen, Konflikten, organisatorischen Fragen. Unter der Leitung der Hamburger Sozialpädagogin Gabi Müller und der Mitarbeiterin des Zagreber Frauenhauses Biljana Kašić wird das Verhältnis Köln-Zenica in einem Psychodramaspiel bearbeitet. Es wird klar, wie wenig die beiden Teams voneinander wissen und wie unklar die jeweiligen Kompetenzen sind. Die Frauen aus Zenica, die »Mitarbeiterinnen aus Köln« spielen, spüren einen enormen Druck, sofort Entscheidungen treffen zu müssen. Sie haben das Gefühl, daß jede »Frau aus Zenica« etwas von ihnen will, und sie wissen nicht, was sie tun sollen. Umgekehrt haben die Mitarbeiterinnen aus Köln in den Rollen der »Frauen aus Zenica« den Eindruck, nichts entscheiden zu dürfen. Sie sind wütend, weil die »Frauen aus Köln« dumme Fragen stellen und die Lage in Zenica nicht zu begreifen scheinen. Sie spüren das Bedürfnis, mehr Entscheidungen selbst zu treffen und selbständiger zu werden.

11

11. Juli 1995. Als niederländische Nato-Kampfbomber am frühen Nachmittag einen begrenzten Angriff zur Unterstützung der UNO-Soldaten fliegen, ist die ostbosnische Enklave und UN-»Schutzzone« Srebrenica bereits von den Truppen des Ratko Mladić eingenommen. In der Stadt lebten zuletzt etwa 40 000 Menschen – Stadtbewohner und Flüchtlinge. Sie flohen in Panik. Etwa 15 000 Menschen, überwiegend Männer, schlugen sich in die Wälder, um das 70 Kilometer entfernte bosnische Territorium zu erreichen, 25 000 Menschen – Frauen, Kinder und alte Männer – suchten Schutz im Stützpunkt der 400 niederländischen Blauhelme in Potočari, im Norden der Enklave. Als die bosnischen Serben Potočari ohne Widerstand der Friedenstruppen einnehmen, befinden sich jene, die keinen Platz im UNO-Basislager gefunden und sich in das gegenüberliegende Fabrikgelände geflüchtet haben, in einer tödlichen Falle. Frauen werden an Ort und Stelle vergewaltigt, viele werden verschleppt. Die Frauen, die in Bussen fortgebracht werden, müssen ihr Geld und den gesamten Schmuck abgeben – die Lebensversicherung bosnischer Familien. Nach einigen Kilometern halten die Busse an, und junge Frauen zwischen 14 und 20 müssen aussteigen.

Vor den Augen der UNO-Soldaten werden mehrere hundert muslimische Männer aus dem UNO-Stützpunkt herausgeholt und in eine nahegelegene Lagerhalle gebracht. Statt, wie es heißt, gegen serbische Kriegsgefangene ausgetauscht zu werden, werden sie von dort in das Stadion von Bratunac 35 Kilometer nördlich von Srebrenica verschleppt. In den folgenden Tagen kommen dort immer mehr Männer an, bald sind es 3 000. Sie werden in Kleinlastwagen verfrachtet und auf einen Hügel gefahren. Dort stehen zwei Erschießungskommandos. Räumgeräte heben eine große Grube aus. Manchen wird die Kehle durchschnitten oder der Kopf abgehackt, andere werden mit Granaten getötet. Angesichts der grauenhaften Szenen, die sie mitansehen müssen, begehen viele Männer Selbstmord. Nach den Erkenntnissen des UNO-Kriegsverbrechertribunals wurden mindestens 6 000 Menschen ermordet.

13. Juli. Zerlumpt, hungrig, niedergeschlagen und völlig verängstigt kommen die Vertriebenen aus Srebrenica – Frauen, Kinder und alte Männer – in Tuzla an. Sie wurden von den Eroberern in Bussen aus der Stadt gebracht und mitten in der Nacht im Niemandsland ausgesetzt. *Ärzte ohne Grenzen* berichtet von Zeichen schwerer Mißhandlung bei den Frauen. Die *Infoteka*-Mitarbeiterin Selma Hadžihalilović fährt mit einem IKRK-Konvoi nach Tuzla. Etwa 5 500 Menschen sind am Flughafen in Zelten untergebracht, weitere 11 000 befinden sich in umliegenden Orten. Die Menschen stehen so sehr unter Schock, berichtet Selma, daß sie ihren Geschichten teilweise gar nicht folgen kann. »Die Frauen erzählen, wie sie ihre Männer und Söhne das letzte Mal sahen: Sie lagen auf der Straße auf dem Bauch, mit zusammengebundenen Händen über dem Kopf.« Die Kleinkinder leiden nach der langen Flucht an schweren Sonnenbränden und Austrocknung.

18. Juli. Etwa 4 000 der vermißten 15 000 männlichen Bewohner von Srebrenica kommen nach einem 100 Kilometer langen Fußmarsch in Tuzla an. Auf die Fliehenden, die ein Minenfeld überqueren mußten, wurde regelrecht Jagd gemacht. Rund 1 000 Männern soll es gelungen sein, in die zweite UNO-Enklave Žepa zu fliehen, wo sie sich den Verteidigern der Stadt anschließen. Doch Žepa ist von der Staatengemeinschaft längst aufgegeben worden. Es wird am 25. Juli erobert. Zu Massakern kommt es dort nicht, weil die männliche Bevölkerung rechtzeitig in die Wälder flieht. Sie haben von Srebrenica gelernt, daß ein Entkommen nur in kleinen Gruppen möglich ist. Die »Evakuierung« der Bevölkerung durch die UNO ist außerdem besser vorbereitet.

26. Juli. Der US-Senat stimmt für die Beendigung des Waffenembargos gegen Bosnien.

27. Juli. Aus Verzweiflung über das Versagen der internationalen Gemeinschaft in Bosnien erklärt der UNO-Sonderbericht-

erstatter für die Menschenrechtslage im ehemaligen Jugoslawien, Tadeusz Mazowiecki, seinen Rücktritt.

Die stillschweigende internationale Billigung des größten Massenmordes in Europa seit dem Zweiten Weltkrieg folgt einem eiskalten politischen Kalkül. Der französische UN-Kommandeur in Bosnien, General Bernard Janvier, ist die lästigen Enklaven losgeworden. Bis auf Goražde ist die ostbosnische Landkarte nun begradigt. Die Einnahme von Srebrenica und Žepa markiert den Wendepunkt im bosnischen Krieg. Die bis dahin von der UNO praktizierte Politik der Neutralität, die sich stets zugunsten der bosnisch-serbischen Kriegsziele auswirkte, muß nach dem Massenmord korrigiert werden. Die Nato bombardiert den Angriffsring um Sarajevo. Kroatische und bosnische Armee erhalten grünes Licht für eine Gegenoffensive. Der kroatische Blitzkrieg gegen die serbische Krajina beschleunigt den Friedensprozeß – durch die Vertreibung von 200 000 Serbinnen und Serben. Bosnische Armee, kroatische Armee und HVO erobern Terrain in Nordwest-Bosnien zurück und stoßen dabei auf alte Massengräber. Der Belgrader Gangster Arkan antwortet mit Exekutionen und der Vertreibung der noch verbliebenen 20 000 Nichtserben aus der *Republika Srpska*. Die Säuberung der Landkarte liegt jedoch auch im Interesse der nationalistisch-extremistischen Kräfte in der bosnischen Führung, die ihre Macht in einem muslimischen Kleinstaat besser festigen können.

12

Die Vertriebenen aus Srebrenica und Žepa werden auf verschiedene Regionen Bosnien-Herzegowinas verteilt. Über 5000 Frauen, Kinder und alte Männer kommen nach Zenica. In Medica 2 rücken die Bewohnerinnen zusammen, um Platz zu machen für elf Frauen und acht Kinder, die nach der Vertreibung und der Trennung von ihren Männern völlig erschöpft und verzweifelt sind. Die gynäkologische Ambulanz fährt fast täglich in die Dörfer und Flüchtlingslager in der näheren Umgebung von Zenica. Immer mehr Patientinnen suchen die medizinische Ambulanz auf. Die Ärztinnen berichten, daß seit 1994 sowohl die Schwangerschaften als auch die Krebserkrankungen zunehmen. Im Medica-Zentrum zerstören die Fernsehbilder von den aus Srebrenica flüchtenden Menschenmassen bei vielen Patientinnen den bereits erzielten Therapieerfolg. Die Psychologinnen müssen wieder von vorne anfangen.

In Vozuća, zwei Autostunden von Zenica entfernt, werden 2000 Flüchtlinge aus Srebrenica angesiedelt. Vozuća besteht aus mehreren Dörfern, in denen die Flüchtlinge, 70 Prozent Frauen, in von bosnischen Serben verlassenen Häusern wohnen. Die sanfte hügelige Landschaft, aus der die weißen Minarette wie dünne scharf gespitzte Bleistifte aus dem Boden wachsen, ähnelt der Umgebung von Srebrenica, der Boden ist landwirtschaftlich gut nutzbar. Die Flüchtlinge werden von UNHCR versorgt und haben eine Selbstorganisation aufgebaut. Ihre gesundheitliche Verfassung ist schlecht. Es gibt zu wenig Wasser und zu wenig Raum, vor allem für Mütter mit mehreren Kindern. Viele dauerhaft bettlägrige Kranke würden dringend eine Altenpflegerin brauchen. Der Versuch des einzigen Arztes, einige in Schweden lebende bosnische Ärzte für ein Jahr nach Vozuća zu holen, mißlingt. Es findet sich keiner, der dazu bereit ist. Mujo, ein langer dünner Mann mit einem zerknitterten Lächeln unter seiner Baseball-Mütze, ist der Kontaktmann von Medica.

Für jeweils drei und später vier Monate gibt es bei Medica Platz für 16 junge Frauen, die eine Ausbildung absolvieren möchten: zu Schneiderinnen, Friseurinnen, Weberinnen oder Polsterinnen. Auch Englisch- und Computerkurse werden angeboten. Schülerinnen wird ermöglicht, ihre Schulausbildung zu beenden. Allen Bewohnerinnen werden Einzel- und Gruppentherapien angeboten. Dabei geht es vor allem darum, mit der »Trauerarbeit« um ihre männlichen Familienangehörigen zu beginnen. Dies fällt besonders schwer, weil die wenigsten Vermißten offiziell für tot erklärt sind. Es kursieren Gerüchte über verschleppte muslimische Männer, die in Serbien in Lagern festgehalten werden oder im Bergwerk Zwangsarbeit leisten müssen. Der viermonatige Aufenthalt bei Medica gibt den jungen Mädchen eine Chance, wegzukommen aus Vozuća, dem traurigen Ort mit den beiden trostlosen Cafés an der Hauptstraße, wegzukommen aus dem Ort, wo die traumatisierten Flüchtlingsfrauen aus Srebrenica den ganzen Tag ihren Erinnerungen an die verlorene Heimat und die vermißten Männer nachhängen. Die Stadt Zenica und der Kontakt mit den Medica-Mitarbeiterinnen können den jungen Frauen neue Lebensperspektiven eröffnen. Der Unterschied zwischen den Neuankömmlingen, die angesichts des stattlichen Hauses von Medica 2 mit dem blühenden Garten die Hand vor Staunen vor den Mund klappen, und jenen, die nach drei Monaten im Rahmen eines kleinen Festes ihr vom Arbeitsamt bestätigtes Abschlußzeugnis entgegennehmen, gibt Anlaß zur Hoffnung.

»Wenn wir zurückkehren, wird es nicht mehr so sein wie vorher, jetzt haben wir Kraft«, sagt eines der Mädchen, das sich auf die Rückkehr nach Vozuća vorbereitet, um den nächsten Auszubildenden Platz zu machen. Ein wenig verzagt klingt es schon. Es herrscht wehmütige Abschiedsstimmung, alle haben zur Erinnerung das Haus fotografiert. »In hundert Jahren kann es in Vozuća nicht so sein wie bei Medica«, sagt die 17jährige Elvira, »hier bin ich nicht traurig, aber dort weinen alle.« Ein Mädchen hat Friseurin gelernt. Locken wickeln kann sie schon gut, nur beim Haareschneiden hapert es noch. »Ich werde in Vozuća mit den Kindern anfangen.« In Vozuća ist auch eine Schneiderinnenwerkstatt geplant, für die Nuna Zvizdić bereits Gelder beantragt hat.

Es ist einer der magischen Abende, an denen die Mädchen in dem gemütlichen großen Aufenthaltsraum des 1996 gekauften Medica-Hauses um »*Teta* Zilha« geschart sitzen und mir von Zilha übersetzte Fragen beantworten. Zilha erzählt stolz von ihren 15 Töchtern, an die sie auch noch denkt, wenn sie längst zu Hause bei ihren eigenen Töchtern und Enkelkindern ist. Manchmal macht sie sich Sorgen und will anrufen, doch es ist aussichtslos: Das Telefon ist andauernd besetzt.

Die 17jährige Schülerin Merlina, deren Haarfarbe oft wechselt und die Modedesignerin werden will, sieht es ähnlich. Die Mutter oder der Vater soll zum Elternsprechtag kommen, trug ihr der Klassenlehrer auf. »Ich habe viele Mütter«, antwortete Merlina selbstbewußt, »welche soll kommen?« Merlina ist schon zwei Jahre bei Medica und wird in einem Jahr das Abitur machen. Wie ein Schwamm hat sie sämtliche Kurse aufgesaugt, die ihr Medica bieten konnte: Computerkurs, Webkurs, Englischkurs, Kerzenproduktion, Seidenmalerei. Jetzt hat sie einen Freund, der Fotograf ist. Wenn sie in die Stadt zieht, um ihn zu treffen, todschick in ihren selbstgenähten Klamotten, meldet sie sich wie ein braves Mädchen bei jeder »erwachsenen« Person ab, die gerade im Haus ist, und sei es auch nur die Journalistin auf der Durchreise. Seit kurzem ist auch Merlinas 15jährige Schwester Belma bei Medica. Von Merlina hat sie viel gelernt, hat gesehen, wie ihre Schwester selbständig geworden ist. »Sie hat schwere Erlebnisse gehabt, und ich bin beeindruckt, wie sie es überlebt hat.« Belma will vor allem eins: auf keinen Fall ohne Ausbildung zu ihrer Mutter nach Nordbosnien zurückkehren.

Die blonde Halima ist nach einem Monat Aufenthalt im Haupthaus zu Medica 2 übergewechselt. »Hier ist es eher wie in einem Schulheim«, sagt sie, »Medica 1 ähnelt mehr einem Krankenhaus. Die Anwesenheit der Psychologinnen erinnert uns an das, was wir erlebt haben.« Doch Halima hat von den Psychologinnen einiges gelernt: »Ich versuche mit dem, was ich erlebt habe, zu leben. Ich weiß jetzt, daß ich nicht die einzige bin, die psychologische Probleme hat.« Von den Einheimischen in Zenica ist sie enttäuscht, sie haben ein falsches Bild von Medica. Kürzlich mußte sie wegen einer Allergie eine Dermatologin aufsuchen. Als sie Medica als Adresse angab, reagierte die Ärztin alarmiert: »Warum bist du dort? Was sagen deine Eltern dazu?« Als Halima ihr erklären wollte, was Medica ist, hatte die Ärztin keine Zeit, sie anzuhören. Was ist also Medica, frage ich sie. »Medica ist ein Frauentherapiezentrum, in dem wir von den Psychologinnen lernen, mutig, stark und selbstbewußt zu sein, eine eigene Meinung zu haben und unseren Wert als Frauen zu kennen.«

Das ist eine der wichtigsten Botschaften, die die Mädchen für ihr Leben mitbekommen können. Rafija, die junge Praktikantin aus den Niederlanden, hat festgestellt, daß eines der größten Probleme der jungen Flüchtlinge ihr geringes Selbstwertgefühl und die Resignation ist. Was habe ich für Chancen im Leben? Den durchaus realistischen skeptischen Blick auf Nachkriegsbosnien kann sie den Mädchen nicht nehmen, sie kann ihnen aber Vertrauen in den eigenen Wert vermitteln. Das bloße Zuhören ist ein Anfang. »Das ist das erste Mal in meinem Leben, daß mir jemand wirklich zuhört«, bekommt Rafija nicht nur einmal zu hören.

Elvira ist eine, der Medica wieder Hoffnung gegeben hat. Sie wird die Schule abschließen und danach weitersehen. Über ihre Vertreibung aus Srebrenica kann sie nicht sprechen, doch sie hat die ungeheure Anstrengung auf sich genommen, es für dieses Buch aufzuschreiben. In ihrem Text kommen viele Menschen vor, die sie seit dem schrecklichen Juli 1995 in Srebrenica nie wiedergesehen hat. »Über Emel habe ich nachgedacht. Mein lieber Emel, wo ist er – ob er wohl lebt? Er ist am 14. Juli 1995 nach Tuzla gegangen. Er wollte ins freie Territorium und ist nie angekommen.« Auch die Eltern, die Brüder und die Schwester ihrer besten Freundin sind nicht in Tuzla angekommen. Vier Tage verbrachte Elvira im UNO-Stützpunkt Potočari. Am dritten Tag kamen Busse aus Bratunac und spielten den Leuten Kasetten mit Geschrei vor. Am vierten Tag sah sie »die wahre Hölle«. Viele Menschen erhängten sich. Die Fahrt ins freie Territorium wurde immer wieder unterbrochen. Am letzten serbischen Kontrollpunkt wurde Elvira eine halbe Stunde festgehalten und ausgefragt. »Halbbewußt nahm ich ein Haus wahr, aus dem man Weinen hörte, Jubelrufe und Geschrei. Ich sah einige Männer reingehen und einige rauskommen. ›Mädchen, du bist müde‹, bot mir einer an, ›du kannst dich hier ausruhen, es wird dir gefallen. Morgen kannst du weiter.‹ Ich wurde von Panik erfaßt und fing an zu weinen. Zum Glück kam ein normaler, zivilisierter Tschetnik vorbei. ›Laß das Kind‹, sagte er, ›denk an deins.‹« Dann durften sie endlich zu Fuß hinüber ins bosnische Territorium. Das, was die 17jährige im Krieg erlebt hat, will sie nie vergessen: »Es soll wehtun.«

Zum Abschied schenkt mir Elvira nach bosnischem Brauch etwas aus ihrem Besitz, das ihr besonders am Herzen liegt: einen Lippenstift und eine Wimperntusche.

13

21. November 1995. Nach dreieinhalb Jahren Krieg wird zwischen den Präsidenten Serbiens, Kroatiens und Bosniens ein »umfassendes Friedensabkommen« paraphiert und von US-Präsident Clinton persönlich bekanntgegeben. Bosnien bleibt auf dem Papier als ein einheitlicher Staat in seinen international anerkannten Grenzen von April 1992 bestehen, wird allerdings in zwei Einheiten unterteilt: die muslimisch-kroatische Föderation und die Serbische Republik mit jeweils 50 Prozent des bosnischen Territoriums. Das schließt die Rückkehr der Flüchtlinge in ihre ehemaligen Heimatorte praktisch aus. Zur Serbischen Republik gehören die im Juli eroberten früheren UNO-»Schutzzonen« Srebrenica und Žepa. Goražde bleibt bei der bosnisch-kroatischen Föderation und wird durch einen Landkorridor mit Sarajevo verbunden. Rund zwei Drittel von Sarajevo fallen unter die Kontrolle der Föderation, ein Drittel unter serbische Verwaltung. Die Serben dürfen ihre südöstlich von Sarajevo gelegene Hochburg Pale zur Haupstadt ihres Staates machen. Personen, gegen die das internationale Kriegsverbrechertribunal in Den Haag Anklage erhoben hat, dürfen sich künftig nicht um ein Amt im Staate Bosnien-Herzegowina bewerben. Mit der Forderung nach verpflichtender Auslieferung angeklagter Kriegsverbrecher kann sich der bosnische Präsident Alija Izetbegović nicht durchsetzen.

Was bleibt?

1

Monika Hauser hat gelernt, in Zeiten »vor dem Krieg« und »nach dem Krieg« zu denken. Die »unüberbrückbare Ferne« in den Augen der Frauen und das, was sie ihr erzählten, haben Monika einsam gemacht. Über manches kann sie bis heute nicht sprechen. Die Wut, die sie empfindet, wenn in Deutschland intellektuelle Männer und Frauen den Krieg in Bosnien als Folie benutzen, um ihr eigenes politisches Terrain abzustecken, kann sie nur mit einem kleinen Kreis von Menschen teilen. Die Leugnung dessen, was in den serbischen Internierungslagern passierte, die in wiederkehrenden Wellen in den Medien für »Diskussionsstoff« sorgt, regt hierzulande die wenigsten auf. Die schockierenden Fernsehbilder sind schon vergessen.

Das Ausmaß dessen, was Monika bewältigen und bewegen wollte, um gegen ihre eigene Ohnmacht anzugehen, hat Folgen. Ende 1995 erlebt sie einen psychischen und physischen Zusammenbruch. Schon im Sommer 1993 hat sie manchmal leichte Herzrhythmusstörungen und Augenflimmern, die sie als Symptome ebensowenig wahrnehmen will wie seinerzeit die ersten Wehen. Denn die Rückkehr nach Deutschland nach der Fehlgeburt bedeutet keineswegs das Ende der Anstrengungen. Es folgen gleich darauf eine Deutschlandreise mit bosnischen Mitarbeiterinnen, die Teilnahme an Konferenzen, Vorträge, Öffentlichkeitsarbeit und immer wieder mehrwöchige Aufenthalte in Zenica, wo sie unverzüglich in den Wust der internen Probleme und Konflikte hineingezogen wird. Heute erkennt sie, daß sie selbst traumatisiert war und das Erlebte drei Jahre lang verdrängen mußte.

Das Gefühl, ständig am Rand eines Herzinfarkts zu sein, Herzrasen, Schwindelanfälle, die Angst, mitten in einem

Gespräch vom Stuhl zu kippen, die Unfähigkeit, sich zu konzentrieren, der Zwang, während einer Unterhaltung aufzustehen, um die Kontrolle über ihren Körper wiederzuerlangen, klaustrophobische Ängste in Straßenbahn und Supermarkt. Für drei Monate steigt Monika aus. Wochenlang geht sie nicht außer Haus, kein Telefon, kein Bosnien, keine Interviews, keine Debatten, nur noch Klaus-Peter. Kaum läßt sie sich im Kölner Büro in irgendeine Tätigkeit verwickeln, ist die Angst vor dem Herzinfarkt wieder da. Das EKG jedoch ergibt, daß körperlich alles in Ordnung ist. Der Erkenntnis, daß es sich um einen psychosomatischen Symptomenkomplex handelt, folgen Therapie, Shiatsu, eine homöopatische Konstitutionsunterstützung, das Erlernen von Entspannungstechniken und ein ausgiebiger Urlaub.

Der Zeitpunkt, an dem die Erschöpfung - während einer Zenica-Reise - ausbricht und den »kleinen Motor« zum Stillstand bringt, ist kein zufälliger. Das von Monika aufgebaute Projekt kann nun auch ohne sie weiterarbeiten. Das Jahr 1995 ist ein Jahr der Realitätsbrüche. Monika arbeitet als Assistenzärztin mit halber Stelle in einem Kölner Krankenhaus, um ihre unterbrochene Facharztausbildung zu beenden. Vierzehn Tage Krankenhaus wechseln sich ab mit vierzehn Tagen Medica-Arbeit. Es ist in erster Linie der Krankenhausalltag und die Ignoranz der sie umgebenden Menschen in Deutschland, die ihr die Kraft rauben. »In Zenica wäre ich nicht krank geworden.« Als Srebrenica »evakuiert« wird, gibt es im Krankenhaus niemanden, der in irgendeiner Weise Anteil genommen hätte an dem, was am Vorabend im Fernsehen zu sehen war. Monikas Haut wird immer dünner. Wenn die Ärzte mit einer Patientin unsensibel umgehen, fühlt sie sich persönlich angegriffen.

Dazu kommen Auseinandersetzungen im Büro. Eineinhalb Jahre lang arbeiten im Kölner Büro ABM-Kräfte im Sekretariat und in den Bereichen Öffentlichkeitsarbeit, Spendenbetreuung und Fundraising. Trotz Organisationsberatung gibt es die für die Anfänge eines Frauenprojekts typischen Kompetenzunklarheiten. Als die ABM-Kräfte dieselben Entscheidungsbefugnisse fordern wie der Vorstand, eskalieren die Konflikte. Im nachhinein wird klar, daß Monika und Gabi zu lange an einem basisdemokratischen Anspruch festgehalten haben, der weder ihrer faktischen Rolle noch den unterschiedlichen Verantwortlichkeiten im Rahmen des immer umfangreicher werdenden Unternehmens entsprach – eine bekannte Kinderkrankheit von Frauenprojekten, für die in der Aufbauzeit »Engagement« vordringlichstes Kriterium ist.

Michaela Schumacher sieht das Problem auch grundsätzlich in der Problematik von ABM-Kräften, ohne die dennoch kein Frauenprojekt auskommen kann. Die Stellen wurden zuerst für ein Jahr geplant, dann jeweils um ein halbes Jahr verlängert. Die Option einer Festanstellung war in den unsicheren Anfängen nicht möglich. Die Kränkung der Erwerbslosigkeit gut ausgebildeter Frauen machte sich in internen Profilierungskämpfen Luft, die nicht zuletzt an den Autoritäten Monika und Gabi ausgetragen wurden.

Was bleibt, ist seit Anfang 1996 ein kleines stabiles Team von sechs engagierten, professionell arbeitenden und normal entlohnten Festangestellten und eine Gruppe studentischer Hilfskräfte für den Notfall.

Was bleibt, ist die unumstößliche Überzeugung, daß Medica weiterhin gebraucht wird, und zwar nicht nur in Bosnien-Herzegowina. In Zenica steht die Arbeit mit traumatisierten Frauen weiterhin im Mittelpunkt, denn mit den Folgen von Konzentrationslager, Folter, Versklavung und physischer und psychischer Gewalt werden, wie wir von Shoa-Überlebenden wissen, noch die nächsten Generationen zu kämpfen haben. Aufklärung über Trauma sowie die Ausbildung semiprofessioneller Kräfte in anderen Städten sind deshalb zu einem zweiten Schwerpunkt der Medica-Psychologinnen geworden. Zusammen mit den bei Medica Zenica für die Geldbeschaffung zuständigen Frauen bauen sie Projekte auf, die Flüchtlingsfrauen und Rückkehrerinnen den Neuanfang erleichtern sollen.

Die Nachkriegszeit hat den Medica-Frauen darüber hinaus ein weiteres Betätigungsfeld aufgedrängt: die Gewalt in der Familie. Schon während des Krieges kamen Frauen und Mädchen zu Medica, die Opfer von Gewalt in der Familie waren. Wie die Frauen des Frauenhauses Zagreb und des Belgrader SOS-Notrufs haben auch die Medica-Mitarbeiterinnen festgestellt, daß seit Kriegsbeginn die Gewalt gegen Frauen und Kinder in den Familien angestiegen ist. Die Medica-Frauen sind entschlossen, dieser Gewalt nicht nur mit praktischer Hilfe entgegenzutreten: Zum vierten Jahrestag von Medica Zenica im April 1997 haben sie eine Broschüre zu Gewalt gegen Frauen, Gewalt in der Familie und Inzest veröffentlicht - ein mutiger Schritt, da diese Themen schon in der jugoslawischen Gesellschaft gänzlich tabuisiert waren. Dem Beispiel der westeuropäischen und der Belgrader Frauenbewegung folgend ist nunmehr auch von der Einrichtung eines SOS-Notrufs die Rede.

Die Vernetzung der zahlreichen Frauenprojekte, die während des Krieges in Bosnien-Herzegowina entstanden sind, wird von den *Infoteka*-Frauen immer professioneller betrieben. Ihr kleines monatliches Infoblatt über Medica hat sich mittlerweile zu einer regelrechten Zeitschrift gemausert, in der für Frauenprojekte wichtige Informationen verbreitet und heiße Eisen aufgegriffen werden, wie zum Beispiel Prostitution oder die ersten Versuche, das Recht auf Schwangerschaftsabbruch in Bosnien-Herzegowina zu beschneiden. Die Medica-Frauen wollen dazu beitragen, Frauen Mut zu machen, für ihre Rechte einzustehen. Und nachdem viele von ihnen Seminare und Kurse zu friedlicher Konfliktlösung, Management und Fundraising besucht haben, sind sie begierig, ihr Wissen weiterzugeben und ihre neugewonnenen Fähigkeiten einzusetzen. Längst sind sie bereits zu begehrten Moderatorinnen, Referentinnen und Kursleiterinnen geworden.

Für die Frauen in Köln wird die finanzielle Unterstützung von Medica Zenica noch viele Jahre Hauptschwerpunkt ihrer Arbeit bleiben. Darüber hinaus bereiten sie sich jedoch auf die Internationalisierung des Projekts vor. Als sie 1995 wegen eines

Namensstreits mit der Düsseldorfer Messe *Medica* den Vereinsnamen ändern mußten, legten sie die künftige Zielrichtung fest: Medica mondiale. In der neu formulierten Charta erklären sie, Frauenprojekte in verschiedenen Kriegs- und Krisengebieten unterstützen zu wollen. Dabei setzen sie auch auf eine neue Kooperationsbeziehung mit den Frauen in Zenica, um die gemeinsamen Erfahrungen für die weitere Arbeit zu nutzen.

Seit der Anklage vom 26. Juli 1996 gegen acht bosnische Serben wegen Vergewaltigung, Folter, Versklavung, Verletzung der Menschenwürde und anderer unmenschlicher Handlungen, begangen im Juli 1992 in der ostbosnischen Stadt Foča, steht zum ersten Mal in der Geschichte des Humanitären Völkerrechts sexualisierte Gewalt gegen Frauen im Krieg vor Gericht. Medica mondiale veröffentlicht im Frühjahr 1997 die erste umfassende deutschsprachige Darstellung dieser historischen Dimension des Internationalen Kriegsverbrechertribunals von Den Haag.

2

> Im Westen kämpfen Frauen in feministischen Bewegungen um ihre Rechte. Sie machen da viel Lärm, und ihre Forderungen werden aggressiv vorgetragen. Es ist verständlich, daß sie dann auf Widerstand stoßen. Bosnische Frauen beeinflussen die Männer ihrer Umgebung auf raffiniertere Weise. So bekommen sie Einfluß auf die männlich dominierte Gesellschaft. Bosnische Frauen sind stark und subtil zugleich. Frauen, die sich nicht gegen ihre Natur wehren, finden so ihren angemessenen Platz.

Das ist das traditionelle (nicht nur) bosnische Frauenverständnis, formuliert von der Medica-Anästhesistin Meliha Branković in einem Interview mit der Frauenzeitschrift *Žena 21*. Die meisten Medica-Frauen sehen es anders. Medica hat in Zenica das

Wunder bewirkt, daß der Feminismus, hierzulande längst wieder im abwertenden Sinn gebraucht, (noch) positiv besetzt wird. Die meisten fügen allerdings hinzu: Feminismus auf bosnische Art.

»Kurz und bündig«, sagt Selma, eine der jüngsten im Projekt, »eine Feministin ist eine emanzipierte Frau, die sich ihrer Fähigkeiten bewußt ist.« – »Wenn ich den westlichen Feminismus mit unserem vergleiche«, sagt die Juristin Jasminka, »dann bin ich keine Feministin, aber vom bosnischen Standpunkt aus bin ich sicher eine. Mir wird kein Recht in der Familie verweigert, ich bin eine der wenigen Frauen, die am Arbeitsplatz an der Spitze einer Institution steht, ich arbeite in einer Frauenorganisation, und ich betrachte mich als Kämpferin für Frauenrechte.«

Jahrelang haben westeuropäische und US-amerikanische Helferinnen Zenica aufgesucht, darunter viele Lesben. Manche trugen sehr kurze Hosen, waren tätowiert oder hatten den Kopf kahlrasiert. Die Bosnierinnen haben sie freundlich in ihrer Mitte aufgenommen, als Frauen, die sich für ihr Schicksal interessieren und ihnen helfen wollen. Die Infoteka-Frauen haben gierig all die neuen Ideen aufgesaugt, die paradoxerweise gerade durch den Krieg zu ihnen gedrungen sind, haben sich aber auch nicht davon abbringen lassen, sie zu »bosnifizieren«, an ihre eigenen Lebenserfahrungen anzupassen.

»Der Feminismus ist für mich eine Bewegung für Frauen«, sagt die Infoteka-Büroleiterin Duška, die mit ihren grünen Augen Männer und Frauen gleicherweise betört. »Die größte Dummheit, die ich je gehört habe, ist, daß Feministinnen gegen Männer kämpfen. Der Feminismus betrifft die Männer nur insoweit, als Frauen, wenn sie 50 Prozent der Macht hätten, sich das aneignen würden, was ihnen unrechtmäßig weggenommen wurde.« Auch die Psychiaterin Kadrija fühlt sich als Feministin: »Für mich bedeutet Feminismus ein Bewußtsein für meine Geschlechtsidentität. Unbewußt habe ich mich mein ganzes Leben lang darum bemüht, auf der Seite der Frauen zu sein, dieser Krieg hat es mir bewußt gemacht. Jetzt bin ich mit Herz und Seele eine Kämpferin für Frauenrechte.«

»Bosnien und Feminismus sind Antipoden«, provoziert Rada in einem Artikel im Medica-Bulletin 1/95. Eigentlich schien im sozialistischen Jugoslawien alles in Ordnung mit der Emanzipation. »Heute würde ich aber sagen: Die damalige Gesellschaft hat das ganz schlau gemacht: Mit den Gesetzen hat man uns den Mund gestopft. Wir waren zufrieden mit unserem kitschigen Feiertag, mit Klamotten, Tratschkaffeekränzchen und Seifenopern – aber grundsätzlich hatte sich nichts geändert.« Dann kam der Krieg, brutal und unerwartet, und eine große Zahl an Frauenvereinen entstand. Das Vakuum, das er hinterlassen hat, bietet auch eine Chance: »Es wäre nicht schlecht«, schreibt Rada weiter, »in die Zeit zurückzugehen und auch dort nach Vorbildern zu suchen, nach unseren weiblichen Wurzeln in diesem Land – nach den Frauen, die gestrahlt haben, selbstbewußt und mutig.«

Duška hat ein solches Vorbild in ihrer Familie. »Meine Mutter würde sich selbst niemals als Feministin betrachten, aber ich habe viel von ihr gelernt, was ich heute als feministische Praxis erkenne.« Für Duška ist Medica zweifelsohne ein feministisches Projekt. »Wie wunderbar, die Theorie in unserer persönlichen Praxis wiederzufinden! Wie wunderbar, zu wissen, daß wir zur feministischen Theoriebildung beitragen, indem wir über unsere Praxis schreiben!«

»Monika hat mich mit ihrer Energie angesteckt«, sagt die junge Sekretärin Hana Vuković, deren arbeitsloser Mann während ihrer Arbeitszeit mit dem Baby vorbeikommt, damit Hana es ein bißchen im Arm halten kann. Das Arrangement, das sie mit ihrem Mann ausgehandelt hat, unterscheidet sich wesentlich von dem der traditionellen bosnischen Familie. Hana erinnert sich noch gut an ihre Wut, wenn sie sah, wie verheiratete Frauen den ganzen Tag schuften mußten, und dann nach der Arbeit die ganze Hausarbeit und auch noch Liebe machen in der Nacht. Ja, es stimmt, der Krieg hat den Feminismus nach Zenica gebracht. Auch so manche Patientin hat ihren Wert erkannt. Hana erzählt von einer ehemaligen Medica-Bewohnerin, die nach der Sitte ihres Ortes nach der Heirat immer ein Kopftuch und eine Pluderhose trug und nun in Zenica als Flüchtling lebt. Das Kopftuch trägt sie nicht mehr, dafür aber Jeans. »Ich habe auch etwas gelernt«, sagt sie stolz, als sie Hanas verwunderten Blick bemerkt.

Was bleibt, sind also die Anfänge eines Feminismus bosnischer Prägung. Wird die Frische der Begeisterung, endlich einen Namen für ein Gefühl gefunden zu haben, das bei vielen schon lange vorhanden war, ausreichen, um der Gewalt der bosnischen Nachkriegsgesellschaft zu begegnen?

3

Gabi Mischkowski, die zwischen Sommer 1995 und Ende 1996 zwei Drittel ihrer Zeit in Zenica verbringt, übernimmt allmählich Monikas Rolle der Chefin. Das bereitet der Feministin mit linker Vergangenheit großes Unbehagen. Als nach Kriegsende die Zeit kommt, Medica Zenica in die Unabhängigkeit zu entlassen, muß sie sich der schmerzhaften Frage nach ihrer eigenen Macht stellen: »Sie spielt sich auf einer sehr subtilen Ebene ab: Du sagst deine Meinung – und die gilt.«

Die Macht, die einzelne in informellen Gruppen genießen können, ist in der Frauenbewegung der 70er Jahre ausführlich diskutiert worden und hat bei den meisten Frauengruppen zu verbindlicheren Organisationsstrukturen geführt. Auch in Zenica erkennen die Frauen, daß der anfängliche Versuch, alles basisdemokratisch – im Plenum aller Mitarbeiterinnen – zu entscheiden, zu informellen Machtstrukturen geführt hat. Nach einem Organisationsseminar Ende 1995 wird das Plenum als oberste Entscheidungsinstanz abgeschafft, und ein fünfköpfiges Leitungsgremium übernimmt die Geschäftsführung. Gabi nimmt das Seminar wahr, um ihre Rolle und die Macht, die sie als Vertreterin von Köln besitzt, deutlich zu machen. Sie fordert für sich ein Vetorecht.

Die Frauen in Zenica hatten großes Vertrauen in mich und hofften, ich könnte alle Probleme für sie lösen. Meine Forderung nach einem Vetorecht sollte die Macht, die sie mir unausgesprochen gaben und die wir Kölnerinnen als Geldbeschafferinnen real hatten, sichtbar machen. Insofern war meine Intervention bewußt provokativ.

Bei aller Bereitschaft der bosnischen Mitarbeiterinnen, sich einer *Šefica* unterzuordnen, ist diese schonungslose Offenlegung realer Machtverhältnisse für die meisten ein harter Brocken, den sie ungern schlucken.

Das Wort von der »Dekolonisierung« geht um. Den Helferinnen muß aber überhaupt erst klar werden, daß sie – mit bester Absicht – auch kolonisiert haben. Monika und all die anderen, die sich für das Projekt begeistern ließen, brachten nicht nur Hilfe nach Bosnien, sondern auch ihre eigenen westlich geprägten Erfahrungen, Wertmaßstäbe und feministischen Weltanschauungen. Diese bestimmten die Arbeit vom Anfang an: ganzheitlicher medizinisch-therapeutischer Ansatz, keine ethnisch begründeten Ausgrenzungen, Unabhängigkeit des Projekts von politischen und religiösen Instanzen, Selbstverwaltung nach westlichem Modell. Erst jetzt, nach den Katastrophenjahren des Krieges, beginnen die bosnischen Frauen, diese »Mitbringsel« in Frage zu stellen und ihre eigenen Positionen zu erarbeiten.

Manche gut gemeinte Initiative der Kölnerinnen führte in Zenica zu einer inneren Zerreißprobe. Um den Bosnierinnen die Begegnung mit Frauen aus aller Welt zu ermöglichen, forcierten die Kölnerinnen zum Beispiel die Teilnahme bosnischer Mitarbeiterinnen an Kongressen und Workshops im Ausland. Diese Reisen bedeuteten für die Medica-Mitarbeiterinnen in erster Linie »Urlaub vom Krieg«, eine Kostbarkeit. Entsprechend entstand Neid unter denjenigen, die wegen fehlender Sprachkenntnisse oder wegen ihrer Position im Projekt keine Chance zum Reisen bekamen. Anfang 1997 blickt Gabi zurück:

Ich hatte meine Aufgabe auch so verstanden, Vorschläge und Konzepte für eine Zukunftsdiskussion nach dem Krieg zu entwickeln, oder dazu beizutragen, Regelungen für alles mögliche zu schaffen, was wildwüchsig entstanden war. Also schrieb ich einen Konzeptvorschlag nach dem anderen und war dann bitter enttäuscht, wenn nur wenige darüber ernsthaft diskutierten. Heute weiß ich, daß meine Herangehensweise unangemessen war. Ich wollte es planmäßig, während die Frauen in Zenica einfach handelten, wenn sie es für notwendig hielten.

1993, als Monika in Zenica war, stand alles unter dem Zeichen des gemeinsamen Aufbaus, die Sitzungen dienten der Organisation des Praktischen. 1995 aber war das Projekt zu einer Institution mit fast 70 Mitarbeiterinnen angewachsen. Sie hatten drei Jahre lang rund um die Uhr gearbeitet, meistens noch dazu in zwei Jobs. Sie waren selbst unmittelbar vom Krieg betroffen, von »Verarbeitung« konnte, so Gabi, keine Rede sein.

In dieser Situation haben wir von ihnen erwartet, zusätzlich zu allem anderen Gesamtverantwortung für das Projekt zu übernehmen und komplizierte Budgetüberlegungen anzustellen. Und wenn sie eigenständige Entscheidungen trafen, haben wir sie kritisiert, weil sie nicht alle Aspekte berücksichtigt hatten. Erst später habe ich begriffen, daß bloß »vor Ort« zu sein nicht viel bedeutet. Heute weiß ich, welches Privileg es ist, freiwillig in einen Krieg zu gehen, anstatt ihm einfach ausgesetzt zu sein. Ich konnte genügend Distanz aufbringen, um die Lösung von Problemen systematisch anzugehen, für die bosnischen Frauen war das unmöglich. Sie hofften nur, daß irgend jemand mit der nötigen Autorität die Probleme für sie löste, bindende Entscheidungen traf, Beschlüsse kontrollierte und Verstöße auch sanktionierte. So gesehen, hätten wir uns zumindest nach Dayton dem ständigen Ruf nach einer *Šefica* vielleicht nicht so sehr verweigern sollen, nur weil es nicht in unsere Auffassung von Selbstverwaltung paßte.

Vielleicht hätte eine »internationale« Geschäftsführerin mit entsprechenden Erfahrungen und Fähigkeiten eingestellt werden können – mit dem Auftrag, gleichzeitig den Weg in die Selbständigkeit vorzubereiten.

Die Kölner Frauen wollen die »Dekolonisierung« behutsam und verantwortungsvoll angehen. Wie können wir die Abhängigkeitsverhältnisse, die wir durch unsere Hilfsaktion geschaffen haben, wieder abbauen? Können wir das überhaupt *für* die von uns Abhängigen tun? Ist das nicht schon wieder kolonialistisch, weil fürsorglich gedacht? Was tun, wenn unsere feministischen Wunschvorstellungen an den realen Frauen scheitern? Und was machen die »Kolonisatorinnen« mit ihren eigenen Gefühlen? Gabi Mischkowski und Kirsten Wienberg brauchen dringend Supervision, die bisher aufgrund des ständigen Wechsels zwischen Köln und Zenica nicht möglich war. Die Realitätssprünge sind kaum zu verarbeiten. Ende August 1996 kommt es in Zenica zu einer Aussprache. Die sonst so verschlossene Gabi gibt ein wenig von sich preis:

> Mein tiefstes Gefühl ist Einsamkeit. Ich weiß nicht, wohin ich gehöre. Nach Zenica, nach Köln? Ich fühle mich sehr stark mit diesem Projekt verbunden, aber ich bin eine Deutsche. Das macht mich hier zu einer Instanz, bei der ihr euch entlasten könnt. Anfangs hat mir das geschmeichelt, aber es hat mir nicht gut getan. Doch es gibt keinen Ort und keine Zeit, darüber zu sprechen. Und schließlich: Ich lebe so anders als ihr, ich kann nur hier sein, weil ich keine Familie habe. Auch darüber würde ich gerne reden.

Der Appell verhallt ungehört. Helfende müssen sich mit ihrer Einsamkeit abfinden.

Seither ist Gabi nur noch zweimal für kurze Zeit in Zenica gewesen.

Was bleibt, ist ein schwieriger Entflechtungsprozeß. Seit 1997 gibt es mehrere getrennt registrierte Vereine: Medica mondiale in Köln und Sarajevo als internationale Hilfsorganisationen und Medica Zenica als lokaler Verein und als ein vom bosnischen Gesundheitsministerium anerkanntes medizinisches Frauengesundheitszentrum. Für mindestens zwei Jahre verspricht Medica mondiale, weiter für die Finanzierung des Projekts in Zenica zu sorgen, dessen monatliche Kosten sich derzeit auf 50 000 DM belaufen. Innerhalb dieses Gesamtrahmens soll jedes Medica-Team seine Finanzierungsanträge an Köln stellen. Inhaltliche Einmischungen wird es von Kölner Seite künftig nur noch in Form von Finanzierungsbewilligungen geben. Es steht den Frauen in Zenica jedoch frei, Gelder bei anderen Organisationen zu beantragen, um Kosten, die nicht von Köln übernommen werden, zu decken. Das wird nötig sein, denn die diversen Teams bersten vor Tatendrang, die eingegangenen Anträge übersteigen den Rahmen um das Doppelte. Dabei muß Medica Zenica jetzt beginnen, sich nach der Decke zu strecken. Im Nachkriegsbosnien müssen Steuern und Sozialversicherungsbeiträge bezahlt werden, ein Novum für die durch den Krieg verspätet in den Kapitalismus eintretende postsozialistische Gesellschaft.

Dazu kommt die Gefahr der Abwerbung durch andere internationale Organisationen, die, wie UNHCR, wesentlich höhere Löhne zahlen. Während die Mehrheit, insbesondere die Flüchtlinge, in tiefer Armut lebt und die Hälfte der Bevölkerung in der Föderation ohne Lohnarbeit ist, haben die humanitären Organisationen eine neue Schicht von Privilegierten geschaffen. Das hat steigende Preise, Prostitution und immer mehr Autos zur Folge, die die Luft von Zenica heute genauso verpesten wie einst das Stahlwerk. Mit den von der UNO angebotenen Löhnen kann Medica nicht mithalten. Das Engagement für Medica auf der einen Seite, der mögliche besser bezahlte Job bei einer anderen internationalen Organisation auf der anderen stellt manche

Mitarbeiterin vor eine schwere Entscheidung. Dennoch würde sich Gabi für die Zukunft ein Modell wünschen, das neben bezahlten auch ehrenamtliche Mitarbeiterinnen vorsieht, weil das Gesamtprojekt langfristig bei steigenden Gehältern mit Spenden oder befristeten Zuschüssen nicht finanzierbar ist. Aus der richtigen Überzeugung, daß Frauen gerade in Frauenprojekten für ihre Arbeit angemessen bezahlt werden sollen, hat Monika mit den in der Anfangszeit angebotenen Löhnen Begehrlichkeiten geweckt, für die die Frauen in Zenica nun selbst Verantwortung übernehmen müssen.

Geld spielt in der Selbständigkeitsdebatte eine wichtige Rolle.

4

Was bleibt, ist eine tiefe Liebe zwischen den Frauen in Köln und den Frauen in Zenica. Eine Liebe, die jedoch zu ständig neuen Verstrickungen führt und eine selbständige Weiterentwicklung von Medica Zenica behindert. Die Kölner Frauen beschließen daher im November 1996 einseitig, die beschriebene Abnabelung organisatorisch einzuleiten. Der Beschluß wird den Frauen von Medica Zenica am 9. Dezember durch Gabi und Kirsten mitgeteilt. Er löst bei den Bosnierinnen die ganze Palette von Gefühlen aus, die Trennungen mit sich bringen.

»Ich fühle mich wie bei einer Beerdigung, bei der das Erbe aufgeteilt wird«, sagt die Juristin Jasminka.

»Ich fühle mich wie bei einer Scheidung«, sagt die Anästhesistin Meliha. »Ich bin eine Ehefrau, die verlassen wird, und erhalte jetzt von meinem Ex-Ehemann Alimente für ein verwöhntes Kind. Soweit ich die Scheidungsgesetze kenne, kann der Ehemann dann nicht mehr zurück.«

»Bisher habe ich die Beziehung zwischen Köln und Zenica als Scheindemokratie empfunden«, sagt die Psychologin Mirha. »Dies ist eine drastische Änderung, die zeigt, wie ohnmächtig wir sind. Köln hat die Macht. Gleichzeitig sind die Argumente human, so daß wir nichts dagegen sagen können. Ich bewundere die Ideale und das Ziel, auch in andere Kriegsgebiete zu gehen. Bezogen auf Bosnien und den Wunsch, auch andere Projekte zu unterstützen, habe ich Angst, daß das auf Kosten von Medica Zenica geht. Schließlich wurde das Geld für Medica Zenica gesammelt.«

»Ich bin traurig«, sagt die Gynäkologin Amira, »aber ich bin sicher, daß die Frauen in Köln alles gut durchdacht und das Wohl der traumatisierten Frauen im Auge haben. Und dabei lassen sie uns nicht ohne Unterstützung. Das ist fair. Sie gehen vielleicht auch woanders hin, weil sie uns satt haben. Wir sind dankbar für alles, was sie für uns getan haben.«

»Ich habe diese Internationalisierung erwartet«, sagt die *Infoteka*-Mitarbeiterin Duška, »aber offensichtlich haben wir das nicht so ernst genommen. Ich habe selbst erlebt, wie sich Eltern streiten. Besser eine Ehescheidung als ein Dauerstreit. Ich bin etwas gekränkt, aber auch stolz, an der Entwicklung einer internationalen Organisation teilgenommen zu haben. Wenn Medica mondiale international wird, melde ich mich jetzt schon an.«

»Ich verstehe das neue Konzept nicht als vollständige Trennung«, sagt die Leiterin von Medica 3 Selena, »eher als einen Versuch, weiter zusammenzubleiben, als Entlastung für Köln und als Chance für uns. Wir werden uns nicht mehr blockieren. Wir können jetzt nicht mehr von der anderen Seite Wunderlösungen erwarten.«

»Nach den Erläuterungen denke ich jetzt, daß die Beziehung zwischen Zenica und Köln klar ist«, sagt die Mitarbeiterin von Medica 2 Enisa. »Medica mondiale ist eine echte Arbeitgeberin, die uns etwas bietet und dafür von uns Berichte und korrekte Abrechnungen erwartet.«

»Seit drei Monaten diskutieren wir und haben neue Ideen, und jedesmal heißt es: Warten wir, bis Gabi kommt«, sagt die Kindergärtnerin Kanita. »Von jetzt an sind wir für uns selbst verantwortlich und müssen die Folgen tragen. Vielleicht führt das zu mehr Disziplin.«

»Ich bin mehr von den Reaktionen unter uns überrascht als von Köln«, sagt die Finanzfrau Nuna. »Früher hieß es immer, daß alle mehr Autonomie wollen. Köln hat zum ersten Mal eigene Wünsche geäußert. Wir sind ein Team von hochprofessionellen Frauen. So sind wir damals ausgesucht worden. Ich zweifle nicht daran, daß wir unseren eigenen Weg finden werden.«

»Ich fühle mich wie nach dem Tod meines Mannes«, sagt die Schneiderin Munevera, »allein und unschlüssig, was nun zu tun ist.«

»Ich fühle mich wie ein Kind, das volljährig geworden ist und nun seine Eltern verlassen soll«, sagt die Medica-Frau der ersten Stunde Zilha. »Ich bin stolz, daß die Eltern Vertrauen zu ihrem Kind haben, aber auch traurig, weil das Kind immer noch finanzielle Unterstützung braucht und diese auch bekommt. Ich habe ein wenig Angst, daß uns eure Liebe verloren gehen wird, wenn ihr neue Projekte beginnt. Medica mondiale wird ein internationales Projekt. Die Liebe, die ihr anderen geben werdet, werden wir vermissen. Ich wünsche euch Erfolg.«

Postscriptum

Am 26. August 1996 wird Luca Kerim Philip geboren, der Sohn von Monika Hauser und Klaus-Peter Klauner.

Im Oktober 1996 lehnt Monika das Bundesverdienstkreuz ab, aus Protest gegen den Beschluß der Innenministerkonferenz, mit der »Rückführung« der Flüchtlinge nach Bosnien-Herzegowina zu beginnen. »Die moralische Kraft der demokratischen Bundesrepublik Deutschland muß sich unter anderem daran messen lassen, wie weit sie sich in ihrer Politik für Überlebende eines Genozids einsetzt«, schreibt Monika an Bundespräsident Roman Herzog. Der Brief bleibt unbeantwortet.

Im April 1997, fünf Jahre nach dem Beginn des Krieges in Bosnien-Herzegowina, startet Medica mondiale eine Kampagne für einen gesicherten Aufenthaltsstatus für bosnische Flüchtlingsfrauen, die Lager, Folter und sexualisierte Gewalt überlebt haben. Die wenigsten von ihnen hatten in Deutschland die Chance, ihre traumatischen Erlebnisse mit fachlicher Hilfe aufzuarbeiten. Die seit dem 1. April 1997 vermehrt an sie ergehenden Abschiebungsbescheide lösen Panik und Suizidgedanken aus. Schon allein die Sprache der »Ordnungsverfügungen« müßte auch Deutschen den kalten Schauer über den Rücken jagen:

> ... gemäß § 42 Abs. 1 AuslG sind Sie verpflichtet, das Bundesgebiet unverzüglich, spätestens jedoch bis zum ... zu verlassen. Für den Fall, daß Sie Ihrer Verpflichtung zur fristgerechten Ausreise nicht nachkommen, drohe ich Ihnen die zwangsweise Entfernung (Abschiebung) gemäß § 50 des Ausländergesetzes vom 9.7.1990 (BGB 1 S. 1354 ff.) nach Bosnien-Herzegowina an.

Im Zuge der »Entfernung« werden Menschen morgens um vier aus den Betten geholt, vom Arbeitsplatz oder vom Krankenbett weg festgenommen und wie Kriminelle bis zum Abflug eingesperrt. Darunter auch Menschen, die ihre freiwillige Rückkehr bereits vorbereitet haben oder kurz vor der legalen Ausreise in ein anderes Land stehen. Um das Notwendigste zusammenzuraffen, bleibt ihnen wenig Zeit, verabschieden können sie sich von niemandem. Das wenige Ersparte wird ihnen zur Deckung der Abschiebungskosten abgenommen.

Die 33jährige Nusreta flüchtete 1993 mit ihrem Mann und zwei Kindern nach Deutschland. Sie stammt aus einem kleinen Ort in der Nähe von Zvornik in Ostbosnien. Vor dem Krieg lebten in Zvornik rund 50 000 Musliminnen und Muslime, heute sind es knapp 100. Nusretas vierjährige Tochter wurde in Deutschland krank, hatte Blut im Urin. Dann erkrankte der Mann, konnte nicht mehr essen, nicht mehr schlafen. Im Krankenhaus wurde ein Tumor im Kleinhirn festgestellt. Er wurde operiert. Immer wieder erkranken abwechselnd die Tochter und der Mann. Die gesamte Verantwortung für die Familie lastet auf Nusreta.

> Dann haben wir diese Abschiebung gekriegt. Ich dachte, ich werde verrückt. Ich kann das nicht mehr ertragen. Ich komme mir vor wie ein Tier, das aus seinem Dreck nicht mehr herauskommt. Ich habe überall Schmerzen, im Kopf, im Bauch, an den Beinen, im Rücken. Ich dachte, ich habe Krebs, aber es ist nichts. Ich kann einfach nicht mehr. Ich habe alles in meinem Kopf, alle Probleme. Mein Mann nicht. Aber ich sage mir: Er ist krank, er muß sich schonen. Jetzt denke ich jeden Tag: Was kommt als nächstes, was bringt der Briefträger? Viele Deutsche verstehen uns nicht. Sie sagen: Ihr wollt nicht nach Bosnien zurück. Ich frage: Wer will schon nicht nach Hause? Ich *kann* nicht nach Hause, ich habe kein Zuhause, keine Heimat mehr. Bosnien ist zwar meine Heimat, aber in mein Dorf, in meine Stadt kann ich nie mehr zurück. Ich werde irgendwo sein, in Sarajevo, in Tuzla oder in Zenica. Ich habe Angst um meinen Mann, ich habe Angst um meine Kinder, der Krieg ist nicht vorbei. Er wird noch zehn Jahre dauern. Sie töten einander jetzt wieder in Bosnien. Man erfährt es aus den Medien: Da ist eine Familie getötet, dort ein Haus niedergebrannt worden. Es gibt kein Vertrauen zwischen Serben, Muslimen und Kroaten mehr.[11]

Die Behörden der Serbischen Republik lassen eine Rückkehr bosniakischer und kroatischer Menschen in ihre Heimatorte nicht zu. Dasselbe gilt für bosniakische und serbische Menschen, deren Heimatorte jetzt unter der Kontrolle der bosnisch-kroatischen HVO stehen. Eine Rückkehr unabhängig von der eigenen Nationalität ist im Grunde genommen nur in einige wenige größere Städte der Föderation möglich – Sarajevo, Tuzla, Zenica. Doch auch dort sind die eigenen Wohnungen längst von Flüchtlingen besetzt. Die Flüchtlinge und Vertriebenen sind zur

Spielmasse ethnischer Besiedlungspolitik geworden. Die Verhinderung der Rückkehr ist jedoch nur ein Aspekt. Gleichzeitig werden die rückkehrenden Flüchtlinge gezielt dort angesiedelt, wo vorher Menschen der anderen Nationalität gelebt haben. Die von Deutschland angedrohte Massenabschiebung stärkt die nationalistischen Extremisten auf allen Seiten.

Glossar

ABM: Arbeitsbeschaffungsmaßnahme

Arkanovci: Mitglieder der kriminellen paramilitärischen Einheiten »Tiger des Arkan« des von der Interpol gesuchten Željko Ražnjatović, der sich »Arkan« nennt

AWO: Arbeiterwohlfahrt

Balija: Schimpfwort für Moslems

Bosniaken, Moslems, Serben und Kroaten:
Bosniaken: Alte historische Bezeichnung für alle Menschen, die Bosnien bewohnten. Wurde während des Krieges offiziell wieder eingeführt, um die Bezeichnung »Moslem« zu ersetzen, da sich diese – anders als bei den bosnischen Serben und Kroaten – auf eine Religion bezieht. Diese Gleichsetzung von »Moslems« und »Bosniaken« suggeriert allerdings, daß nur die Moslems richtige Bosnier sind. Auf ein multinationales Bosnien bestehende Menschen ziehen es vor, sich »Bosnier« zu nennen, also Staatsbürger des Staates Bosnien-Herzegowina.
Moslems: Nach dem Zweiten Weltkrieg tauchte nach einer anfänglichen anti-islamischen Kampagne in Jugoslawien erstmals bei der Volkszählung von 1961 die Bezeichnung »Moslem im ethnischen Sinn« auf. Bei der Volkszählung von 1971 hieß es bereits: »Moslem im Sinne einer Nation«. Ich ziehe die Bezeichnung »Nation« der völkischen Bezeichnung »Ethnie« vor.

Viele Bosnier verwenden für *Kroaten* und *Serben* die Bezeichnung »katholisch« und »orthodox«, was aber dann auch nur für jene zutreffend ist, die sich einer Religionsgemeinschaft zugehörig fühlen. Ich habe mich an die in diesem Krieg üblich gewordenen Bezeichnungen »Serben« und »Kroaten« gehalten und meistens noch ein »bosnisch« vorangestellt. Bei der muslimischen Volksgruppe verwende ich abwechselnd »Moslems« und »Bosniaken« und hoffe, damit allen irgendwie gerecht zu werden.

BritBat: Britisches Bataillon

Džamahirija: Islamischer Gottesstaat (abwertend)

DHH: Deutsche Humanitäre Hilfe

EU: Europäische Union

Flakjacket: Kugelsichere Weste

GTZ: Gesellschaft für Technische Zusammenarbeit

HDZ: Kroatische Demokratische Union, kroatische nationalistische Partei unter der Führung des kroatischen Präsidenten Franjo Tuđman sowie deren bosnischer Ableger

Herceg Bosna: Von Mate Boban gegründeter bosnisch-kroatischer Staat in der westlichen Herzegowina

HOS: Kroatische Partei des Rechts, eine ultranationalistische kroatische Partei mit einem (später verbotenen) bosnischen Ableger

HVO: Kroatischer Verteidigungsrat, eine von der bosnischen HDZ aufgestellte militärische Organisation

IKRK: Internationales Komitee vom Roten Kreuz

Imam: Muslimischer Vorbeter

JNA: Jugoslawische Volksarmee

Krajina: Grenzgebiet

LS: Logistic Service

MOS: Moslemische Militärische Kräfte, eine radikal-islamische Miliz

NGO: Non Governmental Organisation (Nichtregierungsorganisation)

NPA: Norwegian People's Aid (Norwegisches Hilfswerk)

NVA: Nationale Volksarmee (DDR)

OSZE: Organisation für Sicherheit und Zusammenarbeit in Europa

ÖN: Ökumenisches Netz

Reis ul-ulema: Haupt der muslimischen Religionsgemeinschaft

Republika Srpska: Serbische Republik, die von Pale aus regierte serbische Entität von Bosnien-Herzegowina

SDA: Partei der Demokratischen Aktion, von Alija Izetbegović angeführte bosniakische Partei

SDS: Serbische Demokratische Partei, ultra-nationalistische serbische Partei in Bosnien, Partei des Radovan Karadžić

Šefica: Chefin

Teta: Tante

Tschetnik (Četnik): Traditionelle serbische Bezeichnung für einen Freischärler, während des Zweiten Weltkriegs verwendet für die königstreuen Einheiten unter Draža Mihailović. Im Krieg in Kroatien und Bosnien 1992-93 generell verwendet für alle irregulären serbischen Truppen (und spezifisch für die serbischen Paramilitärs unter Vojislav Šešelj)

UN: Vereinte Nationen

UNHCR: Flüchtlingshilfswerk der Vereinten Nationen

UNICEF: Kinderhilfswerk der Vereinigten Nationen

UNPROFOR: UN-Friedenstruppe (Protection Force)

Ustascha (Ustaša): Kroatische extremistisch-nationalistische Bewegung, während des faschistischen Staates »Unabhängiges Kroatien« unter Ante Pavelić zwischen 1941 und 1945 an der Macht

WHO: Weltgesundheitsorganisation

Zetel: Zenica Television

Aussprache der bosnischen Buchstaben

ć: tsch, weich, wie in *Matsch*
č: tsch, hart, wie in *tschüs*
ž: sch, stimmhaft, wie im französischen *jeune*
š: sch, wie in *schön*
đ: dsch, stimmhaft, wie in *Dschungel*

Anmerkungen

1 Stephan Müller, Bericht an den Internationalen Kongreß für die Dokumentation des Genozids in Bosnien-Herzegowina, Bonn, 31. August – 4. September 1995.

2 Schimpfwort für Moslems.

3 Judith Lewis Herman: Die Narben der Gewalt. Traumatische Erfahrungen verstehen und überwinden, Kindler, München 1993, S. 56 und 58.

4 Michaela Schumacher in: *Themenzentrierte Interaktion*, 10. Jahrgang 1996, Heft 1, S. 22.

5 Michaela Schumacher in: op.cit., S. 6.

6 Interview mit Ursula Wirtz in: *Die Weltwoche*, 20. Mai 1994.

7 Michaela Schumacher in: op.cit., S. 17.

8 Michaela Schumacher in: op.cit., S. 21.

9 Medica e.V. Köln, Rundbrief Nr. 5, November 1994.

10 Ebenda.

11 Zitiert aus: Medica mondiale e.V., Rundbrief Nr. 8, April 1997.

Fotonachweis

Seite 90 © Kurt Steinhausen
Seite 91, 92 oben, 93, 94, 95, 96, 97, © Cynthia Cockburn
Seite 98 © Klaus-Peter Klauner

Die Autorin

Erica Fischer, geboren 1943 in England, verbrachte vier Jahrzehnte ihres Lebens in Wien. Heute lebt sie als freie Autorin und Übersetzerin in Berlin.

Weiterer Titel bei Kiepenheuer & Witsch: Aimée & Jaguar. Eine Liebesgeschichte, Berlin 1943 (KiWi 399, 1996).

Medica
mondiale e.v.

Spendenkonto: Medica mondiale e.V.
Sparkasse Bonn BLZ 380 500 00
Konto-Nr. 45 000 163

Spenden für die Bleiberechtskampagne:
Kennwort »Bleiberecht«

Medica mondiale e.V. ist als gemeinnützig anerkannt und stellt für finanzielle Unterstützungen ab DM 100,– Spendenbescheinigungen aus. Bei Spenden bis DM 100,– reicht der Überweisungsträger. Bitte um vollständige Adressenangabe.

Kontaktadressen:

Medica mondiale e.V.
Waisenhausgasse 65
50676 Köln
Tel.: 02 21-9 31 89 80
Fax: 02 21-9 31 89 81
E-mail:
medica@ada.woman.de

Medica Zenica
Mokusnice 10
BiH-72000 Zenica
Tel.: 00387-72-37104
Fax: 00387-72-414685
E-mail:
medica_ze@zamir-tz.ztn.apc.org

Sexualisierte Gewalt im Krieg vor Gericht

Ein Reader zum Kriegsverbrechertribunal in Den Haag

Zum ersten Mal in der Geschichte wird sexuelle Gewalt im Krieg von einem internationalen Gerichtshof strafrechtlich verfolgt.
Verschiedene Texte und Interviews beleuchten, wie dies geschieht, mit welchem Erfolg und mit welchen Folgen für die Zeuginnen.
Im Zentrum des Readers steht die erste Anklage, die sich ausschließlich mit Gewaltverbrechen an Frauen im Krieg in Bosnien-Herzegowina befaßt.
Das Heft kann für DM 8,– in Briefmarken bestellt werden.